AF174710

MARCO JURÍDICO DE LA SEGURIDAD Y SALUD EN EL TRABAJO

2.ª edición

MARCO JURÍDICO DE LA SEGURIDAD Y SALUD EN EL TRABAJO

2.ª edición

Ruth Vallejo Da Costa
Vicente Lafuente Pastor
Nuria J. Ayerra Duesca

PRENSAS DE LA UNIVERSIDAD DE ZARAGOZA

© Ruth Vallejo Da Costa, Vicente Lafuente Pastor y Nuria J. Ayerra Duesca

© De la presente edición, Prensas de la Universidad de Zaragoza
  (Vicerrectorado de Cultura y Proyección Social)
  2.ª edición, 2024

Colección de Textos Docentes, n.º 290

Prensas de la Universidad de Zaragoza. Edificio de Ciencias Geológicas, c/ Pedro Cerbuna, 12, 50009 Zaragoza, España. Tel.: 976 761 330
puz@unizar.es   http://puz.unizar.es

une Esta editorial es miembro de la UNE, lo que garantiza la difusión y comercialización de sus publicaciones a nivel nacional e internacional.

ISBN 978-84-1340-801-9
Impreso en España
Imprime: Servicio de Publicaciones. Universidad de Zaragoza
D.L.: Z 488-2024

TEMA I
TRABAJO Y SALUD. EL RIESGO LABORAL

1. El riesgo laboral

1.1 Concepto de riesgo laboral

1.1.1 El trabajo como factor de riesgo

El trabajo es, consustancialmente con su propio concepto, una actividad peligrosa. De ahí que el artículo 40.2 de la CE mandate a los poderes públicos para que velen por la seguridad e higiene en el trabajo (hoy nos referimos al concepto de seguridad y salud).

Podemos definirlo como un proceso de producción y transformación de bienes y servicios. Con carácter general, se da en el trabajo una interacción entre el hombre y el entorno, negativa para la salud.

El riesgo profesional o laboral está enmarcado, en la actualidad, por tres notas características:

— Responde a una sofisticación creciente de la actividad laboral, derivada de la evolución tecnológica y social.
— La interacción mencionada del trabajador y su entorno se produce desde la dependencia. Debemos tener en cuenta que el empresario detenta el poder de dirección sobre la prestación laboral. El trabajador está sujeto al círculo organicista y rector del empresario o, como dice el artículo 1.1 de la Ley del Estatuto de los Trabajadores (LET), a su ámbito de organización y dirección.
— El entorno laboral contiene con frecuencia elementos con capacidad intrínseca para producir daño.

La probabilidad de los daños en el trabajo puede atribuirse, sintetizando, a dos grandes factores:

A). Al agente causante de los mismos:

En este sentido, la Ley 31/1995, del 8 de noviembre, de Prevención de Riesgos Laborales (de la LPRL), como uno de los principios de la acción preventiva, prescribe combatir los riesgos en origen (artículo 15.1 c).

Además, son definidos los procesos, actividades, operaciones, equipos o productos «especialmente peligrosos» como aquellos que, en ausencia de medidas preventivas específicas, originen riesgos para la seguridad y salud de los trabajadores que los desarrollan o utilizan (artículo 4.5 de la LPRL).

En todo caso, hay que estar a la definición de prevención del artículo 4.1 de la LPRL: «conjunto de actividades o medidas adoptadas o previstas en todas las fases de la actividad de la empresa con el fin de evitar o disminuir los riesgos derivados del trabajo».

B). A las situaciones concretas en que se manifiestan:

Estamos refiriéndonos a los escenarios específicos en que se manifiesta el riesgo laboral, pudiéndose distinguir entre:

— Criterios horizontales: que se refieren a la naturaleza del agente causante, tales como agentes contaminantes, maquinarias, herramientas, huecos sin cubrir, clima laboral inadecuado, etcétera.
— Criterios verticales: que se describen en relación con la intensidad con que se manifiesta el peligro (gravedad).

Debe reiterarse que el artículo 4.5 de la LPRL establece que originan riesgos los procesos, actividades, operaciones, equipos o productos «potencialmente peligrosos», habiendo ausencia de medidas preventivas específicas.

1.1.2 Definición legal de riesgo laboral

El artículo 4.2 de la LPRL lo define legalmente y establece que riesgo laboral es «la posibilidad de que un trabajador sufra un determinado daño derivado del trabajo. Para calificar un riesgo desde el punto de vista de su gravedad, se valorarán conjuntamente la probabilidad de que se produzca el daño y la severidad del mismo».

1.1.3 La condición de trabajo y los factores de riesgo

Cualquier condición de trabajo es, por tanto, un factor de riesgo. Y debe entenderse como condición de trabajo, tal como establece el artículo 4.7 de la LPRL, «cualquier característica del mismo que pueda tener una influencia significativa en la generación de riesgos para la seguridad y salud del trabajador», abarcando una serie de inclusiones muy amplia, desde «las características de los locales o instalaciones del centro del trabajo, sus productos, la naturaleza de los agentes físicos, químicos o biológicos presentes en el ambiente de trabajo, y sus interacciones, los procedimientos para la utilización de los agentes citados, y, en fin, todas las características del trabajo, incluidas la organización y ordenación del trabajo, que influyan en la magnitud de los riesgos a que se expone el trabajador».

1.1.4 Concepto técnico de riesgo laboral

Al margen de estas consideraciones jurídicas, podemos definir el riesgo laboral, desde un punto de vista de la técnica de la seguridad laboral, como un acontecimiento futuro, negativo, pero previsible y que debe ser objeto de prevención.

1.1.5 El riesgo laboral atendiendo a su probabilidad y severidad

En cualquier caso, a través de la LPRL, el legislador no solo pretende que se evite que los trabajadores sufran accidentes de trabajo (AT) y enfermedades profesionales (EP), en la definición que de los mismos se contempla en los artículos 156 y 157 de la Ley General de Seguridad Social (LGSS); la finalidad es la evitación de cualquier tipo de daño derivado del trabajo, es decir, cualquier enfermedad, patología o lesión sufrida con motivo u ocasión del trabajo (artículo 4.3 de la LPRL). Por ello, se entiende que concurre riesgo laboral cuando se da la más mínima posibilidad de que un trabajador pueda sufrir un determinado daño derivado del trabajo (artículo 4.2 de la LPRL). La mera posibilidad exige ya la puesta en marcha de medidas de prevención y protección por parte del empleador.

Claro que no todos los riesgos deben tener igual atención preventiva. Hay riesgos tolerables, o intrascendentes, porque, una vez adoptadas las medidas pertinentes para evitar el riesgo, o minimizarlo, y en función de la probabilidad de que se materialice entonces en un accidente, y de su gravedad potencial o severidad, la probabilidad de su aparición es residual, y sus potenciales efectos nocivos, leves. Podemos definir, así, el riesgo aceptable, como la limitada posibilidad de que se actualice en accidente, con consecuencias poco importantes y escasa frecuencia de repetición.

1.1.6 Calificación del riesgo en una evaluación de riesgos, atendiendo a la probabilidad y gravedad potencial del daño

		Consecuencias (severidad del daño)		
		Ligeramente dañino	Dañino	Extremadamente dañino
	Baja B	Riesgo Trivial	Riesgo Tolerable	Riesgo Moderado
Probabilidad	Media M	Riesgo Tolerable	Riesgo Moderado	Riesgo Importante
	Alta A	Riesgo Moderado	Riesgo Importante	Riesgo Intolerable

Riesgo	*Acción y temporización*
TRIVIAL	No se requiere acción específica.
TOLERABLE	No se necesita mejorar la acción preventiva. Pero se deben considerar soluciones más rentables o mejoras que no supongan una carga económica importante. Se requieren comprobaciones periódicas para asegurar que se mantiene la eficacia de las medidas de control.
MODERADO	Se deben hacer esfuerzos para reducir el riesgo. Las medidas deben implantarse en un período determinado
IMPORTANTE	No debe comenzarse el trabajo hasta que se haya reducido el riesgo. Pueden necesitarse recursos importantes para controlar el riesgo
INTOLERABLE	No debe comenzar ni continuar el trabajo hasta que se reduzca el riesgo. Si no es posible reducir el riesgo, debe prohibirse el trabajo

1.1.7 Riesgo laboral y peligro

También debemos diferenciar el riesgo laboral del peligro, aunque se asimilan indebidamente, dado que este responde a la actualización o materialización del riesgo potencial, como consecuencia de la carencia de medidas preventivas idóneas.

El peligro sería el conjunto de elementos, que, estando presentes en las condiciones de trabajo, puede desencadenar un daño para la salud de los trabajadores.

1.1.8 Riesgo grave e inminente

El artículo 4.4 de la LPRL, por su parte, define una situación específica especialmente importante, el riesgo grave e inminente, como «aquel que resulte probable que se materialice en un futuro inmediato, y pueda suponer un daño grave para la salud de los trabajadores. En el caso de exposición de agentes susceptibles de causar daños graves a la salud de los trabajadores, se considerará que existe un riesgo grave e inminente cuando sea probable racionalmente que se materialice en un futuro inmediato una exposición a dichos agentes de la que puedan derivarse daños graves para la salud, aun cuando estos no se manifiesten de forma inmediata».

El riesgo grave e inminente puede producirse por alteraciones de tipo técnico o por intervención humana. Es un riesgo que ofrece posibilidades de que se origine un accidente de forma inmediata o no, pero con probables consecuencias graves o muy graves. En estas circunstancias, el artículo 21 de la LPRL regula las medidas que debe adoptar el empresario, contemplando, además, la posibilidad de que el trabajador o sus representantes puedan interrumpir la actividad laboral y abandonar el puesto de trabajo, sin que pueda el empleador adoptar sanciones contra ellos, salvo que se demuestre la existencia de mala fe. Al fin, se trata de proteger la vida y la integridad física y moral de los trabajadores, derecho fundamental referenciado en el artículo 15 de la Constitución Española (CE).

1.1.9 Riesgo laboral y evaluación de riesgos

El riesgo laboral debe detectarse como fase previa a la evaluación de riesgos. Determinaremos, por ejemplo, el estado de las máquinas (fallos técnicos) y procederemos también a la observación de acciones humanas inseguras. Tenemos en cuenta, de esta manera, que el análisis de la actividad laboral, contemplada desde sus carencias preventivas, obedecerá con frecuencia a uno de estos grupos: las causas técnicas y los comportamientos de los trabajadores no adecuados o imprudentes, para lo que deberemos incidir en la formación y la información a los mismos.

La evaluación de riesgos, por su parte, debe ser definida como la ordenación de los riesgos detectados que sirve para delimitar los riesgos aceptables de los no aceptables, los evitables y los evaluables (disminuir o minimizar los riesgos). Deberemos proceder según un orden de prioridades.

Ya hemos visto que el artículo 15.1 c) de la LPRL establece como principio de la acción preventiva combatir los riesgos en su origen, y en el artículo 16 se nos dice qué es una evaluación de riesgos. En efecto, la prevención de riesgos laborales deberá integrarse en el sistema general de gestión de la empresa, tanto en el conjunto de sus actividades como en todos los niveles jerárquicos de esta, a través de la implantación y aplicación de un plan de prevención de riesgos laborales. Los instrumentos esenciales son la evaluación de riesgos laborales y la planificación de la actividad preventiva.

El fin de la evaluación de riesgos es evitar los riesgos, y, si ello no fuera posible, establecer su valoración para minimizarlos. El empresario, a tenor de lo establecido en el artículo 16 de la LPRL, deberá realizar una evaluación inicial de los riesgos para la seguridad y salud de los trabajadores, teniendo en cuenta, con carácter general:

— La naturaleza de la actividad.
— Las características de los puestos de trabajo existentes y de los trabajadores que deban desempeñarlos.
— Igual evaluación deberá hacerse con ocasión de la elección de los equipos de trabajo.
— De las sustancias o preparados químicos.
— Y del acondicionamiento de los lugares de trabajo.

La evaluación inicial tendrá en cuenta también aquellas otras actuaciones que deban desarrollarse de conformidad con lo dispuesto en la normativa sobre protección de riesgos específicos y actividades de especial peligrosidad.

La evaluación será actualizada cuando cambien las condiciones de trabajo y, en todo caso, se someterá a consideración y se revisará, si fuera necesario, con ocasión de los daños para la salud que se hayan producido.

Ello concuerda con la ya citada definición de «prevención», del artículo 4.1 de la LPRL: «Conjunto de actividades o medidas adoptadas o previstas en todas las fases de la actividad de la empresa». Su fin será evitar o disminuir los riesgos derivados del trabajo. Para ello, es imprescindible que no se quede en un diagnóstico estático de los riesgos de un centro de trabajo, sino que sea dinámica, adaptándose a los nuevos riesgos, y a las actividades productivas que se incorporen, revisándose en todo caso cuando se detecten deficiencias o ineficacias de las medidas de prevención adoptadas.

1.2 Clasificación de los riesgos laborales

La Ley de Prevención de Riesgos Laborales establece que riesgo laboral es la posibilidad de que el trabajador sufra un determinado daño derivado del trabajo (artículo 4.2 de la LPRL).

1.2.1 Clasificación atendiendo a la evaluación de riesgos

Para calificarlo, hemos comentado también que, desde la perspectiva de la elaboración de la evaluación de riesgos, y atendiendo a su entidad, debe tenerse en cuenta conjuntamente:

— Su severidad.
— La probabilidad de que se produzca el daño.

1.2.2 Clasificación doctrinal

La doctrina especializada clasifica los riesgos laborales en:

— *Mecánicos:* artefactos que interaccionan con la actividad del trabajador, bien sean instalaciones, máquinas, aparatos, equipos de trabajo, o utensilios. En este sentido, el RD 1215/1997, del 18 de julio, regula las disposiciones mínimas de seguridad y salud en los equipos de trabajo. Así, los riesgos mecánicos pueden producir problemas músculo-esqueléticos, que se han revelado como la principal causa de bajas laborales.

— *Físicos o ambientales:* hace relación a temperaturas, ruidos, electricidad, radiaciones, vibraciones, etcétera. Podemos mencionar, a título de ejemplo, como regulación legal, el RD 286/2006, del 10 de marzo (ruido), o el RD 1311/2005, del 4 de noviembre (vibraciones).

— *Químicos o biológicos:* minerales, polvos, gases, vapores, humos, bacterias, virus y hongos. Son susceptibles de producir problemas respiratorios, cánceres profesionales o infertilidad. Podemos mencionar el RD 664/2007 (agentes biológicos), el RD 665/2007 (agentes cancerígenos) o el RD 396/2006 (amianto).

— *Relacionales o psicosociales*: de importancia creciente en la prevención de riesgos laborales, atienden de forma precisa a algunos problemas inherentes a los nuevos sistemas de organización productiva y de dirección del personal en los modelos industriales y de relaciones laborales. La doctrina diferencia entre *factores de riesgos y riesgos psicosociales* propiamente dichos. Entre los factores de riesgo encontramos, entre otros, la estructura organizativa y el clima laboral. Son factores que contribuyen a la generación de riesgos como el estrés, el acoso laboral o *mobbing,* el síndrome de estar quemado o *burnout,* la fatiga física y mental y también la incidencia de las drogodependencias o del alcoholismo en el entorno laboral. Más recientemente se identifica el conflicto trabajo-familia como riesgo psicosocial.

1.2.3 Clasificación legal en función de la condición de trabajo presente

Una vez expuesta en el artículo 4.7 de la LPRL la consideración de «condición de trabajo» como cualquier característica del mismo que pueda tener una influencia significativa en la generación de riesgos para la seguridad y salud del trabajador, matiza que quedan expresamente incluidos:

— Las características generales de los locales, instalaciones, equipos, procesos, productos y demás útiles existentes en el centro de trabajo: en su regulación específica, debemos referirnos al RD 486/1997 sobre lugares de trabajo y al RD 1215/1997 ya citado, sobre equipos de trabajo.

— La naturaleza de los agentes físicos, químicos y biológicos presentes y sus correspondientes intensidades, concentraciones y niveles de presencia, realizando así una doble atención, cualitativa y cuantitativa.
— Los procedimientos para la utilización de los agentes mencionados.
— Todas aquellas otras características del trabajo, incluidas las relativas a su organización y ordenación (riesgos psicosociales), que influyan en la magnitud de los riesgos a los que está expuesto el trabajador.

Con ello, el artículo 4.7 de la LPRL está realizando una clasificación legal de los riesgos laborales, que pivota en torno al eje de «condición de trabajo».

1.3 Efectos derivados del riesgo

1.3.1 Los daños del trabajo

Los efectos que resultan del riesgo laboral son los daños derivados del trabajo. Nos referimos a las enfermedades, patologías o lesiones sufridas con motivo u ocasión del trabajo, según la definición que realiza el artículo 4.3 de la LPRL.

Existen, de esta manera, dos clases de patologías, ambas imbricadas en los conceptos y planteamientos de la Seguridad Social:

— Patologías específicas, que se identifican con el accidente de trabajo y la enfermedad profesional.
— Patologías inespecíficas, en las que cobran especial relevancia los aspectos médicos personales, hereditarios y factores extralaborales, frente a los propiamente derivados de la prestación laboral. Son las enfermedades comunes y los accidentes no laborales.

1.3.2 Los accidentes de trabajo

En relación con los accidentes de trabajo (AT), debemos referirnos al artículo 156 de la Ley General de la Seguridad Social (LGSS), que establece que son «toda lesión corporal que el trabajador sufra con ocasión o por consecuencia del trabajo que ejecute por cuenta ajena» (aunque actualmente también habría que incluir a los trabajadores autónomos), incluidos los que sufra el trabajador al ir y volver del trabajo.

Por tanto, a diferencia del concepto de daño del trabajo, de naturaleza preventiva, el accidente de trabajo, enmarcado en el ámbito de la Seguridad Social, solo contempla aquellos casos en que se produce algún tipo de lesión.

Ahora bien, también se consideran accidentes de trabajo cuando las lesiones se produzcan con ocasión del trabajo, en los siguientes supuestos:

— Como consecuencia de la realización de trabajos de distinto grupo profesional.
— En actos de salvamento y otros de naturaleza análoga, cuando unos y otros tengan conexión con el trabajo.
— Por el ejercicio de actividades representativas, así como al ir o volver al lugar en que se ejercitan tales funciones.
— Al ir o volver al lugar de trabajo, el accidente *in itinere.*
— Se presume como accidente de trabajo las lesiones ocurridas en tiempo y lugar de trabajo (infartos, anginas de pecho, etc.); las lesiones provocadas por terceros (empresarios, compañeros de trabajo, terceras personas, etc.), siempre que guarden relación con el trabajo; también las propias imprudencias profesionales del trabajador, no así el dolo o la imprudencia temeraria y las autolesiones (si bien en más de una ocasión el suicidio se ha considerado accidente de trabajo).
— Las enfermedades, no incluidas en el artículo 157, que contraiga el trabajador con motivo de la realización de su trabajo, siempre que se pruebe que la enfermedad tuvo por causa exclusiva la ejecución del mismo.
— Las enfermedades o defectos, padecidos con anterioridad por el trabajador, que se agraven como consecuencia de la lesión constitutiva del accidente.
— Las consecuencias del accidente que resulten modificadas en su naturaleza, duración, gravedad o terminación, por enfermedades intercurrentes, que constituyan complicaciones derivadas del proceso patológico determinado por el accidente mismo o tengan su origen en afecciones adquiridas en el nuevo medio en que se haya situado el paciente para su curación.

En relación con los trabajadores autónomos, a partir de la Ley 6/2017, del 24 de octubre, de Reformas Urgentes del Trabajo Autónomo (artículo 14), se considera accidente de trabajo el sufrido al ir o al volver del lugar de la prestación de la actividad económica o empresarial, considerándose a tal efecto el establecimiento en donde el trabajador autónomo ejerza habitualmente su actividad, siempre que no coincida con su domicilio y se corresponda con el establecimiento declarado a efectos fiscales.

La jurisprudencia ha revelado el carácter sumamente casuístico de estas presunciones, en relación con su consideración o no de contingencia profesionales.

Hay que precisar (STS del 30 de mayo de 2000) que la presunción de laboralidad *solo alcanza a los accidentes acaecidos en tiempo y lugar del trabajo y no a las enfermedades o dolencias ocurridas en el trayecto de ida o vuelta.* Ello no quiere decir que no puedan ser considerados nunca accidentes de trabajo, como vamos a ver, sino que, al no operar la presunción, habrá que demostrarlo en cada caso.

Con relación al *reconocimiento del infarto de miocardio como accidente de trabajo,* la sentencia del Tribunal Supremo del 24 de julio de 2006 deniega su existencia porque el mismo sobreviene en los vestuarios de la empresa, por lo que se rompe la presunción de laboralidad. Sin embargo, en la STS del 20 de noviembre de 2006 sí se reconoce un infarto de miocardio ocurrido en los vestuarios de la empleadora. En este caso, el factor diferencial es que el día del fallecimiento el difunto había estado pintando naves bajo un techo de uralita, corriendo andamios y subiendo a alturas de 7/8 metros, quejándose del intenso calor. En todo caso, la laboralidad se presume y, por tanto, el accidente de trabajo, cuando el infarto se produce en los vestuarios de trabajo, en la segunda hora de la jornada laboral, es decir, durante el tiempo de trabajo, y ello, independientemente de los factores de riesgo previos del trabajador que no sirven para romper la presunción (STS del 22 de diciembre de 2010). Por su parte, en la sentencia del Tribunal Supremo del 4 de octubre de 2012, se determina que el infarto mortal sufrido por un trabajador de Volkswagen Navarra mientras se cambiaba de ropa y se ponía el equipo de protección para su labor debe ser considerado accidente de trabajo y dar lugar a la indemnización y pensión consiguientes. La sentencia, revocando el fallo de los tribunales inferiores, recuerda que «el tiempo de trabajo se computará de modo que tanto al comienzo como al final de la jornada diaria el trabajador se encuentre en su puesto de trabajo», aunque matizando seguidamente que también se considera «tiempo de trabajo» determinados «lapsos temporales en los que el trabajador no se halla estrictamente en su puesto, pero sí realizando operaciones indispensables para incorporarse al mismo». Aunque el trabajador no hubiera iniciado su jornada, el Tribunal Supremo tiene en cuenta, primero, que el trabajador había fichado a las 21:41 horas, es decir, antes de producirse el infarto (que ocurrió a las 21:50 horas). Además, el trabajador estaba en el vestuario para ponerse la ropa de trabajo, pero también el equipo de protección necesario para sus funciones. «El trabajador no se encontraba en los vestuarios simplemente para cambiarse de ropa sino para proveerse de los equipos de protección individual que estaban en el vestuario y que tenía obligatoriamente que ponerse antes de su incorporación». Además, ese tiempo en los vestuarios se hacía necesario para no perder el plus de puntualidad.

Por otra parte, en la sentencia del Tribunal Superior de Justicia de Extremadura núm. 12/2012, del 17 de enero, en el supuesto de un *accidente cerebrovascular isquémico* en el tálamo izquierdo sufrido por un oficial 1.ª herrero en el lugar de trabajo, en una empresa del sector de la construcción, considera que, con la aparición de la dolencia en el tiempo y lugar de trabajo, el lesionado únicamente debe justificar esa ubicación en el tiempo y espacio laboral. Sobre la empresa recae la carga de justificar que la lesión, trauma o defecto no se produjo a consecuencia de la realización de la tarea, es decir, acreditar la ruptura de la relación de causalidad entre trabajo y lesión. En la misma línea, el Tribunal Supremo en sentencia del 25 de abril de 2018 considera accidente de trabajo el fallecimiento por disección aórtica de un trabajador de profesión vigilante de seguridad, cuyos primeros síntomas aparecen en el lugar y tiempo de trabajo, al estar realizando una ronda de inspección y sentir un fuerte dolor en el pecho y en el brazo izquierdo que lo obligó a parar el vehículo y continuar con su trabajo una vez remitió el dolor. Posteriormente, finalizada su jornada laboral, ingresó en urgencias cuyo diagnóstico fue disección aórtica de tipo A con rotura de pared aórtica y hemopericardio, falleciendo cuatro horas después. En este caso, el Tribunal Supremo establece que la presunción *iuris tantum* se extiende no sólo a los accidentes, sino también a las enfermedades que puedan ser causadas o desencadenadas por el trabajo, cuando ocurren de manera repentina en tiempo y lugar de trabajo y exista un nexo causal entre el trabajo desarrollado y el daño producido, constituyendo las condiciones de ejercicio de la actividad un factor desencadenante de la crisis que provoca la muerte, y ello sin que concurra ninguna circunstancia que permita desvirtuar los efectos de la presunción.

En relación con los accidentes y enfermedades acaecidos en el trayecto al trabajo, *in itinere,* pueden destacarse las siguientes resoluciones:

Así, en la sentencia del TSJ del País Vasco del 16 de septiembre de 1998, se reconoce que la situación laboral del trabajador, afectado por un expediente de regulación de empleo, y por la falta de abono de los salarios, justifica el nexo causal en un *infarto sufrido in itinere.* En un sentido diferente, la STS del 30 de mayo de 2005 niega la consideración de accidente *in itinere* cuando el desvanecimiento del trabajador se produjo en la estación del metro, al ir al trabajo. Sin embargo, en la STS del 10 de diciembre de 2014, reconocerá como accidente el ictus sufrido por un trabajador fuera del trabajo, ya que sufrió un amago de la enfermedad durante el trabajo.

La STS del 18 de septiembre de 2007 establece que el accidente de un trabajador al desplazarse al centro de trabajo con su moto no tiene la consideración de *in itinere,* por su conducta imprudente al saltarse un semáforo en rojo colisionando con otro vehículo. Sin embargo, existe accidente de trabajo pese a que el trabajador circulaba a mayor velocidad de la permitida, según STS del 13 de marzo de 2008. No se considera la existencia de la *imprudencia temeraria* en su significado jurídico-doctrinal de falta de la más elemental cautela o prudencia que debe exigirse en los actos humanos capaces de causar daños, sino más bien la falta de cuidado o descuido. En general, la jurisprudencia niega la calificación de accidente *in itinere* solamente en los supuestos de imprudencia temeraria del trabajador, o de consumo de drogas o de tasas elevadas de alcohol.

Como sentencia de síntesis puede mencionarse la del Tribunal Superior de Justicia de Islas Baleares (Sala de lo Social, Sección 1.ª), Sentencia núm. 591/2012 del 5 noviembre, en la que se acredita que el exceso de velocidad dentro de los límites establecidos por el art. 379 del Código Penal, sin la concurrencia de otras circunstancias que pongan en peligro la seguridad, la vida o integridad de las personas, no se considera infracción temeraria y, por tanto. ha de calificarse como laboral el accidente de tráfico sufrido por trabajador que conducía su motocicleta que se sale de la vía al tomar desvío a velocidad superior en 50 km/hora al límite establecido, dando positivo en cánnabis al no poder determinarse si tuvo incidencia en el accidente.

Ahora bien, según la STS del 20 de junio de 2002, se considera que no constituye un accidente de trabajo *in itinere* el sufrido por una *agresión* física de un tercero, por razones ajenas al trabajo, acaecido cuando el trabajador iniciaba su camino al trabajo.

Para considerar el accidente de trabajo *in itinere,* la jurisprudencia venía exigiendo que el *trayecto o itinerario* debía ser el habitual, aunque se interrumpiera o se realizase un desvío en dirección del trabajo para dejar a la persona, sin alejarse de forma significativa de la ruta ordinaria para ir al lugar del trabajo, sin aumento de riesgo. En este caso se entendía que no se rompía el nexo causal (STSJ de

Aragón del 6 de marzo de 1999). Además, el *domicilio del trabajador* será el punto de referencia para ir o volver al trabajo. Definido como un espacio cerrado, exclusivo y excluyente para los demás, constitucionalmente protegido (artículo 18.2 de la CE). Pero no formarán parte de este los elementos comunes que es preciso atravesar para ir o volver al trabajo. Así, el accidente que ocurra dentro del domicilio del trabajador, antes de salir o después de entrar en él, no está en el trayecto protegido y no es accidente *in itinere* (STS del 29 de noviembre de 1988).

Contrariamente, en el caso de una trabajadora que resbala en las escaleras mojadas del portal, el accidente ocurrido en las *escaleras del inmueble* donde se ubica la vivienda, en cuanto comporta un trayecto que necesariamente debe recorrerse para ir o volver al trabajo, de libre acceso para los vecinos y susceptible de ser visto y controlado por terceras personas ajenas a la familia, sí que constituye accidente *in itinere,* tal y como establecerá la STS del 26 de febrero de 2008. Una interpretación finalista indica que lo relevante es que el trabajador esté recorriendo el camino que lleva a su lugar de trabajo y no que el accidente se produzca necesariamente en la vía pública. No sería el mismo supuesto si el accidente se produce en las escaleras de una vivienda unifamiliar, al no tratarse de una zona común y de libre acceso a otros residentes (STSJ de Galicia, del 29 de abril de 2008).

Con posterioridad, sin embargo, el Tribunal Supremo, en sentencia del 26 de diciembre de 2013 y más recientemente en sentencia del 14 de febrero de 2017, ha ampliado el concepto de accidente laboral, al considerar que el accidente sufrido por el trabajador en el trayecto de vuelta de su domicilio familiar al de su residencia habitual los días laborales -con el fin de descansar en esta última residencia antes de incorporarse al trabajo al día siguiente- tiene la consideración de accidente *in itinere.* En esta sentencia el TS reinterpreta el concepto de accidente *in itinere* para adecuarlo a la realidad social teniendo en cuenta las nuevas formas de organización del trabajo y la distribución de este con la vida familiar, así como la movilidad geográfica introducida por las sucesivas reformas laborales. En la misma línea, la STSJ de Galicia del 14 de julio de 2015 (rec., núm. 1660/2014) considera accidente de trabajo *in itinere* el accidente que se produjo al volver del trabajo al domicilio antes de que finalizara la jornada de trabajo debido a un permiso que la empleadora reconoció a la trabajadora para el cumplimiento de sus responsabilidades familiares (principio proconciliación). Asimismo, la STSJ de Galicia del 8 de abril de 2019 (rec. núm. 3602/2018), considera accidente de trabajo *in itinere* el ocurrido a una trabajadora de la limpieza al salir del trabajo y dirigirse a su domicilio, pasando a recoger a su marido, donde tiene lugar el accidente, lo cual se relaciona con su derecho a la conciliación de la vida personal, familiar y laboral. Igualmente, la STSJ del País Vasco del 15 de enero de 2019 (rec. núm. 2505/18) estima accidente de trabajo *in itinere* el ocurrido en el trayecto que va desde el lugar de residencia hasta el lugar de trabajo, en el caso de una enfermera que tenía programadas dos citas domiciliarias antes de incorporarse a su centro de trabajo en un ambulatorio, y que se desvió para dejar a su hijo al cuidado de los abuelos. El Tribunal entiende que el accidente ocurrido, aunque no forma parte del camino habitual, no rompe el nexo causal, ya que el desvío que cogió y donde sufrió el accidente vino motivado por la necesidad de conciliar su vida laboral y buscar la ayuda necesaria, y más, cuando el accidente tuvo lugar un día no lectivo del hijo de la accidentada y el tiempo empleado para ello no resultó excesivo. Por consiguiente, el Tribunal considera que esta desviación en el trayecto habitual no es ajena a una concausa laboral.

Otra sentencia interesante es la del TS 437/2023 del 9 de febrero (Rec. 2617/2019), que considera AT el que sufre una trabajadora que se dirige desde su puesto de trabajo a un bar a merendar. El tribunal considera que el accidente se produjo con ocasión del trabajo.

En relación con el reconocimiento del *suicidio* como accidente de trabajo, cabe destacar la Sentencia del Juzgado de lo Social de Gáldar (Las Palmas), del 27 de enero de 2006. Se considera que la tensión y los nervios que venía presentando el trabajador, como consecuencia del desempeño de sus tareas y funciones como policía local, fueron la causa desencadenante del suicidio. También se reconoce el suicidio como accidente de trabajo en un supuesto visto por el Tribunal Superior de Justicia de Andalucía/Sevilla, en sentencia del 13 de mayo de 2009, de un trabajador, empleado de una empresa de autobuses, al que se le notifica su reincorporación al puesto de trabajo anterior, del que fue apartado a raíz de una crisis nerviosa tras un altercado con un pasajero, suicidándose tras la comunicación de la noticia. Es determinante acreditar la relación de causalidad: la prueba de la existencia de la relación causa efecto entre el suicidio y el trabajo. Así, la STSJ de Andalucía del 22 de septiembre de 2011 consideró como un accidente laboral el suicidio de un trabajador al quien se le había diagnosticado ansiedad como consecuencia de la conflictividad laboral existente en la empresa en la que prestaba sus servicios. El trabajador se suicidó en su propio domicilio por la situación de conflictividad laboral, con apertura de procedimiento penal por hechos ocurridos durante una huelga e incoación de expediente disciplinario; se prueba la relación de causalidad, acreditándose que antes del inicio de la problemática laboral no existía constancia de enfermedad mental del trabajador, por lo que se colige motivada esta exclusivamente por causas laborales. El fallo judicial será confirmado mediante sentencia del Tribunal Supremo del 4 de diciembre de 2012, recurso núm. 3711/2011. En un sentido contrario, la STSJ de Castilla y León del 19 de julio de 2012 no considera acreditada esa relación de causalidad, ya que no se probaron ni antecedentes ni bajas laborales por depresión, estrés o alteraciones similares.

El atraco también se ha considerado riesgo laboral por STS del 24 de septiembre de 2008. El Tribunal declara que «el atraco a una entidad bancaria tiene carácter de riesgo laboral, ya que supone la posibilidad de que un trabajador sufra un determinado daño derivado del trabajo, constituyendo el daño las enfermedades, patologías o lesiones sufridas con motivo u ocasión del trabajo».

Finalmente, se está abriendo un debate de sumo interés sobre el accidente acaecido por la persona teletrabajadora en su domicilio, donde presta su relación laboral. El artículo 16.1 y 7 f) de la Ley 20/2021 establece que la evaluación de riesgos únicamente debe alcanzar la zona habilitada para la prestación de servicios, no extendiéndose al resto de zonas de la vivienda o del lugar elegido para el desarrollo del trabajo a distancia. Sin embargo, la doctrina judicial en la materia está apostando por una concepción más amplia del lugar del trabajo, con independencia de que haya sido evaluada o no. En este sentido, la STSJ Madrid del 11 de noviembre de 2022 (Rec. 526/2022) considera que el accidente en horario de trabajo en la cocina de su domicilio debe calificarse como laboral. No puede, se dice, constreñirse el lugar de trabajo al espacio de trabajo, mesa, silla y ordenador de trabajo. No es un compartimento estanco del entorno.

1.3.3 Las enfermedades profesionales

Las enfermedades profesionales están conceptualmente reguladas en el artículo 157 de la LGSS, entendiéndose por tales las contraídas a consecuencia del trabajo por cuenta ajena en las actividades que se especifiquen en el cuadro que se apruebe por indicación de esta Ley, y que esté provocada por la acción de los elementos y sustancias que en dicho cuadro se indiquen para cada actividad profesional.

De la misma manera que al sufrir un accidente de trabajo, cuando el trabajador contrae una enfermedad profesional, puede repercutir en responsabilidades del empresario si derivan del incumplimiento de las normas de prevención, y también en la posibilidad de que se produzca un recargo en las prestaciones a las que tuviera derecho el trabajador o sus causahabientes (artículo 164 de la LGSS).

En la actualidad, la remisión normativa a las actividades especificadas debe entenderse al RD 1299/2006, del 10 de noviembre, que aprueba el cuadro de nuevas enfermedades profesionales en el sistema de la Seguridad Social, y se establecen criterios para su notificación y registro. En esta norma frente a la anterior (RD 1995/1978), se establece un sistema de lista, es decir, enfermedades recogidas en una lista y causadas por las sustancias y elementos en sectores determinados, pero se deja una cláusula abierta para que se añadan otras nuevas mediante analogía o valoración judicial.

Las características del nuevo sistema son:

— Mantiene el sistema de lista, pero evoluciona a un sistema más flexible y abierto. Se reconoce la necesidad de actualizar una lista desfasada.
— Sigue la Recomendación de la UE 2003/670/CE.
— La norma es fruto del Acuerdo de los Agentes Sociales del 12 de julio de 2003.
— Existe en el Real Decreto una lista complementaria (como en la Recomendación europea), que es una situación en espera de lista. Su origen profesional se sospecha. Así, facilita su presunción, a los efectos de su consideración de enfermedades de trabajo (artículo 156.2 e). Podrían incluirse en el anexo I en el futuro.
— Incluye ya en el anexo I (listado de enfermedades profesionales) parte de las del anexo II de la Recomendación europea.
— Con fecha del 19 de diciembre de 2015, el RD fue modificado para incorporar en el anexo I, el cáncer de laringe por inhalación de amianto. Quitándolo, por lo tanto, del anexo II.
— Asimismo, por RD 257/2018, del 4 de mayo, se modificará el anexo I, para incluir como enfermedad profesional el cáncer de pulmón en trabajos expuestos a inhalación de polvo de sílice libre.

Hay carencias muy significativas en la nueva lista actualizada. Así, no se han incluido como enfermedad profesional los riesgos psicosociales, a pesar de que más de un tercio de las patologías de origen profesional tienen su origen en el estrés y sus diferentes manifestaciones: acoso laboral, síndrome del quemado, etcétera.

No obstante, los Tribunales reconocen a veces el carácter profesional de enfermedades aparentemente de origen común, flexibilizando los requisitos del anterior sistema de lista cerrada. La sentencia del Juzgado de lo Social de Ceuta, del 22 de mayo de 2006, reconoce el *cáncer de pulmón* como enfermedad profesional por el contacto del trabajador con productos derivados de los hidrocarburos, en concreto, con el benceno, que es un producto cancerígeno.

Por su parte, el Tribunal Superior de Justicia de Cataluña, en sentencia del 14 junio de 2006, confirmando una sentencia de un juzgado de lo social de Barcelona, declaró que un supuesto de gran invalidez debía considerase como enfermedad profesional. La situación de incapacidad la padeció un trabajador que durante quince años prestó sus servicios en una empresa dedicada a la industria del automóvil, con la fabricación de baterías y otros componentes. Durante el tiempo en que trabajó para dicha empresa, estuvo expuesto al plomo, siéndole diagnosticada en 1992 *la enfermedad de Parkinson,* con una evolución muy rápida.

También el Tribunal Supremo, en sentencia del 5 de noviembre de 2014, ha reconocido *el síndrome del túnel carpiano* en las limpiadoras como enfermedad profesional. O la STSJ de Asturias del 11/07/2017, que considera que el desempeño de la actividad laboral de cajera supone una fatiga del tendón como consecuencia del roce continuado del mismo y declara la existencia de enfermedad profesional.

El TS, en sentencia del 20 de septiembre de 2022 (Roj., 3378/2022), ha declarado que *la exclusión de profesiones ejercidas por las mujeres del cuadro de enfermedades profesionales constituye una discriminación indirecta por razón de género.* De ahí que la Estrategia Española para la Seguridad y Salud en el Trabajo para los años 2023-2027 plantee la necesidad de modificar dicha normativa.

1.3.4 Las enfermedades del trabajo

Debemos también referirnos al concepto intermedio entre enfermedad profesional y común, denominadas «enfermedades del trabajo», cuya regulación está contemplada en el artículo 156.2, apartados e) y f) de la LGSS. Veamos sus supuestos:

— Son enfermedades o defectos padecidos con anterioridad, pero, como consecuencia de la lesión constitutiva del accidente de trabajo, se agravan, agudizan o desencadenan [artículo 156.2 f) de la LGSS].

— Enfermedades que están causadas por el trabajo, pero no están contempladas todavía en listado de enfermedades profesionales, siempre que se pruebe que la enfermedad tuvo como causa exclusiva la ejecución del trabajo [artículo 156.2 e) de la LGSS]; por ejemplo, el desarrollo de cuadros mixtos de ansiedad y depresión derivados de un acoso psicológico con causa en la relación laboral.

Estas enfermedades derivadas del trabajo deben identificarse en el registro PANOTRATSS (patologías no traumáticas de la Seguridad Social), con el objetivo de declarar las enfermedades no incluidas en el cuadro de enfermedades profesionales pero que son debidas al trabajo o que, siendo preexistentes, son agravadas por aquel. Son las MUTUAS las que declaran este tipo de enfermedades en este fichero y no en el del accidente de trabajo.

En este sentido, la calificación como accidente de trabajo de este tipo de enfermedades viene siendo admitida por la jurisprudencia (Sentencia n.º 1799/16 del TSJ del País Vasco, del 20 de septiembre de 2016). En este caso, la trabajadora de una empresa de construcción en la categoría profesional de diplomada Grupo-A2 sufre un proceso de incapacidad temporal con el diagnóstico de trastorno de ansiedad y alteración del sueño motivados por estrés laboral, que es declarado derivado de contingencia laboral en resolución del INSS. En este caso, el TSJ del País Vasco, confirmando la sentencia del Juzgado de lo Social de Bilbao del 22 de abril de 2016, estima que las enfermedades comunes que contraiga la persona trabajadora con motivo de la realización de su trabajo, no incluidas en la lista de enfermedades profesionales, tienen la consideración de accidente de trabajo siempre y cuando se acredite fehacientemente la relación de causalidad entre el trabajo y la enfermedad.

1.3.5 Los partes de accidente de trabajo y enfermedad profesional

Para tramitar el derecho a las prestaciones de la Seguridad Social del trabajador, debe elaborarse un parte de accidentes de trabajo, a través del sistema electrónico DELT@, regulada mediante Orden TAS 2926/2002, del 19 de noviembre, por la que se establecen nuevos modelos para la notificación de los accidentes de trabajo y se posibilita su transmisión por procedimiento electrónico.

A través de este procedimiento electrónico se regulan la comunicación de los partes de notificación de los accidentes de trabajo y también la relación de accidentes de trabajo ocurridos sin baja médica y la relación de altas y fallecimientos de accidentados. Los partes deben enviarse a la entidad gestora que se haya hecho cargo de la cobertura de los riesgos profesionales (MUTUAS o INSS).

Por su parte, el sistema CEPROSS regula el parte electrónico de notificación de las enfermedades profesionales, mediante la Orden TAS 1/2007, del 2 de enero, de desarrollo procedimental del Real Decreto 1299/2006, del 10 de noviembre, que regula el nuevo cuadro de enfermedades profesionales en el sistema de la Seguridad Social.

En este sentido, una de las novedades de este RD 1299/2006 es que, además de establecer una nueva lista de enfermedades profesionales, más actualizada, la declaración y notificación de estas sale del ámbito de las actuaciones empresariales, correspondiendo a la entidad que asume la protección de las contingencias profesionales (el INSS o MUTUAS) el inicio de su tramitación, sin perjuicio de la colaboración necesaria de los facultativos del Servicio de Prevención, a los que deberá comunicarse la posible existencia de una enfermedad profesional.

Los conflictos con las MUTUAS en el reconocimiento de enfermedades profesionales resultarán patentes desde entonces; de ahí que la Secretaría de Estado de la Seguridad Social, mediante *Resolución del 19 de septiembre de 2007,* desarrollara unos criterios o pautas dirigidos a la adecuada calificación de las contingencias por parte de INSS, respecto de los expedientes tramitados por las MUTUAS en materia de incapacidad temporal y por muerte y supervivencia, que se resuelvan sin ser considerados como enfermedad profesional.

Con posterioridad el RD 1430/2009, de 11 de septiembre, por el que se desarrolla reglamentariamente la Ley 20/2007, de 4 de diciembre, de medidas en materia de Seguridad Social, en relación con las prestaciones por incapacidad temporal, establecerá un procedimiento de revisión de las altas médicas expedidas por las Mutuas y las empresas colaboradoras en los procesos de Incapacidad

Temporal (IT) por contingencias profesionales (incluido, por lo tanto, también el accidente de trabajo), antes de agotar el plazo de doce meses de duración de IT.

El plazo para instar la revisión de las altas médicas ha sido modificado por el Real Decreto 625/2014, del 18 de julio, por el que se regulan determinados aspectos de la gestión y control de los procesos por IT en los primeros 365 días de su duración.

Con este procedimiento especial de revisión se pretende encauzar en vía administrativa los conflictos que a menudo se exteriorizan entre las Mutuas y los interesados a propósito de las altas emitidas por contingencias profesionales, y que los Tribunales de lo Social vienen solventando declarando el carácter prevalente y superior de los criterios de la entidad gestora (INSS) frente al de las MUTUAS, dado el carácter de entidades colaboradoras y auxiliares de estas.

En todo caso, las resoluciones emitidas por el INSS, en el ejercicio de las competencias establecidas en el artículo 4 del RD 1430/2009, podrán considerarse dictadas con los efectos atribuidos a la resolución de una reclamación previa, conforme con lo dispuesto en el artículo 71.3 de la Ley de Jurisdicción Social.

El RD 625/2014, será modificado por RD 1060/2022, del 27 de diciembre, en lo que se refiere a la entrega del parte de baja por parte de las personas trabajadoras, avanzándose así en el uso de los medios electrónicos de la gestión de la IT. RD 1060/2022, desarrollado, a su vez, por Orden ISM 2/2023, del 11 de enero, donde se establecen nuevos modelos de alta y baja y confirmación de IT.

1.3.6 Diferencias entre el ámbito de la prevención de riesgos laborales y el de Seguridad Social

Hay que comenzar diciendo que tanto las definiciones de accidente de trabajo (AT), enfermedad profesional (EP), accidente no laboral (ANL) y enfermedad común (EC) como el régimen jurídico establecido para estas contingencias en la normativa de Seguridad Social continúan siendo de aplicación, en los términos y a los efectos previstos en dicho ámbito normativo, sin perjuicio de la utilización de las definiciones contenidas en la LPRL en el ámbito de la prevención de riesgos laborales; es decir, la regulación posterior de 1995 contenida en la LPRL no afectaría a los conceptos reseñados de AT, EP, ANL y EC, que mantendrían su vigencia en su ámbito jurídico específico, que son las relaciones de Seguridad Social.

Es lo cierto, sin embargo, que, entre los respectivos ámbitos normativos de la prevención de riesgos y la Seguridad Social, existen diferencias sustanciales:

— Naturaleza preventiva, en general, de la normativa de seguridad laboral, frente a la reparadora de la Seguridad Social.
— Diferente ámbito de aplicación, en cuanto a los colectivos afectados, siendo más amplio en el caso de la LPRL, derivado del carácter de universalidad de esta norma.
— El daño efectivo, que es necesario para que nazca la relación de Seguridad Social, frente al daño potencial, que hace desplegar los efectos de la normativa de prevención. Así, el accidente blanco, o incidente, que implica que realmente se ha producido un accidente de trabajo, si bien del mismo no se ha derivado daño para la salud del trabajador, está contemplado en la normativa preventiva, no así en la de la Seguridad Social.

Por otra parte, la nomenclatura para referirse a la normativa de la prevención de riesgos laborales ha cambiado sustancialmente:

— La expresión tradicional «seguridad e higiene», típica del bloque normativo preconstitucional, que aparece incluso en la Constitución, en su artículo 40.2, y que podemos calificar como concepto defensivo, reparador, cercano al entorno del accidente de trabajo.
— Actualmente, prima la utilización de un concepto más proactivo, amplio y comprensivo como «salud laboral», inspirado en la definición de salud dada por la Organización Mundial de la Salud, como el estado de bienestar del individuo frente a variables físicas, psicológicas o medioambientales, y en las que cobra importancia un entorno laboral adecuado, en todos los sentidos, para la evitación del accidente de trabajo, y también de la enfermedad profesional; definición de salud laboral que hoy se encuentra incorporada en el artículo 32 de la Ley 33/2011, General de Salud Pública.

Además, el propio concepto de «daño derivado del trabajo», del artículo 4.3 de la LPRL, es distinto del de «accidente de trabajo», del artículo 156 de la LGSS. El primero, ya lo hemos dicho, contiene una definición más amplia, y menos ordenancista que el segundo, permitiendo la inclusión de supuestos más adaptados a las nuevas patologías propias de las relaciones industriales modernas.

2. La neutralización de los riesgos laborales

El trabajo, ya lo hemos reseñado, es un factor generador de riesgo. Tiene sustantividad propia como tal causa-agente del riesgo laboral. En este sentido, se encomienda a los poderes públicos velar por la seguridad e higiene en el trabajo (artículo 40.2 de la CE).

La LPRL pretende la neutralización del riesgo laboral y, para ello, fomenta una nueva cultura preventiva y unifica su política, para dotarla de mayor eficacia.

Ya nos hemos referido también a los diversos tipos de riesgos laborales, como los mecánicos, los físicos, químicos y biológicos, los relacionales o psicosociales.

Los efectos del riesgo laboral son los accidentes de trabajo y las enfermedades profesionales, en la definición de la LGSS en los artículos 156 y 157, de un lado y de otro, como establece el artículo 4.3 de la LPRL, cualquier tipo de enfermedad, patología o lesión sufrida con motivo u ocasión del trabajo.

En todo caso, los accidentes:

— No son fruto del azar. Sus causas pueden ser detectadas, puestas de manifiesto y se pueden evitar o, al menos, minimizar sus efectos.
— No suelen ser causas únicas: estamos ante la multicausalidad del accidente. Suelen operar una serie de causas, simultáneas y/o sucesivas, que son las que lo provocan.
— Es posible distinguir las causas principales (mediante propiedad factorial) de las secundarias. Hay diferentes métodos de averiguación de las causas del accidente: el árbol de causas, el de la causa principal o causa agente, etcétera.
— Es posible la intervención humana para evitar o minimizar los riesgos, a través de:
   o Medidas de prevención sobre el elemento humano: médicas o de vigilancia de la salud, formación e información y medidas psicosociales (la comunicación vertical y horizontal, un estilo de

liderazgo democrático, técnicas de afrontamiento del estrés, protocolos para combatir el acoso laboral, etcétera).
o   Medidas de carácter técnico: son la seguridad, la higiene industrial y la ergonomía.
o   Medidas preventivas de orden sociolaboral: referente a jornada, horario, turnos, sistema salarial, etcétera.

2.1 Ciencia y riesgo en el trabajo: la salud laboral

Ya se ha comentado la repercusión de la definición de la Organización Mundial de la Salud (OMS) en el ámbito de la salud laboral, en tanto que salud ya no se define de forma estricta, o excluyente, como ausencia de enfermedad, sino en términos positivos y aun holísticos: la salud como «un completo estado de bienestar en los aspectos físicos, mentales y sociales».

Definición de salud laboral que hoy se encuentra recogida en nuestro derecho positivo, en el artículo 31 de la Ley 33/2011, General de Salud Pública, donde se establece que la salud laboral tiene por objeto «conseguir el más alto grado de bienestar físico y social de los trabajadores en relación con las características y riesgos derivados del lugar de trabajo, el ambiente laboral y la influencia de este en su entorno, promoviendo aspectos preventivos, de diagnóstico, de tratamiento, de adaptación y rehabilitación de la patología producida o relacionada con el trabajo».

Definición que comenzó formando parte de la Declaración de Principios de la Organización Mundial de la Salud (OMS) desde su fundación en 1948. En la misma declaración se reconoce que la salud es uno de los derechos fundamentales de los seres humanos, y que lograr el más alto grado de bienestar depende de la cooperación de individuos y naciones y de la aplicación de medidas sociales y sanitarias. En este sentido, la salud se configura como eje basilar de la calidad de vida.

Por su parte, el trabajo se conceptúa como actividad humana imbricada en la salud, con unos objetivos concretos, como obtener medios de subsistencia y vida, relación social, pero también autoestima o autorrealización. El trabajo afecta, así, a aspectos ambientales clave de la persona, como el tiempo, la fatiga, las relaciones familiares, etcétera.

Evidentemente, puede ser causa de accidentes o enfermedades. Es más, en el proceso productivo moderno, con el uso de medios de producción novedosos, se han detectado nuevos factores de riesgo, consecuencia de los nuevos modos de organización productiva (tecnoestrés).

Para su neutralización, se ha establecido la aplicación de las diversas ciencias al riesgo laboral:

— La seguridad en el trabajo (que tiene por objeto evitar los accidentes de trabajo).
— La higiene industrial (que prevé la aparición de las enfermedades profesionales).
— La ergonomía (que pretende la adaptación del trabajo a la persona).
— La psicosociología aplicada (que estudia el diagnóstico y tratamiento de los riesgos que atacan a la psique del trabajador y a su clima laboral).

También hemos visto que la terminología ha variado: desde la conceptualización como «seguridad e higiene en el trabajo», propia de la Ordenanza de Seguridad e Higiene en el Trabajo de 1971, que se mantiene en la Constitución (artículo 40.2), y en los artículos 4 y 19 del Estatuto de los Trabajadores (los trabajadores tienen derecho a una adecuada política de seguridad e higiene) a la utilizada en la Ley de Prevención de Riesgos Laborales, que se refiere a expresiones más actuales, acuñadas internacionalmente, como en el Convenio n.º 155 de la OIT (seguridad, salud y medio ambiente), o en la Unión Europea, como «seguridad y salud laboral» o «prevención de riesgos laborales».

La seguridad y la salud laboral, como conceptos clave de los nuevos sistemas y filosofías preventivas, cobra carta de naturaleza en la Directiva Marco 89/391/CEE. Se produce entonces la modernización del concepto, proveniente del enfoque anglosajón, que tiene trascendencia práctica, además de semántica. Significa una mayor incidencia en el aspecto preventivo, frente a la tradicional connotación reparadora del daño laboral.

La aspiración científica de la disciplina, por su parte, se muestra en el Reglamento de los Servicios de Prevención, RSP (Real Decreto 39/1997), que en su anexo VI contiene el programa de formación para el desempeño de funciones de nivel superior, o en el artículo 3 de la LPRL (ámbito de aplicación), artículo 4 (definiciones), artículo 8 (Instituto Nacional de Seguridad e Higiene en el Trabajo como órgano científico-técnico especializado de la Administración del Estado, o en su disposición adicional quinta (Fundación adscrita a la Comisión Nacional de Seguridad y Salud en el Trabajo). El artículo 10 a) de la LPRL habla de las «sociedades científicas», que deben ser oídas por los Servicios de Prevención para establecer las pautas y protocolos de actuación de orden sanitario. Los avances de las ciencias y las nuevas tecnologías en la prevención de riesgos están, de este modo, presentes en nuestra Ley de Prevención de Riesgos Laborales. Los principios de la acción preventiva de su artículo 15 mencionan «tener en cuenta la evolución de la técnica».

2.1.1 Motivos para la tutela de la salud laboral

Vamos a enumerar alguno de los motivos que nos parecen más relevantes, en orden a la tutela que reconocen actualmente los poderes públicos al bien jurídico de la seguridad en el trabajo y a la preservación de la salud laboral.

— Ciertamente, debemos comenzar estableciendo como una causa agente de primer orden las reivindicaciones históricas de los trabajadores en la mejora de las condiciones de vida y trabajo.
— También debe considerarse la consolidación de las teorías de filosofía social que consideran al trabajador como persona o capital humano, no como un mero factor de producción intercambiable.
— La conciencia de los valores de la dignidad humana y de la vida y la integridad física (artículos 10 y 15 de la CE, en relación con su artículo 40.2).
— La integración del trabajador en la empresa y la creación de un clima favorable y satisfactorio con mejora de las relaciones humanas y la productividad.
— El reconocimiento legal y la construcción doctrinal de un deber empresarial de seguridad. Existe una deuda de seguridad, derivada de la existencia de un contrato de trabajo (que se caracteriza por la ajenidad y la dependencia).
— La inversión en seguridad y salud laboral como medio indispensable para avanzar en otros objetivos y programas de mejora de la empresa, como la excelencia empresarial.
— Una normativa legal rigurosa, con mecanismos de control, y el establecimiento de un aparato sancionatorio.

— Los costes económicos y sociales para la empresa, la sociedad y el Estado, derivados de los accidentes de trabajo.

2.1.2 Los costes de la prevención

Existen costes reparadores de Seguridad Social o indemnizatorios consecuencia de los accidentes de trabajo y de las enfermedades profesionales, o de las malas condiciones de trabajo: responsabilidades derivadas de convenios colectivos, responsabilidades civiles, e incluso penales, sanciones administrativas, o el recargo de prestaciones por falta de medidas de seguridad del artículo 164 LGSS.

Hay también costes ocultos de organización, que evidencian otros problemas, como dificultades de comunicación o barreras entre departamentos, absentismo, rotación, calidad del producto, etcétera.

Otros costes ocultos afectan a la productividad, como malestar entre el conjunto de los trabajadores; jornadas perdidas; tiempo dedicado a asistir al accidentado o a investigar lo ocurrido; a preparar el trabajo para que lo continúe otro trabajador; retrasos en el material; costes por daños en las máquinas, equipos, productos o medio ambiente; clientes descontentos; mala imagen; pérdida de mercado o repetición de trabajos.

También se produce la pérdida, temporal o definitiva, del valor del trabajador como inversión realizada.

Es siempre un retroceso en los logros para la inversión en calidad y en recursos humanos, en orden a alcanzar la excelencia empresarial, con lo que ello supone de deterioro de la imagen empresarial, y de pérdida de confianza de los mercados en la empresa.

2.2 Composición y práctica de la seguridad y salud laboral

2.2.1 Composición

Las disciplinas científicas que configuran el ámbito de la prevención de riesgos laborales son las siguientes: la Seguridad en el Trabajo, la Higiene

Industrial, la Medicina en el Trabajo, la Ergonomía y Psicosociología, la Economía, la Formación Profesional y el Derecho.

— *Seguridad en el Trabajo:* su objeto de atención es el accidente de trabajo. En el accidente de trabajo estamos ante la producción súbita e inesperada de un hecho que genera un daño laboral. La ciencia auxiliar para estudiar y analizar la disciplina es la Ingeniería, por ejemplo, todo lo concerniente a los riesgos mecánicos y a los equipos de trabajo (el RD 1215/1997).

— *Higiene industrial:* relativa a los riesgos biológicos, químicos y físicos. Su plasmación patológica es la enfermedad profesional. Se caracteriza por una evolución insidiosa y lenta. La disciplina auxiliar para su estudio es la Física y la Química.

— *La Medicina en el trabajo:* es la medicina preventiva y reparadora aplicada al mundo laboral. Se refiere a la vigilancia de la salud. La disposición adicional 2 de la LPRL trata de la reordenación orgánica de los servicios médicos laborales. El artículo 10 de la LPRL regula las actuaciones de las Administraciones públicas competentes en materia sanitaria, y el artículo 22 de la LPRL, de importancia capital, la vigilancia de la salud. Por su parte, el artículo 37.3 del RSP establece las funciones de vigilancia y control de la salud de los técnicos de nivel superior que posean dicha especialización. El Ministerio competente es el de Sanidad.

— *La Ergonomía y Psicosociología Aplicada:* el contenido mínimo del programa lo tenemos en el anexo VI del RSP. Versa sobre el diseño del entorno laboral optimizado para el hombre. Se trata, por tanto, de cohonestar productividad y satisfacción laboral. Tenemos aplicaciones prácticas de esta disciplina en el RD 486/97 (lugares de trabajo) y en el RD 487/97 (manejo manual de cargas). Tiene especial relevancia en estructuras organizativas complejas, y en el trabajo de producción en cadena o automatizado. Sus patologías específicas, en su vertiente de Psicosociología, son la insatisfacción laboral, la fatiga, el estrés, el *burnout*, o el acoso laboral. En su modalidad de ergonomía, pueden ser los sobreesfuerzos o las lesiones osteomusculares derivados de movimientos repetitivos o poco adecuados.

— *La Economía de la Salud Laboral:* trata de los costes de los accidentes, y de la rentabilidad de la prevención, aspectos que ya hemos mencionado anteriormente.

— *La Formación Profesional:* encontramos ejemplos en los artículos 5.2 de la LPRL (promoción de la mejora de la educación en materia preventiva) y 19 de la LPRL (formación de los trabajadores). El artículo 19.4 del

Estatuto de los Trabajadores establece que el empresario debe proporcionar al trabajador una formación práctica y adecuada en materia de seguridad e higiene.

— *El Derecho de la Prevención de Riesgos Laborales:* estamos ante el «deber ser» frente al «ser». En el Derecho se procede a la valoración del riesgo y a la conformidad con los parámetros socialmente aceptados. También el Derecho puede tener una vocación transformadora, partiendo de la realidad social. En todo caso, estamos ante la defensa y tutela de determinados bienes jurídicos, que el ordenamiento considera dignos de protección. Pero las normas jurídicas difícilmente son aplicaciones técnicas, y tampoco crean condiciones materiales de trabajo.

En el ámbito de la prevención de riesgos contemplamos claramente la *vis* o fuerza expansiva del Derecho del Trabajo. El Derecho Laboral incluye claramente la prevención de riesgos laborales, no solo en sus normas estrictamente jurídicas, sino también, al menos parcialmente, en lo referente a las normas técnico-jurídicas.

Pero el Derecho de la Prevención de Riesgos Laborales no solo afecta a las relaciones de dependencia, a la relación laboral, sino también a otros colectivos imbricados en la seguridad y salud laboral, como los trabajadores autónomos o los funcionarios. Asimismo, cobra especial importancia su relación con otros campos o Departamentos, como los aspectos sanitarios (vigilancia de la salud o enfermedades profesionales), o las competencias de Industria o Educación.

2.2.2 Práctica

En la práctica, la prevención de riesgos laborales en las empresas es llevada a cabo por profesionales que cuentan con la debida formación. En este sentido la LPRL ha profesionalizado la actividad preventiva.

A los efectos de determinar las capacidades y aptitudes necesarias para la evaluación de riesgos y el desarrollo de la actividad preventiva, se han creado tres niveles de especialización: básico, intermedio y superior, arbitrándose su compatibilidad o no con tareas productivas, en función de su ubicación en el organigrama de la gestión de la prevención de la empresa, si son trabajadores designados, miembros de un Servicio de Prevención, de nivel superior o no, etcétera.

En este sentido, son fundamentales los artículos 34 a 37 del Reglamento de los Servicios de Prevención, que establecen las funciones mencionadas de nivel básico, intermedio y superior, que orientan los proyectos y los programas formativos, articulándose en los anexos III a VI del RSP.

A su vez, se han creado las cuatro especialidades preventivas reseñadas: Medicina en el Trabajo, Seguridad en el Trabajo, Higiene en el Trabajo y Ergonomía y Psicosociología aplicada. Salvo la primera, que solo puede ser realizada por personal sanitario, las otras tres forman parte del nivel superior en prevención de riesgos laborales.

La formación mínima correspondiente al nivel intermedio de prevención de riesgos laborales se obtiene, en la actualidad, tras la realización de un ciclo superior de formación profesional reglada en prevención de riesgos laborales.

Por su parte, la formación del técnico superior en prevención de riesgos laborales viene regulada en el artículo 37.2 del RSP, en su redacción dada por el RD 337/2010, del 19 de marzo, por el que se modifica el RSP, donde se establece que para desempeñar las funciones de nivel superior será preciso contar «con una titulación universitaria oficial y poseer una formación mínima acreditada por una Universidad con el contenido especificado en el programa del anexo VI, cuyo desarrollo tendrá una duración no inferior a seiscientas horas y una distribución horaria adecuada a cada proyecto formativo, respetando la establecida en el anexo citado».

La Estrategia Española de Seguridad y Salud en el Trabajo para los años 2023-2027 prevé la actualización de dicha formación teniendo en cuenta los nuevos riesgos laborales y sobre todo la necesidad de incorporar la perspectiva de género en el ámbito de la Seguridad y Salud en el trabajo.

CUESTIONARIO DE AUTOEVALUACIÓN Y APRENDIZAJE

1. ¿Por qué el trabajo se considera un factor de riesgo?

2. ¿Qué se entiende por riesgo laboral y por riesgo grave e inminente?

3. Indica los riesgos a los que están expuestas las personas trabajadoras atendiendo a la clasificación doctrinal.

4. ¿De qué forma la prevención de riesgos laborales ha influido en el reconocimiento del AT por parte de la jurisprudencia? Pon algún ejemplo.

5. ¿Podrías explicar qué tipo de riesgos psicosociales son los más comunes en el ámbito del trabajo? Los riesgos de este tipo, ¿pueden considerarse enfermedad profesional? Razona la respuesta.

6. ¿Por qué el RD 1299/2006, del 10 de noviembre, que aprueba el cuadro de nuevas enfermedades profesionales en el sistema de la Seguridad Social, ha sido considerado por el TS que contiene una discriminación indirecta por razón de género?

7. Señala las diferencias entre el ámbito de prevención de riesgos laborales y el de la Seguridad Social de cara a determinar los efectos derivados del riesgo laboral.

8. Enumera las disciplinas científicas que concurren en la evitación de riesgos laborales.

9. ¿Qué se entiende por salud laboral según la OMS y la Ley 33/2011, General de Salud pública? Identifica sus características.

10. Entre las posibles consecuencias derivadas del trabajo se pueden incluir:

    a. Accidentes de trabajo y enfermedades profesionales

    b. Fatiga, estrés e insatisfacción

    c. Cambios psicológicos de comportamiento (agresividad, drogadicción, alcoholismo, depresión…).

    d. Todas son ciertas

TEMA II
EL DERECHO DE LA PREVENCIÓN DE RIESGOS LABORALES

1. Los bienes jurídicos afectados

La producción económica de bienes y servicios conlleva riesgos inherentes a dicha actividad empresarial. Es el riesgo laboral que puede desencadenar una lesión en el trabajador, como sujeto agente que desarrolla una prestación laboral para el empleador. Tratar de evitar o minimizar esas consecuencias lesivas nos lleva a establecer los motivos que hacen merecedora de protección jurídica la seguridad y salud de los trabajadores, frente a los riesgos laborales. Son los bienes jurídicos afectados. Vamos a fijarnos en los que prevalecen, por tener más jerarquía normativa. Son los derechos constitucionales que tienen que ver con esta materia:

— *Artículos 9.2 y 10 de la Constitución Española (CE):* corresponde a los poderes públicos promover las condiciones para que la libertad y la igualdad de los individuos y de los grupos que la integran sean reales y efectivas. La dignidad de la persona, y los derechos inviolables que le son inherentes, son fundamento del orden político y de la paz social.
— *Artículo 15 de la CE*: todos tienen derecho a la vida y a la integridad física y moral.
— *Artículo 38 de la CE:* se reconoce la libertad de empresa en el marco de la economía de mercado. Los poderes públicos garantizan y protegen la defensa de la productividad, de acuerdo con las exigencias de la economía general y, en su caso, de la planificación. Estamos ante el factor trabajo como un coste de producción, que, sin embargo, posee unas connotaciones especiales, en tanto se desarrollan por personas, con los derechos consustanciales a dicha condición.
— *Artículo 40.2 de la CE*: los poderes públicos deben velar por la seguridad e higiene en el trabajo.
— *Artículo 41de la CE*: los poderes públicos deben mantener un régimen público de Seguridad Social. Deben garantizar la asistencia y prestaciones sociales suficientes ante situaciones de necesidad. Por tanto, deben incluirse las prestaciones reparadoras derivadas de un accidente de trabajo o enfermedad profesional.
— *Artículo 43 de la CE*: se reconoce el derecho a la protección de la salud; en especial, a través de medidas preventivas y de las prestaciones y servicios necesarios.

— *Artículo 45 de la CE*: derecho al disfrute de un medio ambiente adecuado para el desarrollo de la persona. Es obvio que también debe existir un medio
ambiente adecuado en el entorno laboral; de hecho, existen los denominados riesgos de naturaleza medioambiental.

2. La formación histórica del derecho de la seguridad y salud en el trabajo

Las primeras normas del Derecho del Trabajo fueron relativas a la seguridad laboral. El legislador es consciente de las relaciones asimétricas que se dan en la relación laboral. El contrato de trabajo responde solo formalmente a los planteamientos liberales y termina siendo un contrato de adhesión en el que el patrono impone sus condiciones laborales, con merma de la integridad física del trabajador.

Las primeras leyes laborales están destinadas a la protección de mujeres y niños en el trabajo. En España, la Ley del 24 de julio de 1873 es la primera norma de la legislación laboral española y protege a los colectivos más vulnerables, a los menores y mujeres. Prohíbe trabajar a los menores de diez años y los trabajos nocturnos a los menores de dieciséis años. Se trata, por tanto, simplemente, de atemperar las aristas más agresivas del modelo liberal capitalista incipiente.

Recordemos que, en los momentos de explosión de la Revolución Industrial, las condiciones de trabajo eran de pésima salubridad, y la aparición de las nuevas máquinas fabriles dispara las ratios de siniestralidad.

La Ley del 26 de julio de 1878 regula también el trabajo de los menores, prohibiendo algunos trabajos a menores de dieciséis y dieciocho años: trabajos peligrosos, insalubres, de fuerza, dislocación, equilibrio y como buzos o domadores de fieras. Dicha Ley prohibía algo muy habitual en la época, como era la actuación de menores en espectáculos circenses. Esta norma contenía un mecanismo de persecución penal a los padres de estos niños.

Con la creación de la Comisión de Reformas Sociales en 1886, este organismo, de gran importancia práctica, se encarga, entre otros cometidos, de inspirar las necesidades legislativas más apremiantes. Nace la Ley de Accidentes de Trabajo del 31 de enero de 1900, que introduce por primera vez el principio de indisponibilidad de los derechos del trabajador: toda cláusula contractual donde el trabajador renuncie a los derechos que el legislador le otorga será nula. Asimismo, establece un listado de las consideradas incapacidades profesionales y las posibles indemnizaciones en caso de accidente de trabajo. Esta Ley crea también la teoría del riesgo profesional, inherente al trabajo que se realiza. El empresario debe, de esta manera, o pagar una indemnización en caso de accidente laboral, o bien cubrir al trabajador con una póliza de seguros contratada con una aseguradora reconocida legalmente por el Estado. Este seguro es voluntario, pero, con la Ley de Accidentes de Trabajo de 1932, deviene en obligatorio. Son, como puede verse, normas reparadoras, más que preventivas.

En 1912, se aprueba la Ley de la Silla, conocida así porque regula la obligación, en los establecimientos no fabriles, de los empresarios de conceder una silla a las trabajadoras durante el desarrollo de la actividad laboral. Introduce por vez primera el principio de adecuación al trabajo. Posteriormente, este derecho será extendido a los hombres.

En la Dictadura de Primo de Rivera se crea el Código de Trabajo de 1926, donde se recopilan y fijan las condiciones de trabajo, incorporando la Ley de Accidentes de Trabajo de 1922, que había sustituido a la de 1900.

Con la Segunda República, se dan cambios en la reparación del Accidente de Trabajo, y en el marco de las relaciones laborales. Se aprueba la Ley de Contratos de Trabajo de 1931, antecedente del Estatuto de los Trabajadores. Se aprueba también la Ley del 4 de julio de 1932 de Seguro Obligatorio de Trabajo.

En la época de Franco, la Ley del Contrato de Trabajo de 1944 sustituye a la de 1931. Pero lo destacable a efectos de prevención de riesgos laborales, en esta etapa, será el Reglamento General de Seguridad e Higiene en el Trabajo del 31 de enero de 1940. Su objetivo será proteger al trabajador contra los riesgos propios de su profesión, que puedan poner en peligro su vida y salud. También se crean Ordenanzas laborales, mediante la Ley de Reglamentaciones de Trabajo de 1942. En estas Ordenanzas laborales se regulaban sectorialmente las condiciones de trabajo y de seguridad e higiene en el trabajo.

Posteriormente aparece el Decreto del 26 de julio de 1957, todavía vigente, en el que la mujer y los menores son los colectivos destinatarios de la mencionada norma. Se les prohíbe realizar algunos tipos de trabajo en relación con la nocividad, insalubridad, etc. (minería, industria del caucho, del papel, etc.). El Tribunal Constitucional, en Sentencia 92/1992, lo declaró inconstitucional respecto a la regulación que afecta a las mujeres, subsistiendo en el ámbito de los menores.

Por último, en el año 1971 se publica una norma trascendental que distingue expresamente entre la prevención y la reparación del daño. Es la Ordenanza General de Seguridad e Higiene en el Trabajo del 9 de marzo de 1971 (OGSHT). Es más completa técnicamente que la de su antecedente, el Reglamento General de Seguridad e Higiene de 1940, dado que:

— Amplía el contenido con respecto a la anterior norma de 1940.
— Amplía los objetivos en materia preventiva.
— Introduce el término o concepto de «bienestar del trabajador» como objeto de la prevención, desde el punto de vista ergonómico.
— Amplía el campo de aplicación personal: abarca a todos los individuos encuadrados en el Régimen General de la Seguridad Social.

La Ordenanza General de Seguridad e Higiene en el Trabajo de 1971 ha coexistido con la Ley de Prevención de Riesgos Laborales de 1995 hasta el año 1997.

La OGSHT tenía tres títulos: disposiciones generales, condiciones generales del centro de trabajo y mecanismo sancionador, por incumplimiento de la Ordenanza. Con la OGSHT podemos decir que se asienta la seguridad laboral como una disciplina independiente de la normativa reparadora y aseguradora. Además, esta norma fue acompañada por la creación de un potente sistema público y gratuito de asistencia técnica a las pequeñas y medianas empresas (el Plan Nacional de Higiene y Seguridad en el Trabajo), que hizo que su efectividad fuera real, a diferencia de otras disposiciones precedentes.

3. Lo público y lo privado en la seguridad y salud en el trabajo

3.1 La perspectiva pública y la privada

Cuando nos referimos a la vertiente de «lo público» en la seguridad laboral en España, debemos mencionar necesariamente las fuentes normativas que confieren ese carácter *iuspublicista o público:*

— El artículo 40 de la CE establece que los poderes públicos deben velar por la seguridad e higiene en el trabajo; precepto que tiene un carácter programático y generalista, y mantiene todavía la visión tradicional de la «seguridad e higiene», incluso en su terminología.

— Dentro de ese carácter público, existen, sin embargo, otras referencias con concepciones preventivas más amplias, como las que se contienen en el artículo 15 de la CE (derecho a la vida y a la integridad física y moral), y las que provienen de la Ley del Estatuto de los Trabajadores (LET), y de la Ley de Prevención de Riesgos Laborales (LPRL).

La *concepción privatista* por su parte, descansa en la mencionada LPRL (que contiene, por tanto, ese doble papel, público y privado), cuando consagra el deber de seguridad, la deuda de seguridad del empresario en el ámbito de las relaciones privadas (ámbito privado), a la vez que como un deber público derivado de las normas de desarrollo del artículo 40 de la CE (ámbito público).

La articulación jurídica de la protección de la seguridad y salud laboral descansa, así, en una doble noción legislativa:

— Perspectiva publicista, que se extiende más allá de las partes del contrato de trabajo y que afecta igualmente a trabajadores autónomos, fabricantes, importadores o suministradores del artículo 41 de la LPRL.

Sería una manifestación de esta perspectiva la definición de objetivos y del contenido de la política de prevención de riesgos laborales a cargo de las Administraciones públicas; el compromiso de los poderes públicos de adoptar medidas preventivas y garantizar su aplicación para tutelar la salud laboral.

— Perspectiva privatista, que se manifiesta en la formulación de una relación obligatoria básica en el ámbito del contrato de trabajo, construida legislativamente sobre el derecho del trabajador a una protección eficaz frente a los riesgos laborales y el correlativo deber de protección del empresario.

La deuda de seguridad comentada está recogida en los artículos 4.2 d) de la LET (en los derechos laborales en la relación de trabajo, el trabajador tiene derecho a la integridad física, y a una adecuada política de prevención de riesgos laborales), artículo 19 de la LET (seguridad y salud en el trabajo), y 14.1 de la LPRL (los trabajadores tienen derecho a una protección eficaz en materia de seguridad y salud en el trabajo).

Si bien esta vertiente privatista también tiene aspectos preventivos, sus consecuencias son sobre todo reparadoras: su inobservancia genera responsabilidades contractuales para el empresario por los daños derivados del incumplimiento de las normas de prevención de riesgos laborales.

Pero es que, además, tal deuda de seguridad (de origen privado y contractual) es a la vez un deber público sancionable en vía administrativa (a través, fundamentalmente, de la Ley de Infracciones y Sanciones de Orden Social).

Debe señalarse que la doctrina científica está dividida en torno a la preeminencia de lo público o de lo privado en la seguridad y salud laboral.

Una corriente doctrinal mantiene que:

— La obligación empresarial nacida de la relación de trabajo es una obligación de resultado, manifestada en una ausencia de lesiones y daños.
— Las obligaciones introducidas por la intervención pública son de medios. Se trata de proteger la vida e integridad física de los trabajadores, poniendo todos los medios para eliminar los factores de riesgo, y exigiendo expresamente el cumplimiento de disposiciones y normas en la materia.

Otra tesis doctrinal sostiene, sin embargo, que:

— Los objetivos son los mismos en ambos planteamientos (proteger la salud del trabajador en su entorno laboral), y la deuda de seguridad privada, si

se producen daños, valora también el incumplimiento de las obligaciones de medios.
— La función de la intervención pública y su normativa, de carácter imperativo, es modalizar y determinar el contenido del deber de seguridad, y atribuir al empresario, además de responsabilidades privadas, obligaciones públicas.
— Y es lo cierto que también el incumplimiento de los deberes públicos adquiere relevancia privada, con los efectos resarcitorios y contractuales correspondientes.

3.2 Las manifestaciones de lo público y de lo privado en la seguridad y salud laboral

Veamos ahora manifestaciones de ambos elementos, públicos y privados, en la seguridad y salud laboral:

A) *Prevalencia del elemento publicista*
   a) El componente principal de la Prevención de Riesgos Laborales es el prevencionista, independientemente de la obligación privada de seguridad.
   b) Es una obligación impuesta a los poderes públicos conseguir el respeto *in natura* a las prescripciones del artículo 15 de la CE «todos tienen derecho a la vida y a la integridad física y moral».
   c) Los poderes públicos deben velar por la seguridad e higiene en el trabajo (artículo 40.2 de la CE), siendo un principio rector de la política económica y social.

B) *Manifestaciones privadas*
   a) El deber de seguridad. El empresario es responsable de los daños causados en el cumplimiento del contrato, en la vida e integridad física del trabajador, y de los perjuicios causados a terceros. Es, por tanto, una obligación contractual.
   b) Pero los poderes públicos intervienen y modalizan esas obligaciones contractuales. Pretende anticiparse a la agresión (carácter prevencionista). Es una intervención enérgica, porque está en juego la protección de los valores del artículo 15 de la CE.

3.3 Conclusiones sobre el binomio público-privado

En definitiva, estamos ante un binomio privado-público, en el que la deuda de seguridad contractual (que conlleva un resarcimiento por daños y perjuicios) se contrapone o, mejor, se complementa con la sanción administrativa (carácter iuspublicista de la seguridad laboral).

Atribuir a la seguridad y salud una naturaleza privada tan solo es posible de una manera accesoria y relativa. Lo relevante es la actuación pública, y una de sus modalidades es actuar externamente sobre el contrato de trabajo.

El derecho de la Seguridad y Salud Laboral instrumentaliza la deuda de seguridad, a través de dos vías:

— Modaliza su contenido para conseguir que se cumpla en sus propios términos, y dispone las concreciones o alteraciones. Así, el artículo 15.4 de la LPRL establece la imputación al empresario de conductas negligentes del trabajador, siempre que la imprudencia no sea temeraria, y el artículo 14.4 de la LPRL mantiene que las obligaciones de los trabajadores, la atribución de funciones en materia de prevención a los trabajadores o el recurso al concierto con entidades especializadas para el desarrollo de actividades de prevención, no eximen al empresario del cumplimiento del deber de seguridad.
— La presencia de los poderes públicos velando por la seguridad e higiene (artículo 40.2 CE) dota a esta regulación de un carácter tripolar: el Estado, pretendiendo proteger al trabajador, impone obligaciones al empresario y dado que ya existe una relación jurídica entre ambos, la utiliza como cauce para que su eficacia sea mayor.

4. Definición, composición y características del derecho de la seguridad y salud en el trabajo

4.1 Definición del derecho de la seguridad y salud laboral

Podemos definir el derecho de la seguridad y salud en el trabajo como un «conjunto de normas, que, cumpliendo el mandato dirigido en la Constitución a los poderes públicos para que velen por la seguridad e higiene en el trabajo, inciden directamente en las condiciones en que se desarrolla todo género de actividad productiva, incrementando su seguridad, a fin de evitar que se produzcan daños en la salud de los trabajadores, o tratan de fomentar que las conductas de los particulares, y en especial de los empresarios, se adecuen a las pautas establecidas normativamente». Se trata, como puede observarse, de una definición que remarca su naturaleza esencialmente pública, preventiva y fundamentada en la Constitución.

La normativa de prevención de riesgos laborales a incluir es muy amplia, tal como se deduce de lo establecido en el artículo 1.1 de la LPRL que se refiere a que «la normativa en prevención de riesgos laborales está constituida por la LPRL, sus disposiciones de desarrollo o complementarias y cuantas otras normas legales o convencionales contengan prescripciones relativas a la adopción de medidas preventivas en el ámbito laboral o susceptibles de producirlas en dicho ámbito».

Con frecuencia se trata de normas que tratan de anticiparse a los peligros laborales, más que reparar las consecuencias lesivas ya producidas; normas que tratan de regular las condiciones de trabajo y empleo en condiciones adecuadas de seguridad y salud laboral, fomentando los comportamientos adecuados, respetuosos con la normativa, en orden a salvaguardar los principios preventivos, y evitar el daño laboral, también conocido en el ámbito de la Seguridad Social, como accidente de trabajo.

Hay que diferenciar la normativa de prevención de riesgos laborales, de las normas jurídico-técnicas que inciden en las condiciones de trabajo en materia de prevención de riesgos laborales. La Inspección de Trabajo y Seguridad Social velará por el cumplimiento de ambas normativas y así, el artículo 9.1 a) de la LPRL establece que le corresponde a esta «vigilar el cumplimiento de la normativa de prevención de riesgos laborales, así como de las normas jurídico-técnicas que incidan en las condiciones de trabajo en materia de prevención, aunque no tuvieran la calificación directa de normativa laboral».

4.2 Composición del derecho de la seguridad y salud laboral

Como se ponía de manifiesto con anterioridad, la normativa en prevención de riesgos laborales es muy amplia, tal como se deduce del artículo 1.1 de la LPRL, que se refiere a que «la normativa en prevención de riesgos laborales está constituida por la LPRL, sus disposiciones de desarrollo o complementarias y cuantas otras normas legales o convencionales que contengan prescripciones relativas a la adopción de medidas preventivas en el ámbito laboral o susceptibles de producirlas en dicho ámbito».

A partir de esta definición se diferencia, por un lado, una parte general de la prevención de riesgos laborales y, por otro lado, una parte especial, formada fundamentalmente por disposiciones técnicas o jurídico-técnicas.

4.2.1 La parte general

Es el marco propiamente jurídico de la Prevención de Riesgos Laborales. Desempeña un papel importante en la creación de disposiciones jurídicas y atribución de efectos. Pero representa una porción pequeña de la Prevención de Riesgos Laborales. En esta parte, a su vez, se diferencian tres ámbitos de actuación.

En primer lugar, se trata de intervenciones de los poderes públicos para aumentar el nivel de la seguridad y salud en el trabajo.

Tiene tres grandes apartados:
— Elaboración de la política de la seguridad y salud en el trabajo para la fijación de los objetivos constitucionales de velar por la seguridad e higiene, como principio rector de la política económica y social (artículo 40.2 de la CE).
— Utilización del poder normativo como vehículo apto para conformar la realidad social.
— Asignación de las competencias necesarias a los organismos intervinientes en la política de prevención.

En segundo lugar, incide en la empresa como foco de atención, o lugar en el que se genera el riesgo laboral, que cuenta con dos núcleos principales:
— Concreción de las obligaciones, principalmente del empresario.
— Asignación de las funciones a la representación de los trabajadores, como medio para conseguir un nivel de seguridad más elevado de los trabajadores.

En tercer lugar, establece medidas orientadas a conseguir una mayor eficacia del sistema: el término «eficaz» aparece reiteradamente en la legislación así, en el artículo 14.1 de la LPRL (derecho de los trabajadores a una protección eficaz en materia de seguridad y salud laboral), y en el artículo 19.1 de la LET (protección eficaz en materia de seguridad y salud en el trabajo).
— Requiere un aparato de garantías, un régimen sancionador y medidas de fomento o de incentivos (por ejemplo, el sistema *bonus* del Real Decreto 404/2010 -derogado en la actualidad-).
— Integran también estas disposiciones el derecho de la prevención de riesgos laborales como medidas adjetivas.

La parte general estaría integrada, pues, por la Ley de Prevención de Riesgos Laborales (LPRL), que constituye el marco jurídico propiamente dicho, que se encuentra desarrollada por el Reglamento de Servicios de Prevención (RSP).

Además, existen otras normas legales susceptibles de incorporar medidas preventivas aplicables: así, el Texto Refundido de la Ley de Infracciones y Sanciones de Orden Social (LISOS) que incorpora con carácter general las sanciones aplicables al empresario por incumplir las obligaciones establecidas en la LPRL; Ley del Estatuto de los Trabajadores en relación con los reconocimientos médicos en el caso de trabajo nocturno y a turnos (art. 36.4 de la LET); la Ley General de Seguridad Social en relación con los reconocimientos médicos en el caso de trabajadores expuestos a enfermedades profesionales (art. 243 de la LGSS); la Ley 33/2011, del 4 de octubre, General de Salud Pública, que sustituye a la Ley 14/1986, General de Sanidad, con respecto de las competencias de la Administración sanitaria en salud laboral, o la Ley 21/1992, de Industria, respecto del marcado CE.

El resto de normas relativas a la materia entrarían, con excepciones, en los parámetros jurídico-técnicos, que constituirían la parte especial de la prevención.

4.2.2 La parte especial

Está constituida por las disposiciones técnicas o jurídico-técnicas de la seguridad y salud laboral. El marco jurídico reseñado debe ser complementado con las disposiciones técnicas. En realidad, lo que se hace es juridificar las aportaciones de las demás ciencias. Se asumen los respectivos avances tecnológicos.

El propio artículo 6.2 de la LPRL establece que las normas reglamentarias mantendrán la debida coordinación con la normativa sanitaria y de seguridad industrial y serán objeto de revisión periódica, de acuerdo con la experiencia en su aplicación, y el progreso de la técnica.

Con carácter general, se observan las siguientes propensiones:
— Se incluyen contenidos que escapan de la finalidad de concreción de las condiciones técnicas. Tienen su parte general, regulando obligaciones empresariales, formación e información, etc., a veces redundantes con lo dispuesto en las normas jurídicas de prevención de ámbito general.
— Persiste la tendencia descodificadora, contraria a la Exposición de Motivos de la LPRL; por ejemplo, en la normativa de seguridad en industrias mineras (RD 1389/1997) o en construcción (RD 1627/1997) ambas contienen una parte general y otra especial propias, con coincidencias entre ambas.

Podemos, por tanto, establecer varias clases de disposiciones, y su concreta distribución y aplicación por las Administraciones públicas:
— La prevención de riesgos laborales y el medio ambiente laboral: son normas laborales pero poliédricas. No solo afecta a la Administración laboral (artículo 6.2 de la LPRL, ya citado), sino que demanda una coordinación con la normativa sanitaria y de legislación industrial.
— Exige, con frecuencia, un enfoque integral, con mixtura de Administraciones Públicas competentes (por ejemplo, el RD 1435/1992, de equipos de trabajo, que prevé la competencia del Ministerio de Empleo y Seguridad Social, pero también el de Industria).
— La tónica general es el reparto competencial en materia de industria o sanidad, con mayores ámbitos competenciales para las comunidades autónomas en aquellas materias transferidas, y la eventualidad de posibles conflictos competenciales, como, por ejemplo, en el ámbito de la seguridad minera.

Junto a estas normas técnicas o jurídico-técnicas, desarrolladas reglamentariamente, el Instituto Nacional de Seguridad y Salud en el Trabajo, (INSST) ha desarrollado un conjunto de *Notas Técnicas de Prevención (NTP)* que son herramientas de consulta que ayudan al cumplimiento de las obligaciones normativas, facilitando la aplicación técnica de las exigencias legales. Se trata de NTP que no son vinculantes ni de obligado cumplimiento.

La colección de Notas Técnicas de Prevención (NTP) se inició en 1982 con la vocación de convertirse en un manual de consulta indispensable para todo prevencionista y obedece al propósito del INSST de facilitar a los agentes sociales y a los profesionales de la PRL herramientas técnicas de consulta. El contenido de la colección es pluridisciplinar. En sus documentos se desarrollan aspectos temáticos de las cuatro disciplinas preventivas y, complementariamente, otros asuntos imprescindibles para un correcto cumplimiento con criterio técnico del marco normativo, como son los aspectos de gestión de la PRL, la formación e información, las técnicas y métodos específicos de análisis y evaluación, etcétera.

4.3 La intervención de la negociación colectiva

En el artículo 1 de la LPRL se establece que la normativa sobre prevención de riesgos incluye las normas convencionales. Por su parte, en el artículo 2.2 de la LPRL, se establece que «las disposiciones de carácter laboral contenidas en esta Ley y en sus normas reglamentarias tendrán en todo caso el carácter de Derecho necesario mínimo indisponible, pudiendo ser mejoradas y desarrolladas por los convenios colectivos».

Este artículo 2.2 autoriza, por consiguiente, que las disposiciones de carácter laboral contenidas en la Ley puedan perfeccionarse por los convenios colectivos. Por tanto, la regulación legal constituye derecho mínimo necesario, lo que significa que el convenio colectivo debe respetar lo dispuesto en la norma y, a partir de esos umbrales inferiores, mejorar o complementar los estándares legales.

Sin embargo, en algunos aspectos la LPRL se convierte en norma dispositiva, por ejemplo, en relación con la designación de los delegados de prevención (art. 35 de la LPRL). Que la ley sea dispositiva significa que, aunque la misma haya establecido una regulación determinada, por convenio colectivo pueda establecerse otra regulación diferente, con autorización o habilitación de la propia Ley.

En otros aspectos la LPRL simplemente remite a la negociación colectiva, para que esta concrete determinadas cuestiones relativas a la prevención, como, por ejemplo, lo dispuesto en la disposición adicional 7 del RSP, donde se habilita a la negociación colectiva para la determinación de los medios personales y materiales de los trabajadores designados y de los servicios de prevención propios.

Ahora bien, a la negociación colectiva no le compete la calificación del riesgo ni la relación de obligaciones empresariales, que serían parte de la arquitectura básica de la seguridad laboral, pero sí posiblemente determinar los niveles de seguridad aceptables, siempre que sean más estrictos que la legislación sectorial, y también la atribución de medidas preventivas en el sector o empresa que afecte a su ámbito de aplicación (así, el Convenio General de la Construcción).

En cualquier caso, el convenio colectivo todavía dispone de un amplio margen de intervención, pues puede desempeñar una función integradora de las normas legales y reglamentarias no reguladas por estas; ejemplo paradigmático sería el tratamiento de los riesgos emergentes: estrés, acoso o violencia en el trabajo. Téngase en cuenta, además, que la seguridad y salud laboral debe tener un tratamiento transversal en la negociación colectiva; es decir, debe impregnar todos los aspectos de las relaciones laborales y afectar a cualesquiera condiciones de trabajo en la que las mismas se presenta, sobre todo en relación con las características del trabajo relativas a la organización y ordenación del trabajo que pueden influir en la magnitud de los riesgos a los que está expuesto el trabajador, en la definición contenida en el artículo 4.7, d) de la LPRL.

Otra cuestión es la posible concurrencia de convenios regulando la misma materia de adopción de medidas preventivas, para lo que deberemos ir a las reglas de aplicación del artículo 84 de la LET. La reforma operada mediante la Ley 3/2012, del 6 de julio, de reforma del mercado laboral, dispone que, salvo que un acuerdo o convenio colectivo de ámbito estatal o de comunidad autónoma establezca reglas distintas, la regulación de las condiciones establecidas en un convenio de empresa tiene prioridad aplicativa respecto del convenio sectorial estatal, autonómico o de ámbito inferior en una serie de materias, entre las que no se mencionan las disposiciones mínimas de prevención de riesgos laborales. No existe, de este modo, prevalencia aplicativa para los convenios de empresa en relación con las disposiciones mínimas de la seguridad y salud laboral.

Por tanto, son las organizaciones sindicales y asociaciones empresariales más representativas, de carácter estatal o de comunidad autónoma (artículo 83.2 de la LET), las que establecerán, mediante acuerdos interprofesionales, cláusulas sobre la estructura de la negociación colectiva, fijando, en su caso, las reglas que han de resolver los conflictos de concurrencia entre convenios de distinto ámbito, también en materia de seguridad y salud laboral. Estas cláusulas podrán igualmente pactarse en convenios o acuerdos colectivos sectoriales.

Además, salvo pacto en contrario acordado en el ámbito estatal, no cabe que en el ámbito de una comunidad autónoma se puedan negociar acuerdos o convenios que afecten a lo dispuesto en los de ámbito estatal en materia de normas mínimas en materia de prevención de riesgos laborales.

Todo ello no debe impedir que los convenios de ámbito inferior (provinciales del sector, o de empresa) desarrollen en sus respectivos ámbitos de actuación dichas normas mínimas, previamente reservadas al ámbito estatal o autonómico. No en vano, la reforma laboral de 2012 reserva al ámbito de empresa la regulación de determinadas materias relacionadas con la organización y ordenación del trabajo, como jornadas, horarios o régimen de trabajo y rendimiento, en las que la prevención de riesgos laborales constituye, como se ha adelantado, una materia de carácter transversal.

5. La Ley 31/1995, del 8 de noviembre, de prevención de riesgos laborales y sus desarrollos

5.1 Los motivos de la promulgación de la LPRL

La LPRL tiene una serie de motivos para su promulgación; aparece porque hay una múltiple necesidad, que puede resumirse en los siguientes factores:

— *Desarrollar la Constitución,* que en el artículo 40.2 encomienda a los poderes públicos, como uno de los principios rectores de la política social y económica, velar por la seguridad e higiene en el trabajo. Ahora bien, en este desarrollo, de la LPRL crea un nuevo concepto de «salud laboral» frente a la «seguridad e higiene», expresión defensiva y tradicional que todavía recoge la Constitución, con unas connotaciones más reparadoras que estrictamente prevencionistas.

— *Falta de una visión unitaria.* Se trata de poner fin a una normativa dispersa y abigarrada, con acumulación en el tiempo de normas de muy diverso rango y orientación, muchas de ellas de carácter preconstitucional.
— *Actualizar una normativa desfasada y regular situaciones nuevas.* La aparición de nuevas patologías industriales y de nuevos factores de riesgos exigía una acomodación legal a las nuevas realidades y a los nuevos problemas que genera el entorno de trabajo (riesgos psicosociales, tecnologías avanzadas, etcétera).
— *Adaptación a la normativa europea,* fundamentalmente a la Directiva marco 89/391/CE, y a otras más específicas, por ejemplo, menores, maternidad, construcción o empresas de trabajo temporal.
— *Fomentar una auténtica cultura de la prevención*, integrando la prevención en los sistemas de gestión de la empresa, abarcando el conjunto de actividades, todo el proceso productivo y los niveles jerárquicos, y huyendo de una regulación meramente reparadora o paliativa del daño laboral. Se trata también de implicar a la sociedad en su conjunto, promoviendo la mejora de la educación en esta materia.

5.2 Las modificaciones y desarrollos de la LPRL y otras normas que contienen prescripciones relativas a la prevención de riesgos laborales

La prevención de riesgos laborales en sí es una materia en constante evolución, fruto de su adaptación a la constante realidad socioeconómica. Aunque la parte general de la prevención, constituida, como se ha explicado, por la LPRL y sus normas de desarrollo, nace con vocación de permanencia, no así las normas técnicas, o jurídico técnicas, que según lo dispuesto en el artículo 6.2 de la LPRL «deben ser objeto de evaluación y, en su caso, de revisión periódica, de acuerdo con la experiencia de su aplicación y la evolución de la técnica». La misma ha sido objeto de modificaciones posteriores en su contenido, amén de otros aspectos relacionados con la prevención de riesgos laborales que han sido incorporados a través de otro tipo de normas, que tienen una influencia significativa en este campo de actuación.

A continuación, se hará un recorrido cronológico por las distintas normas que han tenido o tienen incidencia en el marco de la prevención de riesgos laborales. Algunas de las normas imbricadas en la seguridad y salud laboral que se han promulgado con posterioridad a la LPRL, ya han sido mencionadas con anterioridad, como el RD 1299/2006, del 10 de diciembre, por el que se establece la nueva lista de enfermedades profesionales, o el RD 1430/2009, del 11 de septiembre, sobre el procedimiento de revisión de altas médicas expedidas por las MUTUAS en procesos de IT, por contingencias profesionales, antes de agotar el plazo de 12 meses.

5.2.1 La Ley 54/2003, del 12 de diciembre, de reforma del marco normativo de la LPRL

La Ley 31/1995, de 8 de noviembre, sufre una modificación importante con la Ley 54/2003, del 12 de diciembre, de reforma del marco normativo de la prevención de riesgos laborales. Esta Ley modifica la LPRL y la LISOS dando cumplimiento a la mesa sectorial de diálogo social del 30.12.2002.

Objetivos básicos de la Ley 54/2003 son los siguientes:

— Combatir de manera activa la siniestralidad laboral
— Fomentar una auténtica cultura de la prevención, incidiendo en el cumplimiento efectivo y real de la norma, frente a los cumplimientos de carácter meramente formal.
— Reforzar la necesidad de integración de la prevención de riesgos en el sistema de gestión de la empresa. En este sentido, se da rango legal a la regulación del Plan de prevención de riesgos laborales y se refuerzan las funciones de los servicios de prevención de asesoramiento al empresario.
— Mejorar el cumplimiento de la normativa mediante la adecuación de la norma sancionatoria y la norma sustantiva y el reforzamiento de la función de vigilancia y control, modificando la LISOS.
— Adaptar la Ley a las nuevas situaciones productivas, y a las actividades que generan más problemas: la construcción y el régimen de subcontratación. En este sentido, se regulan los recursos preventivos en el artículo 32 bis de la LPRL.

5.2.2 Ley 28/2005, de medidas sanitarias frente al tabaquismo

La ley 28/2005, de 26 diciembre, de medidas sanitarias frente al tabaquismo, establece, por su parte, la prohibición de fumar en los lugares o espacios definidos en la normativa de las comunidades autónomas, incluidos los centros de trabajo, salvo en los espacios al aire libre.

5.2.3 Ley 32/2006, reguladora de la subcontratación en la construcción

La Ley 32/2006, del 18 de octubre, reguladora de la subcontratación en la construcción, desarrollada por el RD 1109/2007, del 24 de agosto, establece, para dicho sector, una serie de requisitos y controles que pretenden mejorar las condiciones de empleo de los trabajadores del sector y, específicamente, la seguridad y salud laboral de los mismos:

— Las empresas que vayan a actuar como contratistas o subcontratistas en obras de construcción deberán estar previamente inscritas en el Registro de Empresas Acreditadas.
— La prohibición de subcontratar más allá de los niveles establecidos: tercer nivel de subcontratación, pero tampoco pueden subcontratar, salvo supuestos de fuerza mayor, estén en el nivel que estén, las empresas subcontratistas que aporten fundamentalmente mano de obra, y los trabajadores autónomos.
A partir del 20 de abril de 2010, las empresas deben contar con un 30 % de plantilla con contratos indefinidos.
— Se establecen una serie de requisitos de calidad y solvencia (artículo 4 de la Ley) para intervenir válidamente en el proceso de subcontratación.

5.2.4 Ley Orgánica 3/2007, para la igualdad efectiva de mujeres y hombres

Las modificaciones que se incorporan en prevención de riesgos laborales a partir de la promulgación de la citada norma son, a grandes rasgos:

— De un lado, el artículo 48 de la LOIMH requiere que todas las empresas desarrollen medidas específicas para prevenir el acoso sexual y el acoso por razón de sexo.
— De otro lado, se incorporan modificaciones al artículo 26 de la LPRL, en el sentido de reconocer como contingencias profesionales tanto los supuestos de riesgos durante el embarazo como el riesgo durante la lactancia natural. Con posterioridad, por RD 295/2009, del 6 de marzo, se

desarrollará el procedimiento para solicitar la prestación por riesgos durante el embarazo o durante la lactancia natural. Además, por RD 298/2009, del 6 de marzo, se procederá a la transposición de la Directiva 92/85/CEE, en lo que toca a la lista de agentes, procedimientos o condiciones de trabajo que puedan influir negativamente en la salud de la trabajadora o del feto.

La promulgación de la LOIMH incorporará también el principio de igualdad y la perspectiva de género en el ámbito de actuación de las políticas públicas, así:

— El artículo 27 de la LOIMH establecerá que las Administraciones públicas, a través de sus servicios y de los órganos competentes en cada caso, desarrollarán, de acuerdo con el principio de igualdad de oportunidades, las siguientes actuaciones: *c) la consideración, dentro de la protección, promoción y mejora de la salud laboral, el acoso sexual y el acoso por razón de sexo.* A su vez, la disposición adicional octava de la LOIMH modificará el artículo 21 de la Ley General de Sanidad, para incorporar la perspectiva de género a las actuaciones que tiene que llevar a cabo la Administración sanitaria en materia de salud laboral (hoy artículo 33 de la Ley 33/2011, General de Salud Pública).
  También se incorporará un nuevo apartado 4 en el artículo 5 de la LPRL, para que las Administraciones públicas promuevan la efectividad del principio de igualdad, considerando las variables relacionadas con el sexo tanto en el sistema de recogida y tratamiento de datos como en los estudios e investigaciones generales en materia de prevención de riesgos laborales, con el objetivo de detectar y prevenir posibles situaciones en las que los daños derivados del trabajo puedan aparecer vinculados al sexo de los trabajadores.

5.2.5 Ley 20/2007, de 11 de julio, del Estatuto del Trabajo Autónomo

En esta norma se reconoce el derecho de los trabajadores autónomos y de los trabajadores económicamente dependientes a su integridad física y a una protección adecuada a su seguridad y salud, desarrollando aspectos concretos referidos a la prevención en su artículo 8, que en parte son desarrollo del artículo 24 de la LPRL, con incorporación de algunas importantes novedades, como:

— Obligación de las Administraciones públicas de asesorar, vigilar y controlar el cumplimiento por los autónomos de la normativa en prevención.
— Obligación del empresario que proporciona máquinas, productos o equipos, de informar a los autónomos como si fueran trabajadores propios.
— En caso de incumplimiento, posibilidad de reclamar indemnizaciones por daños y perjuicios, al margen de que los autónomos se hayan acogido o no a las contingencias profesionales.
— Derecho a interrumpir la actividad laboral y abandonar el puesto de trabajo en caso de riesgo grave e inminente.
— La Ley 6/2017, del 24 de octubre, de Reformas Urgentes del Trabajo Autónomo, (disposición final octava, modifica la disposición adicional duodécima de la Ley 20/2007), en referencia a la participación de trabajadores autónomos a través de sus asociaciones representativas intersectoriales y las organizaciones sindicales y empresariales, en programas de formación e información de prevención de riesgos laborales promovidos por las Administraciones públicas competentes, con la finalidad de reducir la siniestralidad y evitar la aparición de enfermedades profesionales en los respectivos sectores.

5.2.6 Ley 25/2009, del 22 de diciembre (ley ómnibus), de modificación de diversas leyes para su adaptación a la ley sobre libre acceso a las actividades de servicios y su ejercicio

Esta norma incorporará un nuevo apartado 5, al artículo 5 de la LPRL, de manera que dentro de los objetivos de la política en prevención de riesgos laborales se establece «promover la integración eficaz de la prevención de riesgos laborales en el sistema de gestión de la empresa», así como la atención específica a las necesidades y dificultades de las pequeñas y medianas empresas (pymes). De ahí la modificación del artículo 16.2 de la LPRL, que posibilita la realización simplificada del plan de prevención, la evaluación y la planificación de la actividad preventiva en empresas de hasta 50 trabajadores, y también la dispensión de realizar auditorías. Además, se modificará de artículo 30.5 de la LPRL, de manera que el empresario podrá asumir la actividad preventiva en empresas de menos de 10 trabajadores, y no de 6, como hasta entonces. Los objetivos previstos en esta Ley se plasmarán en el RD 337/2010, del 19 de marzo, por el que se modifica el RSP.

En dicho RD 337/2010, del 19 de marzo, se recogen también modificaciones relativas a los conciertos con los Servicios de Prevención Ajenos, los requisitos materiales y humanos exigidos, así como la modificación de los requisitos para constituir Servicios de Prevención Mancomunados. La Orden TIN/2504/2010, del 20 de septiembre, complementará los requisitos de acreditación de los servicios externos de prevención de riesgos laborales.

5.2.7 Otras normas posteriores donde se contienen prescripciones relativas a la prevención de riesgos laborales

Artículo 5 del RD 1430/2009, del 11 de septiembre, por el que se desarrolla la Ley 40/2007, del 4 de diciembre, de medidas en materia de Seguridad Social, por el que se reducen las aportaciones empresariales a la cotización a la Seguridad Social por contingencias comunes, un 50 %, cuando se produzca la reubicación a otro puesto de trabajo de trabajadores a quienes se les haya reconocido una enfermedad profesional en un grado que no dé derecho a prestación económica. Aplicable también en el caso de que estos trabajadores sean contratados por otra empresa para desempeñar puestos de trabajo compatibles con su estado de salud.

Ley Orgánica 5/2010, del 22 de junio, de reforma del Código Penal, por el que se incorpora la responsabilidad penal de las personas jurídicas y el delito específico de acoso laboral u hostigamiento psicológico en el trabajo (art. 173 del CP).

Real Decreto 404/2010, del 31 de marzo, por el que se establece el sistema BONUS y Orden TIN/1448/2010, del 2 de junio, de desarrollo del sistema Bonus, Normas dirigidas a bonificar a las empresas que hayan contribuido especialmente a la reducción de la siniestralidad laboral. Sistema bonus confirmado por RD 231/2017, del 10 de marzo y suspendido por disposición adicional tercera del RDL 28/2018, del 28 de diciembre y por Real Decreto-Ley 18/2019 del 27 de diciembre, por el que se adoptan determinadas medidas en materia tributaria, catastral y de Seguridad Social entre las que se encuentra la suspensión del bonus o sistema de reducción de cotizaciones por disminución de la siniestralidad laboral para el año 2020.

Ley 35/2010, de medidas urgentes para la reforma del mercado de trabajo, en el que se revisan las restricciones a las Empresa de Trabajo Temporal (ETT), que podrán llevar a cabo, a través de contratos de puesta a disposición, actividades de especial peligrosidad (si bien se mantienen algunas exclusiones). Además, se refuerzan los requisitos de las ETT respecto a los recursos propios, el comité de seguridad y salud y se refuerzan los derechos de los trabajadores.

Real Decreto 843/2011, del 17 de junio, por el que se establecen los criterios básicos sobre organización de recursos para desarrollar la actividad sanitaria por los servicios de prevención.

Ley 33/2011, del 4 de octubre, General de Salud Pública, cuya disposición derogatoria única deroga el apartado 1 del artículo 19, así como los artículos 21 y 22 de la Ley 14/1986, del 25 de abril, General de Sanidad, en lo que toca a las competencias de las Administración sanitaria en salud laboral.

Ley 36/2011, del 10 de octubre, reguladora de la jurisdicción social, donde se incorporan importantes novedades en torno a las responsabilidades empresariales en prevención de riesgos laborales, toda vez que se refuerzan las garantías para los supuestos de acoso laboral y, en general, la defensa frente a los atentados contra la integridad personal.

Ley 14/2013, del 27 de septiembre, de apoyo al emprendedor y su internacionalización, que modifica la modalidad preventiva de asunción empresarial, reconociendo esta posibilidad al empresario que ocupe hasta 25 trabajadores, siempre y cuando disponga de un solo centro de trabajo.

Ley 20/2013 de garantía de unidad de mercado, por la que se establece la acreditación única para la actuación de los Servicios de Prevención Ajenos.

Ley 35/2014, del 26 de diciembre, por el que se modifica el texto refundido de la LGSS en relación con el régimen jurídico de las MUTUAS y se modifica el artículo 32 de la LPRL para reflejar la prohibición de participación en actividades mercantiles de prevención de las MUTUAS, ni como SPA ni participando en el capital social de las empresas dedicadas a la prevención.

RD 1084/2014, que modifica la legislación de Prevención de Riesgos Laborales en la Administración General del Estado, en aspectos tales como la participación de los representantes de los trabajadores, la vigilancia de la salud o el establecimiento de un Plan integral de Formación.

RD 899/2015, del 9 de octubre, por el que se modifica el RSP para adaptarlo a la Ley 14/2013 y a la Ley 20/2013.

RD 901/2015, del 9 de octubre, por el que se modifica el RD 843/2011, del 17 de junio, por el que se establecen los criterios básicos sobre la organización de recursos para desarrollar la actividad sanitaria de los servicios de prevención. Y Orden ESS/2259/2015, del 22 de octubre, por el que se modifica la Orden TIN/2504/210, del 20 de septiembre, por el que se desarrolla el RSP, en lo referido a la acreditación de entidades especializadas como servicios de prevención, memoria de actividades preventivas y autorización para realizar la auditoría del sistema de prevención en las empresas

RD 598/2015, del 3 de julio, por el que se modifica el RSP y el RD 485/1997, del 14 de abril, sobre riesgos relacionados con los agentes químicos durante el trabajo, que supone la adaptación de la normativa vigente a varias Directivas, referentes a sustancias y agentes químicos y cancerígenos y a su posible incidencia en la gestación/lactancia, así como a la señalización y etiquetaje.

RD 840/2015, del 21 de septiembre, por el que se aprueban medidas de control de riesgos inherentes a los accidentes graves en los que intervengan sustancias peligrosas. Adapta la regulación española a la Directiva 2012/18/UE, conocida como SEVESO III.

Disposición adicional centésima octava de la Ley 3/2017, del 27 de junio, de Presupuestos Generales del Estado para el año 2017, establece una bonificación del 50 % de la aportación empresarial en cotizaciones a la Seguridad Social por contingencias comunes, cuando la trabajadora, en los supuestos de riesgo durante el embarazo o lactancia natural, sea destinada a un puesto de trabajo o función compatible con su estado.

Directiva (UE) 2017/2398 por la que se modifica la Directiva 2004/37/CE, relativa a la protección de los trabajadores contra los riesgos relacionados a agentes carcinógenos y mutágenos durante el trabajo. Modificada, a su vez, por Directiva (UE) 2022/431, sobre cancerígenos mutágenos y reprotóxicos, que sigue sin establecer los valores límites según sexo.

Ley Orgánica 3/2018, del 5 de diciembre, de Protección de Datos Personales y garantía de los derechos digitales (LOPDGDD), que incorpora un nuevo artículo 20 bis al Estatuto de los Trabajadores, por el que se regulan los derechos de los trabajadores a la intimidad en relación con el entorno digital y la desconexión, en los términos establecidos en los artículos 87 a 90 de la mencionada Ley.

Ley 15/2022, del 12 de julio, integral para la igualdad de trato y la no discriminación, que incorpora como nueva causa de discriminación, *la enfermedad o la condición de salud, estado serológico y/o la predisposición genética a sufrir patologías y trastornos,* de manera tal que, *si el empresario no es capaz de justificar la decisión extintiva de forma objetiva y razonable, deberá declararse la nulidad del despido, y no será necesario acreditar que la enfermedad se asimila a discapacidad.*

Real Decreto Ley para la mejora de las condiciones de trabajo y de Seguridad Social de las personas trabajadoras al servicio del hogar. (Real Decreto-Ley 16/2022, del 6 de septiembre), donde se incorpora que, «En el ámbito de la relación laboral de carácter especial del servicio del hogar familiar, las personas trabajadoras tienen derecho a una protección eficaz en materia de seguridad y salud en el trabajo, especialmente en el ámbito de la prevención de la violencia contra las mujeres, teniendo en cuenta las características específicas del trabajo doméstico, en los términos y con las garantías que se prevean reglamentariamente a fin de asegurar su salud y seguridad». (DA 18 de la LPRL, vigente desde el 09/09/2022).

Ley Orgánica 10/2022, del 6 de septiembre, de garantía integral de la libertad sexual, cuyo artículo 12 exige a las empresas, que incluyan en la valoración de riesgos de los diferentes puestos de trabajo ocupados por trabajadoras la violencia sexual entre los riesgos laborales concurrentes, debiendo formar e informar de ello a sus trabajadoras.

Ley Orgánica 1/2023, del 28 de febrero, por la que se modifica la Ley Orgánica 2/2010, del 3 de marzo, de salud sexual y reproductiva y de la interrupción voluntaria del embarazo, donde se incorporan nuevos riesgos biológicos como incapacitantes para la mujer trabajadora: la menstruación o dismenorreas (menstruaciones difíciles y dolorosas). Supuesto de IT a cargo de la Seguridad Social con abono del salario desde el primer día de baja, sin requisitos previos de cotización; Interrupción del embarazo, voluntario o terapéutico: a cargo de la SS y sin cotización previa. Si deriva de AT o EP, IT por contingencia profesional; Gestación de la mujer a partir de la 39 semana: IT por contingencia común hasta el parto. Exige período de carencia.

5.3 La competencia estatal de la legislación de la seguridad y salud laboral

De acuerdo con el artículo 149.1.7 de la Constitución Española, es competencia exclusiva del Estado la legislación laboral, incluida, por tanto, la de seguridad y salud laboral. Las comunidades autónomas solo tienen competencias de ejecución de dicha legislación laboral, si bien se permiten normas organizativas autonómicas en esta materia.

La disposición adicional tercera, apartados 1 y 2 de la LPRL, establece así el carácter básico de esta Ley y de las normas reglamentarias que dicte el Gobierno en virtud de lo establecido en el artículo 6 de la LPRL, constituyendo legislación laboral, al amparo de artículo 149.1.7 de la CE. Respecto al personal civil con relación de carácter administrativo o estatutario al servicio de las Administraciones públicas, tienen asimismo carácter de norma básica.

En cuanto a las normas de seguridad industrial, o sanitarias, que contengan normas de prevención de riesgos laborales, habrá de estarse al reparto competencial de las correspondientes materias.

5.4 Características de la Ley de Prevención de Riesgos Laborales

— Es una *norma laboral,* imbricada en el marco jurídico del Derecho del Trabajo, al que pertenece también la Seguridad y la Salud Laboral.
— Es *derecho estatal.* La legislación laboral es competencia exclusiva de la Administración General del Estado, sin perjuicio de su ejecución por las comunidades autónomas (artículo 149.1.7 de la CE). Además, la disposición adicional tercera de la LPRL dispone su carácter de legislación laboral a los efectos del reseñado artículo 149.1.7 de la CE.
— Es *legislación básica de los funcionarios públicos.* La citada disposición adicional tercera de la LPRL establece el carácter básico de esta Ley, así como las normas reglamentarias que deriven de esta, en el sentido previsto en el artículo 149.1.18 de la CE, que establece que es competencia estatal las bases del régimen jurídico de los funcionarios públicos.
— Es un *derecho mínimo necesario.* El artículo 2.2 de la LPRL dispone que las disposiciones de carácter laboral contenidas en esta Ley y en sus

normas reglamentarias tienen el carácter de derecho mínimo necesario, si bien pueden ser mejoradas y desarrolladas en los convenios colectivos. Todo ello de acuerdo con lo dispuesto en los artículos 3.1, 3.3, 3.5 y 85.1 de la LET.

— Es un *derecho imperativo*. La LPRL determina el cuerpo de garantías y responsabilidades precisas para un adecuado nivel de protección de la salud de los trabajadores frente a los riesgos derivados del trabajo. La Ley establece diversas obligaciones que garantizan ese derecho, no admitiéndose posibilidad de regulación diferente, o anulación de tales deberes y derechos por voluntad de las partes, salvo habilitación expresa de la Ley, y siempre con el fin de mejorar las condiciones preventivas. No se contempla, por tanto, la posibilidad de que estemos ante un derecho dispositivo (salvo autorización de la norma). Las obligaciones y responsabilidades de los distintos actores relacionados con el hecho laboral no son susceptibles de transacción o compromiso entre las partes implicadas.

— Es una *norma marco en un doble sentido,* en tanto establece un marco legal a partir del cual las normas reglamentarias irán fijando y concretando los aspectos más técnicos de las medidas preventivas (artículo 6 de la LPRL), y también en tanto que sirve de soporte básico a partir del cual la negociación colectiva podrá ir desarrollando su función específica.

— *Es una norma con vocación de universalidad.* No solo se aplica a los trabajadores por cuenta ajena, sino también a los trabajadores con relaciones laborales con carácter especial (artículo 2 de la LET), a los trabajadores autónomos, a los funcionarios y personal civil al servicio de las Administraciones públicas o a los socios trabajadores de las cooperativas.

5.5 Ámbito de aplicación de la LPRL

Salvo excepciones, la LPRL se aplica al conjunto de las actividades productivas y, en otros casos, esta Ley debe inspirar la normativa propia (artículo 3 de la LPRL). Es una Ley que nace con vocación de universalidad (Exposición de Motivos 3).

5.5.1 Inclusiones

Las actividades a las que se aplica expresamente son las siguientes, a tenor del artículo 3 de la LPRL:

Las *relaciones laborales comunes y las de carácter especial,* contempladas en el Texto Refundido de la Ley del Estatuto de los Trabajadores. A partir de la reforma incorporada por Real Decreto-Ley para la mejora de las condiciones de trabajo y de Seguridad Social de las personas trabajadoras al servicio del hogar. (Real Decreto-Ley 16/2022, del 6 de septiembre), la PRL también es aplicable a la relación laboral de carácter especial del hogar familiar, en el siguiente sentido: «En el ámbito de la relación laboral de carácter especial del servicio del hogar familiar, las personas trabajadoras tienen derecho a una protección eficaz en materia de seguridad y salud en el trabajo, especialmente en el ámbito de la prevención de la violencia contra las mujeres, teniendo en cuenta las características específicas del trabajo doméstico, en los términos y con las garantías que se prevean reglamentariamente a fin de asegurar su salud y seguridad». (DA 18.ª de la LPRL, vigente desde el 09/09/2022). Este Real Decreto-Ley 16/2022 tiene dos precedentes significativos: uno, en materia de prestaciones sociales, en la STJUE del 24 de febrero de 2022 (C-389/20) contra la Tesorería General de la Seguridad Social, que considera discriminación indirecta para las mujeres trabajadoras la exclusión de la protección por desempleo en el Sistema Especial de Seguridad Social del servicio en el hogar familiar; dos, que afecta al conjunto de las relaciones laborales del personal de servicio doméstico, en el Convenio 189 de la OIT de 2011 sobre las personas que desempeñan la labor del servicio de hogar, ratificado, aunque tardíamente, por el Estado español en 2022, que en su artículo 13 establece el derecho del trabajador doméstico a un entorno de trabajo seguro y saludable, por lo que los Estados deben adoptar medidas eficaces para asegurar la seguridad y salud del colectivo.

Las *relaciones de carácter administrativo o estatutario del personal al servicio de las Administraciones públicas*, con las peculiaridades que se contemplan en la LPRL o en sus normas de desarrollo. Se refieren estas peculiaridades a las normas propias de adaptación a las Administraciones públicas en servicios de prevención o representación. Recordemos que es competencia estatal las bases del régimen estatutario de los funcionarios públicos (artículo 149.1.18 de la CE). Además, cuando la LPRL se refiere a trabajadores y empresarios, comprende también (artículo 3.1 de la LPRL) el personal administrativo o estatutario y la Administración pública para la que presta servicios.

Las *sociedades cooperativas* constituidas de acuerdo con la legislación que les sea de aplicación, en las que existan socios cuya actividad consista en la prestación de un trabajo personal, con las peculiaridades derivadas de su normativa específica.

El *personal civil y funcionarios civiles,* que prestan sus servicios en centros y establecimientos militares, con algunas especialidades (por ejemplo, la Inspección de Trabajo no tiene competencias de supervisión y vigilancia de la normativa de prevención). Véase el Real Decreto 1932/1998, del 11 de septiembre.

Los *trabajadores autónomos,* en el marco del artículo 24 de la LPRL y de acuerdo con su regulación específica, especialmente el artículo 8 de la Ley 20/2007, del 11 de julio, del Estatuto del Trabajo Autónomo.

La LPRL se aplica sin perjuicio de las obligaciones específicas que se establecen en sus artículos 24.5 y 41 para *fabricantes, suministradores e importadores.*

5.5.2 Actividades a las que se aplica la LPRL, con singularidades y especialidades específicas

Existen actividades en las que se aplica también la LPRL, pero con especialidades y singularidades específicas:

— En el ámbito de la *responsabilidad administrativa* por incumplimiento de la normativa de prevención de riesgos laborales, hay que acudir al Real Decreto 168/2002, modificado por el RD 464/2003, que regula un procedimiento administrativo especial de actuación por la Inspección de Trabajo.
— *Establecimientos penitenciarios,* con su normativa específica, fundamentalmente el artículo 11 del RD 840/2011, del 17 de junio.
— Las normas más relevantes de *adaptación de la normativa de prevención a las Administraciones públicas* son, en el ámbito de la Administración General del Estado, el Real Decreto 67/2010, del 29 de enero, de adaptación de la legislación de Prevención de Riesgos Laborales,

modificado por RD 1084/2014. Y, en el ámbito de la Comunidad Autónoma de Aragón, el Decreto 168/2002, del 14 de mayo, del Gobierno de Aragón, por el que se regula la organización de los recursos necesarios para el desarrollo de las actividades preventivas en la Administración de la Comunidad Autónoma de Aragón.

5.5.3 Exclusiones

Las exclusiones del ámbito de aplicación de la LPRL (artículo 3.2), en aquellas actividades cuyas particularidades lo impiden, debido a que tienen una normativa diferente y propia, son las que a continuación se reseñan.

Previamente debe hacerse constar que se habían formulado críticas por parte del Tribunal de Justicia de la Unión Europea, debido a que estas exclusiones no están contempladas en la Directiva Marco 89/391 CE. Así, la STJCE del 12 enero 2006 condena al Reino de España por no haber transcrito adecuadamente las previsiones de la Directiva 89/391 en lo que respecta al personal no civil de las Administraciones públicas (Fuerzas Armadas y Policía). Críticas que han tenido respuesta en la nueva disposición adicional novena bis de la LPRL, que se verá más adelante:

— *Función pública de policía, seguridad, y resguardo aduanero.* Mediante RD 2/2006, de 16 de enero, se establecen normas de prevención de riesgos laborales en la actividad del Cuerpo Nacional de Policía.
— *Servicios de protección civil y peritaje* forense en los casos de grave riesgo, catástrofe y calamidad pública.
— *Fuerzas armadas y actividades militares de la Guardia Civil.* Respecto al personal militar, se ha introducido una disposición adicional novena bis en la LPRL, que establece que los capítulos tres (derechos y obligaciones), cinco (consulta y participación de los trabajadores) y siete (responsabilidades y sanciones) se aplicarán de acuerdo con la normativa específica militar, con lo que se cierra el contencioso con la Comisión Europea respecto al ámbito de aplicación de dicha Ley, ámbito que afecta directamente a la Administración General del Estado. Debemos mencionar, en este sentido, el RD 179/2005, del 18 de febrero, que regula las condiciones mínimas de seguridad y salud de la Guardia Civil, y el RD 1755/2007, del 28 de diciembre, de adaptación de las normas de prevención de riesgos laborales al personal militar de las Fuerzas Armadas

y la organización de los servicios de prevención del Ministerio de Defensa, modificado mediante RD 640/2011, del 9 de mayo.

No obstante, la LPRL debe inspirar la normativa específica que se dicte para regular la protección de la seguridad y salud de los trabajadores que prestan sus servicios en las indicadas actividades.

Ejemplos de normativa específica que debe inspirarse en la LPRL, sin ánimo exhaustivo, y que ya han sido citados, son la siguientes:

— El RD 2/2006, del 16 de enero, en relación con los funcionarios del Cuerpo Nacional de Policía.
— El RD 179/2005, del 18 de febrero, relativo a la Guardia Civil.
— El RD 1755/2007, del 28 de diciembre, en relación con el personal militar de las FAS y la organización de los servicios de prevención del Ministerio de Defensa, modificado por el RD 640/2011, del 9 de mayo.

En relación con la relación laboral de carácter especial del *hogar familiar,* que con anterioridad estaba excluida, a partir del Real Decreto-Ley 16/2022, del 6 de septiembre, la PRL también es aplicable a la relación laboral de carácter especial del hogar familiar.

5.6 Definiciones de prevención

Están recogidas en el artículo 4 de la LPRL. Las definiciones legales son criterios muy valiosos para la interpretación y aplicación de la norma. Promueven una mayor seguridad jurídica. Son definiciones que tienen un contenido con valor de Ley, inspiradas o transcritas de las que aparecen en la Directiva Marco 89/391/CEE.

Son además definiciones que abarcan aspectos muy heterogéneos. No se limitan a definir términos técnicos o complejos. También se intenta dar contenido a conceptos que inicialmente podrían ser «jurídicos indeterminados». Veamos algunos ejemplos:

— Definición de prevención (artículo 4.1 de la LPRL).
— Definición de riesgo laboral (artículo 4.2 de la LPRL).
— Definición de riesgo grave e inminente (artículo 4.4 de la LPRL).

— Definición de condiciones de trabajo (artículo 4.7 de la LPRL).
— Definiciones de equipo de trabajo (artículo 4.6 de la LPRL) y de equipos de protección individual (artículo 4.8 de la LPRL).

Con anterioridad hemos visto el ejemplo de la definición de riesgo grave e inminente, contenida en el apartado 4 del artículo 4 de la LPRL, que nos servirá para interpretar en qué supuestos pueden los trabajadores o sus representantes abandonar sus puestos de trabajo y paralizar la actividad productiva.

Otro ejemplo lo encontramos en el apartado a) del artículo 6 de la LPRL, en el que el legislador exhorta al Gobierno a elaborar, a través de las normas reglamentarias, los requisitos mínimos que deben reunir las condiciones de trabajo para la protección de la seguridad y salud de los trabajadores. Necesariamente tal precepto requiere su interpretación de conformidad con lo dispuesto en el apartado 7 del artículo 4 de la LPRL, en el que se establece qué es lo que se entiende por condiciones de trabajo.

De la misma manera, las definiciones que se establecen de «equipo de trabajo», en el artículo 4, apartado 6, o de «equipo de protección individual», en el apartado 8, nos servirán para comprender mejor las obligaciones empresariales, establecidas en el artículo 17 de la LPRL, respecto de los equipos de trabajo, «epis» y sus correspondientes medios de protección.

CUESTIONARIO DE AUTOEVALUACIÓN Y APRENDIZAJE

1. ¿Sabrías explicar y definir cuál es la normativa en prevención de riesgos laborales? ¿Cómo configurarías las NTP del INSST?

2. ¿Qué tipo de norma es la Ley de Prevención de Riesgos Laborales?

3. Identifica los hitos históricos más relevantes del Derecho de la Seguridad y Salud en el trabajo.

4. ¿Qué características deben cumplir las normas reglamentarias en PRL, de acuerdo con el artículo 6 de la LPRL?

5. ¿Qué papel desempeña el convenio colectivo en materia preventiva?

6. Identifica los elementos publicistas y las manifestaciones privadas del Derecho de la Seguridad y Salud laboral.

7. ¿Qué significado tiene que la LPRL sea de carácter estatal? Razona la respuesta.

8. ¿A qué se refiere la vocación de universalidad de la LPRL?

9. ¿Se aplica la Ley de PRL a la relación laboral de carácter especial del hogar familiar? Razona la respuesta.

10. ¿En qué términos se aplica la LPRL a los trabajadores autónomos y a los TRADE?

TEMA III
LA POLÍTICA DE SEGURIDAD Y SALUD LABORAL Y LA ACTIVIDAD NORMATIVA

1. La política en materia de seguridad y salud laboral

Frente a la carencia de una visión unitaria y a la dispersión normativa, propia de la situación previa a la Ley de Prevención de Riesgos Laborales, la normativa que se inspira en la Directiva Marco 391/1989/CEE quiere establecer una política de prevención coherente y eficaz que coadyuve a una mejor protección de los trabajadores frente a los riesgos derivados del trabajo.

En efecto, la política de prevención de riesgos laborales es uno de los objetivos declarados de la Ley de Prevención de Riesgos Laborales (LPRL). «Política» en su acepción o significado de acción de los poderes públicos orientada a una finalidad.

Esta particularidad está vinculada con el carácter eminentemente público de la regulación de la salud laboral, que está entroncada con el mandato constitucional y la salvaguardia de bienes jurídicos fundamentales.

La política de prevención viene definida en la Exposición de Motivos de la LPRL, en su considerando cuarto, cuando alude a esta como: «El conjunto de actuaciones de los poderes públicos dirigidas a la promoción de la mejora de las condiciones de trabajo para elevar el nivel de protección de la seguridad y salud de los trabajadores».

Se articula en la Ley con base en los principios de eficacia, coordinación y participación, ordenando tanto la actuación de las diversas Administraciones públicas con competencias en materia preventiva como la necesaria participación en dicha actuación de empresarios y trabajadores, a través de sus organizaciones representativas. En este contexto, la Comisión Nacional de Seguridad y Salud en el Trabajo que se crea a partir de la LPRL se configura como un instrumento privilegiado de participación en la formulación y desarrollo de la política en materia preventiva.

Pero, tratándose de una Ley que persigue ante todo la prevención, su articulación no puede descansar exclusivamente en la ordenación de las obligaciones y responsabilidades de los actores directamente relacionados con el hecho laboral. El propósito de fomentar una auténtica cultura preventiva, mediante la promoción de la mejora de la educación en dicha materia en todos los niveles curriculares y formativos, involucra a la sociedad en su conjunto y constituye uno de los objetivos básicos y de efectos quizá más transcendentes para el futuro de los perseguidos por la Ley.

En el capítulo II de la LPRL se abordan los objetivos, la composición, principios inspiradores y elementos permanentes de esta política, a la vez que se crea una estructura de órganos para dar cumplimiento a dichas finalidades. Aunque debemos matizar que solo se refiere a la política de ámbito nacional, cuando es lo cierto el papel creciente de la Unión Europea en esta materia.

Debe mencionarse también el papel que a este respecto viene desarrollando la Organización Internacional del Trabajo (OIT), de donde emanan normas constituidas por Convenios de obligado cumplimiento para los Estados que los suscriben y ratifican y las Recomendaciones que carecen de esa fuerza de obligar.

El Convenio fundamental en nuestra materia es el número 155, del 22 de junio de 1981, ratificado por España en 1985, sobre seguridad y salud de los trabajadores y medio ambiente. Se establece el deber de los Estados de formular, poner en práctica y reexaminar periódicamente una política nacional coherente en materia de seguridad y salud y medio ambiente.

Además, la OIT elaboró una Estrategia global en materia de Seguridad y Salud en el Trabajo (2003), que tenía como prioridades:

— Los nuevos riesgos emergentes, como los biológicos, los psicosociales o los trastornos del aparato locomotor.
— La participación de los interlocutores sociales.
— Una nueva cultura de la prevención, basada en sistemas de gestión.
— Una campaña internacional de sensibilización e información.

En julio del 2019, se aprobará el Convenio núm. 190 de la OIT, sobre la Violencia y el Acoso en el mundo del trabajo, en el que se declara la necesidad de tener en cuenta la violencia y el acoso, así como los riesgos psicosociales asociados a los mismos, en la gestión de la seguridad y salud en el trabajo.

2. La política comunitaria en seguridad y salud y la actividad normativa

2.1 Objetivos de la política comunitaria en materia de prevención de riesgos laborales

La mejora de la salud y seguridad en el trabajo constituye uno de los objetivos de la Política Social de la Unión Europea.

En este sentido el artículo 151 del Tratado de la Unión establece que la Unión y los Estados miembros, teniendo presentes derechos sociales fundamentales como los que se indican en la Carta Social Europea, firmada en Turín el 18 de octubre de 1961, y en la Carta comunitaria de los derechos sociales fundamentales de los trabajadores, de 1989, tendrán como objetivo el fomento del empleo y *la mejora de las condiciones de vida y de trabajo,* a fin de conseguir su equiparación por la vía del progreso, una protección social adecuada, el diálogo social, el desarrollo de los recursos humanos para conseguir un nivel de empleo elevado y duradero y la lucha contra las exclusiones.

El Tratado de la Unión Europea, en su modificación por el Tratado de Niza, el 26 de febrero de 2001, ya aludía al objetivo de mejorar las condiciones de vida y de trabajo de los trabajadores, y ahora dicha prescripción se repite en el artículo 153 del Tratado de Lisboa, estableciéndose que, para la consecución de los objetivos del artículo 151, la Unión apoyará y completará la acción de los Estados miembros en los siguientes ámbitos: «la mejora, en concreto, del entorno de trabajo, para proteger la salud y la seguridad de los trabajadores; las condiciones de trabajo, etc.».

Para alcanzar dicho objetivo, se refuerza el papel de la *Comisión Europea.* En este sentido, el artículo 154 del Tratado de la Unión Europea (TUE) regula que la Comisión tendrá como cometido fomentar la consulta a los interlocutores sociales a nivel de la Unión y adoptar todas las disposiciones necesarias para facilitar su diálogo, velando por que ambas partes reciban un apoyo equilibrado.

Por su parte, el artículo 156 establece que, con el fin de alcanzar los objetivos expuestos en el artículo 151 (la mejora de las condiciones de vida y de trabajo), y sin perjuicio de las demás disposiciones de los Tratados, la Comisión fomentará la colaboración entre los Estados miembros y facilitará la coordinación de sus acciones en los ámbitos de la política social, particularmente en las materias relacionadas con el empleo, el derecho del trabajo y las condiciones de trabajo, la formación y perfeccionamiento profesionales, la Seguridad Social, la protección contra los accidentes de trabajo y las enfermedades profesionales, la higiene del trabajo, el derecho de sindicación y las negociaciones colectivas entre empresarios y trabajadores.

También el *Parlamento Europeo* ha insistido, con frecuencia, en la necesidad de garantizar una protección óptima de la seguridad y salud de los trabajadores, aprobando numerosas resoluciones en las que pide que la legislación de la Unión Europea cubra todos los aspectos que afecten al bienestar físico o psíquico de los trabajadores: investigación de riesgos emergentes (nanopartículas, el estrés, el agotamiento, la violencia, etc.); protección del sector sanitario contra infecciones transmitidas por la sangre a raíz de heridas de jeringuillas; mejoras en la protección de las mujeres embarazadas, que hayan dada a luz o en período de lactancia; regulación de trastornos osteomusculares; ampliación de la Directiva Marco a determinados grupos de trabajadores, como los militares, los trabajadores autónomos, los trabajadores del hogar y los teletrabajadores, etc., son temas recurrentes en las Resoluciones del Parlamento Europeo. En relación con la incorporación de la perspectiva de género en el ámbito de la seguridad y salud en el trabajo, interesante resulta la Resolución del Parlamento Europeo del 25 de noviembre de 2015.

Además, la Unión Europea, a través de sus comités y organismos, ha desarrollado una tarea de asesoramiento, información e incentivación de las políticas de seguridad y salud laboral. En este sentido, desarrolla un papel fundamental el *Comité Consultivo para la Seguridad y Salud en el Trabajo.* Además, se ha creado un entramado administrativo europeo, una estructura de órganos para dar cumplimiento a sus fines, como la creación de la *Agencia Europea para la Seguridad y Salud en el trabajo,* que persigue fomentar el intercambio de conocimientos e información para contribuir a promover la cultura de prevención de riesgos laborales. La agencia ha desarrollado la plataforma web de la herramienta interactiva en línea de evaluación de riesgos laborales (OiRA), que contiene instrumentos de evaluación sectorial dirigidos a las pymes. En 2013 lanzó un proyecto piloto sobre la salud y seguridad de los trabajadores de más edad y también en 2014 lanzó la campaña «Los lugares de trabajo saludables gestionan el estrés». Se ha avanzado también en el establecimiento de valores límite de exposición profesional vinculantes para los agentes carcinógenos y mutágenos, con la finalidad de reducir el riesgo de millones de personas trabajadoras que parecen cáncer en el lugar del trabajo.

Asimismo, se han desarrollado programas de acción comunitarios y estrategias de seguridad y salud en el trabajo, conforme a programas de alcance temporal por período de cinco años. En este sentido se han desarrollado tres estrategias. En primer lugar, la *Estrategia Europea para la Seguridad y Salud en el Trabajo 2002-2006,* que adoptó un enfoque global del bienestar en el lugar de trabajo y que incorpora, por primera vez, la perspectiva de género en el ámbito de la prevención de riesgos laborales. La segunda *Estrategia 2007-2012* se centró en la prevención. Tenía como objetivo prioritario conseguir una reducción continua, sostenible y homogénea de los accidentes de trabajo y enfermedades profesionales. Y, en junio de 2014, la Comisión Europea publicó la Estrategia en materia de seguridad y salud en el trabajo para el período *2014-2020,* que trata de dar respuesta a tres retos fundamentales: seguir mejorando y simplificando la normativa existente, mejorar la prevención de las enfermedades relacionadas con el trabajo teniendo en cuenta los nuevos riesgos y abordar el envejecimiento de la mano de obra. En la actualidad se encuentra en vigor la *Estrategia 2021-2027* en la que se recogen los nuevos desafíos pendientes: los rápidos cambios actuales en el mercado de trabajo han dejado obsoletas Directivas como la de Lugares de Trabajo (89/654) y la Directiva sobre Pantallas de Visualización (90/270); desarrollar herramientas y financiación para incorporar la PRL en las microempresas y en las pymes; mejorar las estadísticas sobre enfermedades profesionales y accidentes de trabajo; mejorar la promoción de la salud y las enfermedades relacionadas con el trabajo, especialmente en lo que refiere a los riesgos psicosociales (como el estrés) y, ergonómicos como parte de la evaluación de riesgos obligatoria; incorporar definitivamente la perspectiva de género en el contexto de la gestión de la PRL; el cáncer profesional sigue siendo la principal causa de mortalidad laboral en la UE, por lo que deben proponerse valores límites adicionales para las sustancias cancerígenas y otras sustancias peligrosas adicionales, basándose en el principio de precaución y en pruebas científicas actualizadas. Por último, se señala que los nuevos riesgos y las nuevas formas de trabajo constituyen retos adicionales para una inspección laboral eficaz, por lo que se solicita la ampliación de los recursos y la actualización en la formación.

Otro de los objetivos de la política comunitaria es evitar que la existencia de diferentes normativas nacionales conduzca a niveles de protección diferentes y distorsione la competencia entre países y perturbe el juego del mercado interior. Para ello se establece como objetivo *la armonización dentro del progreso de las condiciones existentes.* Armonización que se llevará a cabo a través de la adopción de *Directivas,* para cuya aprobación ya no se exige la regla de la mayoría cualificado del Consejo (Acta Única Europea), sino que, desde el Tratado de Ámsterdam (1997), las directivas en las que se fijan disposiciones mínimas en relación con la seguridad y salud en el trabajo y las condiciones de trabajo, deben ser aprobadas en codecisión por el Parlamento Europeo y el Consejo.

La Directiva se convierte así en un instrumento jurídico de desarrollo de los objetivos de la UE en seguridad y salud laboral, que tendrá el carácter de disposición mínima.

Debe señalarse que, en el ámbito de la UE, se ha producido un cambio de planteamiento con respecto a la política de prevención de riesgos laborales. Así desde la visión clásica de los años sesenta-setenta, que se traducía en Recomendaciones sobre aspectos puntuales como la medicina de trabajo y controles médicos, o Directivas sobre riesgos concretos, se ha pasado a una visión más global, incidiendo en el concepto de la prevención con la Directiva Marco 89/391/CEE, y el programa de acción derivada de la Carta Comunitaria de los Derechos Sociales Fundamentales, que derivaron, a su vez, en diferentes directivas sobre trabajo temporal, construcción, en buques, etcétera.

2.2 El entramado administrativo europeo

2.2.1 La Agencia Europea para la Seguridad y Salud laboral

Esta Agencia (OSHA, en sus siglas en inglés) tiene por misión proporcionar a los organismos comunitarios, a los Estados miembros y a todos los interesados toda la información técnica, científica y económica útil en el ámbito de la seguridad y la salud en el trabajo. Fue creada por el Reglamento (CE) n.º 2062/94 del Consejo, del 18 de julio de 1994, y modificado mediante Reglamentos 1643/95, 1654/03 y 1112/05.

La Agencia Europea para la Seguridad y Salud laboral tiene por misión las siguientes actuaciones:

— Recoger y analizar información técnica, científica y económica relativa a la seguridad y la salud en el trabajo en los Estados miembros y difundirla entre los organismos comunitarios, otros Estados miembros y partes interesadas.
— Recoger y analizar información técnica, científica y económica sobre la investigación relativa a la seguridad y la salud en el trabajo y difundir los resultados de la investigación.
— Fomentar y apoyar la cooperación y el intercambio de información y experiencias entre los Estados miembros en el ámbito de la seguridad y la salud en el trabajo, incluida la información sobre los programas de formación.
— Organizar conferencias y seminarios (como, por ejemplo, la semana europea de la salud y seguridad en el trabajo) así como intercambios de expertos nacionales en el ámbito de la seguridad y la salud en el trabajo.
— Facilitar a los organismos comunitarios y a los Estados miembros la información técnica, científica y económica objetiva, necesaria para la formulación y aplicación de políticas sensatas y eficaces de protección de la seguridad y la salud de los trabajadores.
— Establecer, en cooperación con los Estados miembros, y coordinar una red de información que incluya las agencias y organizaciones a escala nacional, comunitaria (Fundación Europea para la Mejora de las Condiciones de Vida y de Trabajo) e internacional que facilitan este tipo de informaciones y servicios.
— Recoger y hacer disponible la información sobre las cuestiones de seguridad y salud procedentes de y con destino a terceros países y organizaciones internacionales: Organización Mundial de la Salud (OMS), Organización Internacional del Trabajo (OIT), Organización Panamericana de la Salud (OPS), Organización Marítima Internacional (OMI), etcétera.
— Facilitar información técnica, científica y económica sobre los métodos e instrumentos destinados a realizar actividades preventivas (en especial en el sector de las pequeñas y medianas empresas) e identificar buenas prácticas.
— Contribuir al desarrollo de estrategias y programas de acción comunitarios relativos al fomento de la seguridad y de la salud en el trabajo, sin perjuicio de las competencias de la Comisión.

— Velar por que la información difundida sea comprensible para los usuarios finales.

Resumiendo, las funciones de la Agencia son mejorar los intercambios de información entre los Estados miembros y también proporcionar a los organismos comunitarios, a los Estados miembros y a todos los interesados toda la información técnica, científica y económica útil en seguridad y salud en el trabajo.

La Agencia colabora lo más estrechamente posible con los institutos, fundaciones y organismos especializados y programas existentes a nivel comunitario a fin de evitar cualquier duplicación de las tareas. En particular, la Agencia asegura una cooperación apropiada con la Fundación Europea para la Mejora de las Condiciones de Vida y de Trabajo.

La Agencia debe establecer una red que comprenda los principales elementos que componen las redes nacionales de información (en España, el Instituto Nacional de Seguridad y Salud en el Trabajo), incluidas las organizaciones nacionales de los interlocutores sociales, de acuerdo con la legislación nacional, los centros de referencia nacionales y los centros temáticos europeos. Así, los Estados miembros informan periódicamente a la Agencia de los principales elementos que componen sus redes nacionales de información en materia de seguridad y salud en el trabajo (incluida Internet). Las autoridades nacionales competentes coordinan y transmiten la información que ha de facilitarse a la Agencia a escala nacional.

La Agencia creó un sitio en Internet que permite la divulgación e intercambio de información que pueda mejorar la seguridad y la salud en el trabajo (http://osha.europa.eu).

2.2.2 Comités Consultivos

Hay dos Comités Consultivos Comunitarios, de carácter tripartito (representación gubernamental, sindical y empresarial), cuyos fines son la asistencia y apoyo a la Comisión Europea en la preparación y elaboración de actividades y aplicación de los Tratados y Directivas:
— *Comité Consultivo para la Seguridad y Salud en el Trabajo* (creado mediante Decisión del 22 de julio de 2003). Este Comité Consultivo Permanente se encarga de asistir a la Comisión en la preparación y

aplicación de las decisiones tomadas en el ámbito de la seguridad y salud en el trabajo. Su cometido consiste también en facilitar la cooperación entre las Administraciones nacionales y las organizaciones sindicales y patronales.

— El Órgano Permanente para la Seguridad y Salubridad en las minas de hulla y otras industrias extractivas (Decisión del 9.7.57, modificada en 1965 y 1974, que amplía competencias), cuya función, definida por Decisión de los representantes de los Gobiernos, de los Estados miembros, reunidos en el seno del Consejo de Ministros del 9 de julio 1957, modificada por Decisión del 11 de marzo de 1965, es la de vigilar la evolución de la seguridad y de la prevención de los riesgos del ambiente de trabajo que amenacen la salud en las minas de hulla, y la de elaborar propuestas encaminadas a mejorar la seguridad y la salubridad en las minas de hulla. Mediante Decisión del 27 de junio de 1974, se amplían, como se ha dicho, las competencias del órgano competente al conjunto de industrias extractivas.

2.3 La actividad normativa.
Las Directivas como instrumento jurídico de desarrollo de los objetivos de la UE en seguridad y salud laboral

La actuación de la UE en materia de salud laboral ha consistido sobre todo en la aprobación de normas de carácter mínimo, bajo la forma jurídica de Directivas. Estas son disposiciones decididas por las instituciones competentes de la Unión Europea y que afectan a todos los Estados miembros destinatarios en cuanto a los resultados a alcanzar, dejando a las instancias nacionales la competencia en cuanto a la forma y a los medios de trasposición. No obstante, formulan indicaciones sobre las medidas a adoptar y el plazo de trasposición, de manera tal que la falta de trasposición en plazo abre la vía para exigir responsabilidades a los Estados o bien se puede instar su aplicación o efecto directo.

El carácter de mínimo de las Directivas pretende favorecer la armonización de los sistemas sociales y la aproximación entre los Estados. Pero los Estados pueden introducir medidas más estrictas compatibles con los objetivos de la UE, por ejemplo, en el ámbito de la comercialización intercomunitaria de equipos de protección individual.

A tal fin, establece el artículo 153 que el Parlamento Europeo y el Consejo podrán adoptar medidas destinadas a fomentar la cooperación entre los Estados miembros mediante iniciativas para mejorar los conocimientos, desarrollar el intercambio de información y de buenas prácticas, promover fórmulas innovadoras y evaluar experiencias, con exclusión de toda armonización de las disposiciones legales y reglamentarias de los Estados miembros; podrán adoptar, en los ámbitos mencionados en las letras a) a i) del apartado 1 (así, la mejora del entorno de trabajo y de las condiciones de trabajo para proteger la seguridad y salud de los trabajadores), mediante directivas, las disposiciones mínimas que habrán de aplicarse progresivamente, teniendo en cuenta las condiciones y reglamentaciones técnicas existentes en cada uno de los Estados miembros. Tales directivas evitarán establecer trabas de carácter administrativo, financiero y jurídico que obstaculicen la creación y el desarrollo de pequeñas y medianas empresas.

3. La política interna en seguridad y salud laboral

3.1 Composición

La LPRL pretende un diseño de política preventiva dirigida a conseguir una visión unitaria y coherente de la lucha contra el riesgo laboral, tal y como se dice en la Exposición de Motivos de la LPRL, en su apartado dos.

Por eso, la actuación de los poderes públicos ha de guiarse a partir de la articulación de una serie de principios, los denominados principios inspiradores, a la par que establece actuaciones concretas de las Administraciones públicas.

La actuación de los poderes públicos debe estar presidida por *los principios de coherencia, coordinación y eficacia* (apartados dos y tres de la Exposición de Motivos). La exigencia de este nuevo enfoque normativo, plasmado en la LPRL, obedece a la doble necesidad de:

— Poner fin a la falta de una visión unitaria de la política de prevención, propia de la dispersión legislativa, fruto de la acumulación en el tiempo de normas de muy diverso rango y orientación, muchas de ellas preconstitucionales.
— Y también a la de actualizar regulaciones desfasadas y regular situaciones nuevas no contempladas con anterioridad. Por ello, la LPRL es una ley

marco, en la que las normas reglamentarias desarrollan los aspectos más técnicos, y en la que la negociación colectiva desarrolla su función específica de mejorar las normas mínimas promulgadas.

Estos principios de coherencia, coordinación y eficacia sirven, junto con el de participación, para articular esa política de prevención (apartado cuatro de la Exposición de Motivos). Su regulación concreta descansa en los artículos 5 y siguientes de la LPRL:

— En primer lugar, se determinan las previsiones de los poderes públicos para velar por la seguridad y salud laboral. Es el diseño de esa política, es decir, la política preventiva en sentido estricto.

— El segundo aspecto de esta política es el establecimiento de un entramado administrativo, desarrollo orgánico y la actividad normativa desarrollada por estos órganos. Es la ejecución de la política preventiva: las actuaciones concretas de los poderes públicos.

Los objetivos de la política interna en materia de prevención son los siguientes:

— *La mejora de las condiciones de trabajo y la elevación de los niveles de protección en seguridad laboral.* Los objetivos de la política en materia de prevención, de acuerdo con el artículo 5 de la LPRL, tienen por objeto la promoción de la mejora de las condiciones de trabajo, dirigida a elevar el nivel de protección de la seguridad y la salud de los trabajadores en el trabajo.

— *La inversión de la tendencia a externalizar la prevención.* Se pretende también el objetivo de invertir la tendencia a externalizar la prevención como algo separado o ajeno de la empresa. Lo que se ha llevado a cabo a través de la Ley 25/2009, del 22 de diciembre, de modificación de diversas leyes para su adaptación a la Ley sobre el libre acceso a las actividades de servicios y su ejercicio (conocida como Ley Ómnibus), que ha incorporado un nuevo apartado 5 al artículo 5 de la LPRL, desarrollándose mediante Real Decreto 337/2010, del 19 de marzo.

— *Las necesidades específicas de las pymes.* Especial consideración merece este objetivo, dado asimismo por la Ley 25/2009, de tener en cuenta las dificultades y necesidades específicas de las pymes. A tal efecto, en el procedimiento de elaboración de las disposiciones de carácter general en materia de prevención de riesgos laborales, deberá incorporarse un informe sobre su aplicación en las pequeñas y medianas empresas que incluirá, en su caso, las medidas particulares que para estas se contemplen.

— *El principio de igualdad y la perspectiva de género.* A estos tres últimos objetivos, añadidos, o reforzados por la Ley 25/2009, debe sumarse el que se incorporó por la Ley Orgánica 3/2007, para la igualdad efectiva de mujeres y hombres, estableciéndose que las Administraciones públicas deben promover la efectividad del principio de igualdad entre mujeres y hombres.

En general, la política en prevención de riesgos laborales se lleva a cabo por medio de las normas reglamentarias y de la actividad administrativa, orientándose a la coordinación de las distintas Administraciones públicas competentes en materia preventiva y a la armonización de las actuaciones que conforme a esta Ley correspondan a sujetos públicos y privados.

Debe señalarse, por último, que, al igual que ocurre en el ámbito de la UE, que viene desarrollando acciones conforme a programas de alcance temporal, en España se aprobará *la Estrategia Española de Seguridad y Salud en el Trabajo 2007-2012,* que constituye el instrumento para establecer el marco general de las políticas de prevención de riesgos laborales a corto y, sobre todo, medio y largo plazo. Con ella se trata de dotar de coherencia y racionalidad a las actuaciones en materia de seguridad y salud en el trabajo, desarrolladas por todos los actores relevantes en la prevención de riesgos laborales y, en definitiva, conseguir dos grandes objetivos: reducir la siniestralidad laboral y mejorar de forma continua los niveles de seguridad y salud en el trabajo. Es un instrumento dirigido a combatir la siniestralidad laboral de forma integral, racional y coherente, en línea con la Estrategia Comunitaria de Salud y Seguridad en el Trabajo 2007-2012. Fruto de los objetivos establecidos en esta estrategia han sido las reformas normativas a la LPRL y la elaboración de otros tantos instrumentos jurídicos a los que se ha hecho referencia en el capítulo anterior. También las CC. AA vienen desarrollando sus propias Estrategias en materia de seguridad y salud laboral.

La *Estrategia Española de Seguridad y Salud en el Trabajo para el período 2015-2020* pretenderá, por un lado, dar continuidad a las líneas de actuación iniciadas en la anterior estrategia, a la par que establece nuevos objetivos: incidir más en las enfermedades profesionales y enfermedades derivadas del trabajo, promover la prevención antes que la rehabilitación o el abandono temprano del trabajo por motivos de salud; incorporar el enfoque de género en las actividades preventivas; atención especial a los factores organizativos y psicosociales y a los riesgos emergentes derivados de las TIC, biotecnologías, ingeniería genética, robótica, nanotecnologías y nuevas energías; fomentar hábitos de vida saludable y preventivos, tanto laborales como extralaborales y priorizar los programas de actuación en las pymes. En la actualidad está en vigor la *Estrategia Española de Seguridad y Salud en el trabajo 2023-2027,* donde se establecen seis objetivos a alcanzar: la mejora de la prevención de accidentes de trabajo y enfermedades profesionales; la gestión de los cambios derivados de las nuevas formas de organización del trabajo, los cambios demográficos y climáticos desde la óptica preventiva; la mejora de la gestión de la seguridad y salud en las pymes, con una apuesta por la integración y la formación en prevención de riesgos laborales; el reforzamiento de las personas trabajadoras en situación de mayor riesgo o vulnerabilidad; la incorporación de la perspectiva de género en el ámbito de la SST y, por último, el fortalecimiento del Sistema Nacional de Seguridad y Salud para afrontar con éxito futuras crisis.

3.2 Principios inspiradores

Estos principios son el de coordinación (territorial y funcional), participación y eficacia. Posteriormente, se han añadido a la Ley, como hemos visto, los de igualdad e integración de la actividad preventiva, con especial consideración a las pymes.

3.2.1 Principio de coordinación

De todos los agentes implicados: empresarios, trabajadores y Administraciones Públicas, con competencias diferentes (estatal, autonómicas, etcétera).

3.2.1.1 Principio de coordinación territorial

El artículo 149.1.7 de la CE establece la competencia exclusiva estatal de la legislación laboral al Estado, sin perjuicio de que las comunidades autónomas asumen la ejecución de la legislación laboral, entre las que se encuentra la Prevención de Riesgos Laborales (disposición adicional tercera, 1 de la LPRL).

El artículo 5.1.a) de la LPRL exige la coordinación entre la Administración del Estado, las comunidades autónomas y las Administraciones locales. Para esta coordinación es fundamental la tarea de la Comisión Nacional de Seguridad y Salud en el Trabajo, regulada en el artículo 13 de la LPRL.

En efecto, el artículo 5.1 a) de la LPRL establece que la Administración General del Estado, las Administraciones de las comunidades autónomas y las entidades que integran la Administración local se prestarán cooperación y asistencia para el eficaz ejercicio de sus respectivas competencias. Como ejemplos de esta coordinación, puede mencionarse la relativa a la Inspección de Trabajo, el Registro de Empresas Acreditadas en la Ley de la Subcontratación en la Construcción o la acreditación de los Servicios de Prevención ajenos.

3.2.1.2 Principio de coordinación funcional o administrativa

Está regulada en el artículo 11 de la LPRL. Son diversas las instituciones públicas con actuaciones relevantes en este ámbito: Administraciones públicas laboral, sanitaria, educativa e industrial (debería también citarse en el momento actual la Administración medioambiental).

En el artículo 11 de la LPRL se establece que la elaboración de normas preventivas y el control de su cumplimiento, la promoción de la prevención, la investigación y la vigilancia epidemiológica sobre riesgos laborales, accidentes de trabajo y enfermedades profesionales determinan la necesidad de coordinar las actuaciones de las Administraciones competentes en materia laboral, sanitaria y de industria para una más eficaz protección de la seguridad y la salud de los trabajadores.

En el marco de dicha coordinación, la Administración competente en materia laboral velará, en particular, para que la información obtenida por la Inspección de Trabajo y Seguridad Social en el ejercicio de las funciones atribuidas a la misma en el artículo 9.1 de la LPRL sea puesta en conocimiento de la autoridad sanitaria competente a los fines dispuestos en el artículo 10 de la LPRL y en el artículo 33 de la Ley 33/2011, del 4 de octubre, General de Salud Pública, así como de la Administración competente en materia de industria a los efectos previstos en la Ley 21/1992, del 16 de julio, de Industria.

Ejemplo de esta coordinación de las Administraciones laboral y sanitaria podría ser la acreditación y control de las entidades que deseen ofertar un Servicio de Prevención Ajeno (artículo 25 del RSP).

En el mismo sentido, en materia de formación, con la Administración de Educación (artículo 5.2 de la LPRL). Las Administraciones públicas, se dice, promoverán la mejora de la educación en materia preventiva en los diferentes niveles de enseñanza y de manera especial en la oferta formativa correspondiente al sistema nacional de cualificaciones profesionales, así como la adecuación de la formación de los recursos humanos necesarios para la prevención de los riesgos laborales.

En el ámbito de la Administración General del Estado, prosigue el artículo 5.2 de la LPRL, se establecerá una colaboración permanente entre el Ministerio de Empleo y Seguridad Social (*hoy, Ministerio de Trabajo y Economía Social*) y los Ministerios que correspondan, en particular los de Educación y Ciencia y de Sanidad y Consumo, al objeto de establecer los niveles formativos y especializaciones idóneas, así como la revisión permanente de estas enseñanzas, con el fin de adaptarlas a las necesidades existentes en cada momento.

Tenemos también ejemplos de coordinación territorial en actuaciones específicas, como en el amianto (RD 396/2006), con el Ministerio de Sanidad, en su control epidemiológico, también en materia de vigilancia de la salud.

Con el Ministerio de Industria, un campo abonado para la coordinación es el ámbito concerniente a los equipos de trabajo, certificaciones de equipos, máquinas y procesos, etc. El papel preponderante en este ámbito de coordinación es el laboral, y el cuerpo de la Inspección de Trabajo y Seguridad Social es el órgano que articula esta coordinación con el resto de Departamentos.

3.2.2 Principio de participación

Se refiere a la participación de los agentes sociales (artículo 5.1.b de la LPRL) que han de participar en la elaboración, diseño y ejecución de las políticas administrativas. La elaboración de la política preventiva se llevará a cabo, establece la Ley, con la participación de los empresarios y de los trabajadores a través de sus organizaciones empresariales y sindicales más representativas.

Son los afectados los principales interesados y conocedores del medio y entorno laboral, por lo que están presentes en los órganos de representación, como la Comisión Nacional de Seguridad y Salud en el Trabajo del artículo 13 de la LPRL.

El artículo 12 de la LPRL realiza una declaración de principios de esta participación institucionalizada de los agentes sociales cuando afirma que la participación de empresarios y trabajadores, a través de las organizaciones empresariales y sindicales más representativas, en la planificación, programación, organización y control de la gestión relacionada con la mejora de las condiciones de trabajo y la protección de la seguridad y salud de los trabajadores en el trabajo, es principio básico de la política de prevención de riesgos laborales, para desarrollar por las Administraciones públicas competentes en los distintos niveles territoriales.

Otra manifestación importante es la colaboración en los planes de la Inspección de Trabajo y Seguridad Social, en el artículo 40 de la LPRL. En su apartado cuatro establece que, las organizaciones sindicales y empresariales más representativas serán consultadas con carácter previo a la elaboración de los planes de actuación de la Inspección de Trabajo y Seguridad Social en materia de prevención de riesgos en el trabajo, en especial de los programas específicos para empresas de menos de seis trabajadores, e informadas del resultado de dichos planes.

3.2.3 Principio de eficacia

El principio de eficacia exige un esfuerzo continuo de mejora y búsqueda de nuevos recursos. Por eso, el artículo 5.3 establece que las Administraciones públicas fomentarán la investigación sobre nuevas formas de protección. Promoverán aquellas actividades en orden a la mejora de las condiciones de seguridad y salud en el trabajo y la reducción de los riesgos laborales, la investigación o fomento de nuevas formas de protección y la promoción de estructuras eficaces de prevención. Para ello, podrán adoptar programas específicos dirigidos a promover la mejora del ambiente de trabajo y el perfeccionamiento de los niveles de protección. Los programas podrán instrumentarse a través de la concesión de los incentivos, que se destinarán especialmente a las pequeñas y medianas empresas.

La protección eficaz frente a los riesgos laborales viene establecida, por ejemplo, en los artículos 14.1 de la LPRL (los trabajadores tienen derecho a una protección eficaz en materia de seguridad y salud en el trabajo), y en el artículo 19.1 de la LPRL (el empresario debe garantizar que cada trabajador reciba una formación teórica y práctica).

Es evidente que la protección es eficaz solo si consigue salvaguardar el objetivo de la vida e integridad física de los trabajadores, y pone el máximo de recursos posibles en el objetivo previsto.

3.2.4 Principio de igualdad y perspectiva de género

Ya hemos comentado que la Ley 3/2007, del 22 de marzo, de igualdad efectiva de mujeres y hombres (LOIMH), añade un nuevo apartado cuatro al artículo 5, incorporando el principio de igualdad a las políticas estatales de prevención de riesgos laborales.

Las Administraciones públicas deben promover la efectividad del principio de igualdad entre mujeres y hombres, considerando las variables relacionadas con el sexo, tanto en los sistemas de recogida y tratamiento de datos como en el estudio e investigación generales, con el fin de detectar y prevenir posibles situaciones en las que los daños derivados del trabajo pueden aparecer vinculados con el sexo de los trabajadores.

Además, el artículo 27 de la Ley 3/2007 establece que las Administraciones públicas, a través de sus servicios de salud y de los órganos competentes en cada caso, desarrollarán, de acuerdo con el principio de igualdad de oportunidades, las siguientes actuaciones: «c) La consideración, dentro de la protección, promoción y mejora de la salud laboral, del acoso sexual y del acoso por razón de sexo».

Y, aunque no se cite expresamente, debemos entender que la perspectiva de género debe también exigirse en las actuaciones preventivas que tienen que poner en marcha los empleadores: en las evaluaciones de riesgos y en la vigilancia de la salud; en general, en la planificación preventiva. Y ello derivado del carácter transversal del principio de igualdad (artículo 15 de la LOIMH) que exige su aplicación en todas las políticas públicas y del propio concepto de salud laboral incorporado en el artículo 32 de la Ley General de Salud Pública del 2011, que se traduce en el principio de la acción preventiva de adaptación del trabajo a la persona, también cuando concurren riesgos relacionados con el género (femenino) y no solo con el sexo (maternidad y lactancia). Cabe recordar que la incorporación de la perspectiva de género en el ámbito de la seguridad y salud laboral constituye el objetivo 5 de la Estrategia Española de SST 2023-207, lo que requerirá actualizar la formación recibida por los técnicos/as de prevención en esta materia.

3.2.5 Principio de integración de la actividad preventiva en el sistema de gestión de la empresa

Algunas de las propuestas de la Estrategia Española en Seguridad y Salud 2007-2012 inciden en la necesidad de incentivar la internalización de la prevención y su asunción, como parte consustancial del proceso de producción de la empresa. La Ley 25/2009, del 22 de diciembre, de modificación de diversas leyes para su adaptación a la Ley sobre el libre acceso a las actividades de servicios y su ejercicio (conocida como Ley Ómnibus), ha incorporado, tal y como hemos expuesto ya, un nuevo apartado 5 al artículo 5 de la LPRL, que versa sobre estos objetivos de la política en seguridad laboral, estableciendo que esta política deberá promover la integración eficaz de la prevención de riesgos laborales en el sistema de gestión de la empresa.

3.2.6 Principio de favorecimiento de las pymes

También se añade como objetivo, por la Ley 25/2009, el tener en cuenta las dificultades y necesidades específicas de las pymes, y así los proyectos de disposiciones de carácter general deben incorporar un informe sobre su aplicación a estas, incluyendo las medidas particulares que se contemplen.

En este sentido, el Real Decreto 337/2010, del 19 de marzo, modifica el Reglamento de Servicios de Prevención, incidiendo la reforma en facilitar a las empresas, en particular a las pequeñas y medianas, el cumplimiento de la normativa de prevención. Se pretende lograr un mejor y más eficaz cumplimiento de la normativa de prevención de riesgos laborales por el empresario. Para ello, se racionaliza y simplifica su gestión en prevención de riesgos laborales, lo que se consigue:

— En primer lugar, permitiendo a las empresas de hasta 50 trabajadores que no desarrollen actividades del anexo I del Reglamento de los Servicios de Prevención, que puedan realizar de manera simplificada el plan de prevención de riesgos laborales, la evaluación de riesgos y la planificación de la actividad preventiva, siempre que ello no suponga una reducción del nivel de protección de la seguridad y salud de los trabajadores, para lo que contarán con el apoyo de una guía orientativa del Instituto Nacional de Seguridad y Salud en el Trabajo.

— En segundo lugar, que estas mismas empresas que realicen las actividades preventivas mediante recursos propios dispongan de un proceso simplificado de auditoría de sus sistemas de gestión de la prevención.

— Y, en tercer lugar, ampliando de seis a diez el número de trabajadores de las empresas en las que el empresario puede asumir de manera personal el desarrollo de la actividad preventiva; posibilidad que la Ley 14/2013, de apoyo al emprendedor y su internacionalización, ha ampliado a 25 trabajadores, siempre que la empresa solo disponga de un único centro de trabajo.

— El INSST ha desarrollado la herramienta «Prevención10.es», de ayuda destinada a empresas de 25 trabajadores, en las que el empresario puede asumir personalmente la prevención, así como a los trabajadores autónomos sin empleados a su cargo. (Resolución del 22 de julio de 2019, de la Secretaría de Estado de la SS).

3.3 Elementos permanentes de la política de seguridad y salud

La Administración tiene unos objetivos genéricos en la política preventiva, que permite la eventualidad de su actuación, en función de las necesidades, disponibilidades y recursos económicos.

Pero hay funciones que representan el núcleo duro, porque las exige la Ley, con lo que la Administración tiene la obligación de actuar en todo caso. Representan lo esencial de la política en prevención. Se traduce en actuaciones concretas que deben desarrollar las Administraciones públicas, por lo que no pueden dejarse a la discrecionalidad de su actuación.

La LPRL no solo ha enumerado actuaciones permanentes concretas, sino que además estas se atribuyen a determinadas Administraciones públicas, e incluso, frecuentemente, se exige la coordinación entre las mismas.

Conectado con ello, está el desarrollo de la superestructura orgánica que va a poner en funcionamiento dichas actuaciones. Son los órganos a los que se les encomienda la ejecución de la política de prevención.

Se establecen una serie de competencias asignadas a diferentes Administraciones:

— Competencias de la Administración Pública Educativa: la formación.
— Competencias de la Administración Pública Sanitaria: la vigilancia de la salud.
— Competencias de la Administración Pública Industrial: la seguridad industrial.
— Competencias de la Administración Pública Laboral, que impregnan la totalidad de la normativa de prevención, como parte del bloque normativo laboral.

3.3.1 Competencias de la Administración pública educativa

El objetivo es la mejora de la educación en los diversos niveles de enseñanza, de manera especial en el sistema nacional de cualificaciones profesionales.

En principio, la obligación de formación incumbe al empresario (artículo 19 de la LPRL). Para ello se precisa de la colaboración permanente con el Ministerio de Empleo y Seguridad Social (y también con el de Sanidad, para la especialización de nivel superior de control y vigilancia de la salud de los trabajadores). Por tanto, esta colaboración es necesaria para establecer niveles formativos y especializaciones, con la necesidad de revisión permanente de las enseñanzas. El nivel intermedio está asignado en la actualidad a los currículos de formación profesional y el superior ha pasado a ser asumido por los nuevos planes de estudios universitarios en la especialización de Máster.

El objetivo último es fomentar una auténtica cultura preventiva, tal y como dispone la Exposición de Motivos, apartado cuatro de la LPRL, involucrando a la sociedad en su conjunto. Tratándose de una Ley que persigue ante todo la prevención, su articulación no puede descansar exclusivamente en la ordenación de las obligaciones y responsabilidades de los actores directamente relacionados con el hecho laboral. El propósito de fomentar una auténtica cultura preventiva, mediante la promoción de la mejora de la educación en dicha materia en todos los niveles educativos, involucra a la sociedad en su conjunto y constituye uno de los objetivos básicos y de efectos quizá más transcendentes para el futuro de los perseguidos por la presente Ley.

El artículo 5.2 de la LPRL dispone que, a los fines previstos, las Administraciones públicas promoverán la mejora de la educación en materia preventiva en los diferentes niveles de enseñanza y, de manera especial, en la oferta formativa correspondiente al sistema nacional de cualificaciones profesionales, así como la adecuación de la formación de los recursos humanos necesarios para la prevención de los riesgos laborales.

En el ámbito de la Administración General del Estado, prosigue la norma, debe establecerse una colaboración permanente entre el Ministerio de Empleo y Seguridad Social y los Ministerios que correspondan, en particular los de Educación y Ciencia y de Sanidad y Consumo, al objeto de establecer los niveles formativos y especializaciones idóneas, así como la revisión permanente de estas enseñanzas, con el fin de adaptarlas a las necesidades existentes en cada momento.

El Reglamento de los Servicios de Prevención (Real Decreto 39/1997), en sus artículos 34 a 37, regula detalladamente los procesos formativos para desarrollar las funciones preventivas en distintos niveles: superior, intermedio y básico:

— El nivel básico es la formación que se suele impartir a los trabajadores en las empresas, para poder desarrollar trabajos y funciones de colaboración en materia de Prevención de Riesgos Laborales. También la que reciben los empresarios que asumen personalmente la actividad preventiva; formación que, en este caso, suele ser impartida por las MUTUAS o por el INSST a través de la herramienta «Prevención10.es».
— El nivel intermedio es un curso superior de Formación Profesional y, por tanto, enseñanza reglada.
— El superior se ha convertido en un Título Universitario, Máster Oficial.

La formación en prevención de riesgos se prevé así en la enseñanza reglada (artículo 5.2 de la LPRL), pero también forma parte del Sistema Nacional de Cualificaciones Profesionales de Trabajadores (planes de actuación dirigidos a la formación permanente de los trabajadores incorporados al mercado).

Los anexos III a V del Reglamento de los Servicios de Prevención regulan el contenido y programa de la formación en prevención de riesgos laborales, en sus niveles básico, intermedio y superior, y el capítulo III de la Orden Ministerial del 27.6.97 establece criterios de calidad de las entidades formativas.

La Ley presta una especial atención a las pequeñas y medianas empresas: artículo 5.3 y artículos 6.1 y 30.5 (menos de 10 trabajadores para asumir personalmente la gestión de la prevención por parte del empresario o hasta 25 con un solo centro de trabajo), y también en el artículo 29.3 del Reglamento de Servicios de Prevención (obligación de auditoría). Estas materias, como se ha dicho, han sido afectadas por la Ley 25/2009, del 22 de diciembre, de modificación de diversas leyes para su adaptación a la Ley sobre el libre acceso a las actividades de servicios y su ejercicio, y también por el Real Decreto 337/2010.

Evidentemente, las pymes, por su falta de estructura y medios humanos y materiales, tienen más dificultad para cumplir la legislación. El precio de la seguridad es proporcionalmente más gravoso. Por eso, la LPRL, en su disposición adicional quinta, ha creado una Fundación Nacional para la Prevención de Riesgos Laborales, orientado precisamente a asesorar a las pequeñas y medianas empresas.

3.3.2 Competencias de la Administración pública sanitaria

El artículo 10 de la LPRL establece las competencias y actuaciones a desarrollar por las Administraciones públicas competentes en materia sanitaria:

— Evaluación y control de las actuaciones de carácter sanitario realizadas por los Servicios de Prevención en empresas, y supervisión de la formación del personal sanitario actuante en los Servicios de Prevención [artículo 10 a) y c) de la LPRL]. Establecerán pautas y procedimientos de actuación, oídas las sociedades científicas, a las que deberán someterse los citados Servicios.
— La implantación de sistemas de información adecuados que permitan la elaboración de mapas de riesgos y controles epidemiológicos para la identificación y prevención de las patologías que puedan afectar a la salud de los trabajadores (artículo 10.b).
— Elaboración y divulgación de estudios, investigaciones y estadísticas (artículo 10, d), relacionadas con la salud de los trabajadores.

Además, hay otras facultades dispersas en la LPRL que afectan a la Administración pública sanitaria:

— Intervención en el cambio de puesto de trabajo de la mujer embarazada o en período de lactancia (artículo 26 de la LPRL).
— La vigilancia de la salud (artículo 22 de la LPRL).

— Procedimiento de calificación de nuevas enfermedades profesionales [artículo 6.1.g) de la LPRL].

La regulación contenida en el artículo 10 de la LPRL actuaba sobre las competencias que se describían en los artículos 21 y 22 de la Ley 14/1986, del 25 de abril General de Sanidad, añadiendo otras nuevas. Dicha normativa fue modificada por la Ley Orgánica 3/2007, para la igualdad efectiva de mujeres y hombres, en el sentido de que la actuación sanitaria en el ámbito de la salud laboral debía integrar, en todo caso, la perspectiva de género.

Hoy estas competencias se han modificado e incorporado al artículo 33 de la Ley 33/2011, General de Salud Pública (LGSP), en el que se establecen dos apartados distintos. En el primero, se especifica que las actuaciones sanitarias en el ámbito de la salud laboral se desarrollarán de forma coordinada entre empresarios y trabajadores, toda vez que se identifican los aspectos que comprenden esta coordinación: a) promoción, con carácter general de la salud integral de los trabajadores; b) vigilancia de la salud de los trabajadores, individual y colectiva, para detectar precozmente los efectos de los riesgos para la salud a los que están expuestos; c) desarrollo y actuación en los aspectos sanitarios de la prevención de riesgos laborales, y d) promoción de la información, formación, consulta y participación de los profesionales sanitarios, de los trabajadores y sus representantes legales y de los empresarios en los planes, programas y actuaciones sanitarias en el campo de la salud laboral.

En el segundo apartado el artículo 33 de la LGSP, se identifican las actuaciones concretas a desarrollar por la autoridad sanitaria, de forma coordinada con la autoridad laboral (que pueden ser de ámbito estatal o autonómico, aunque en la actualidad casi todas las competencias están transferidas). Estas actuaciones comprenden:

— Desarrollar un sistema de información sanitaria en salud laboral que, integrado en el sistema de información en salud pública, dé soporte a la vigilancia de los riesgos sobre la salud relacionada con el trabajo. Previsión que se complementa con lo previsto en el párrafo f), donde se insiste en establecer mecanismos para la integración en los sistemas de información públicos del Sistema Nacional de Salud de la información generada por las actividades desarrolladas por los servicios de prevención

de riesgos laborales y por las MUTUAS, en relación con la salud de los trabajadores.
— Asimismo, y en relación con los aspectos anteriores, se recoge la de establecer un sistema de indicadores para el seguimiento del impacto sobre la salud de las políticas relacionadas con el trabajo.
— Impulsar una vigilancia de salud de los trabajadores, a través de la elaboración de protocolos y guías de vigilancia específica en atención a los riesgos a los que estén expuestos.
— Desarrollar programas de vigilancia de la salud postocupacional.
— Autorizar, evaluar, controlar y asesorar la actividad sanitaria de los servicios de prevención de riesgos laborales.
— Fomentar la promoción de la salud en el lugar de trabajo, a través del fomento y desarrollo de entornos y hábitos de vida saludables
— Establecer mecanismos de coordinación en caso de pandemias u otras crisis sanitarias, en especial para el desarrollo de acciones preventivas y de vacunación.
— Promover la formación en salud laboral de los profesionales sanitarios de los sistemas sanitarios públicos
— Cualesquiera otras que promuevan la mejora de la vigilancia, promoción y protección de la salud de los trabajadores y la prevención de los problemas de salud derivados del trabajo.

Entre las nuevas competencias de la Administración pública sanitaria ha desaparecido la relativa a la vigilancia de las condiciones de trabajo y ambientales que puedan resultar nocivas o insalubres durante los períodos de embarazo y lactancia de la mujer trabajadora, acomodando su actividad laboral, si fuese necesario, a un trabajo compatible durante los períodos referidos. Esto es consecuencia lógica del reconocimiento del riesgo de embarazo o lactancia natural como contingencias profesionales, no exenta de críticas, por otra parte.

3.3.3 Competencias de la Administración pública industrial

Las competencias en materia preventiva vienen establecidas en la Ley 21/1992, del 16 de julio, de Industria y a ella se refiere el artículo 11 de la LPRL, al exigir a la Administración pública laboral la puesta en conocimiento de la información obtenida por la Inspección de Trabajo.

La LPRL, en su artículo 41, recoge también las obligaciones de fabricantes, suministradores e importadores.

No debemos olvidar la importancia excepcional de las Directivas de Seguridad Industrial, con repercusiones claras en los ámbitos de las adecuaciones de los equipos de trabajo.

El marcado CE, la declaración de conformidad del fabricante y el manual de instrucciones son requisitos del Real Decreto 1435/1992, de máquinas, modificados por el Real Decreto 56/1995, y por el Real Decreto 1644/2008, del 10 de octubre, de comercialización y puesta en servicio de las máquinas.

3.3.4 Competencias de la Administración pública laboral

Asumidas por el Ministerio de Empleo y Seguridad Social y por los órganos administrativos de las comunidades autónomas, con competencias transferidas en materia de ejecución de la legislación laboral (artículo 149.1.7 de la CE).

A la Administración laboral se le reservan las principales funciones establecidas en el artículo 7 de la LRPL:
— Funciones de promoción y asesoramiento técnico.
— Funciones de vigilancia y control.
— Funciones sancionadoras.

Así, el citado artículo 7 de la LPRL establece que las Administraciones públicas competentes en materia laboral desarrollarán funciones de promoción de la prevención, asesoramiento técnico, vigilancia y control del cumplimiento por los sujetos comprendidos en su ámbito de aplicación de la normativa de prevención de riesgos laborales, y sancionarán las infracciones a dicha normativa, en los siguientes términos:

— Promoviendo la prevención y el asesoramiento a desarrollar por los órganos técnicos en materia preventiva, incluidas *la asistencia y cooperación técnica, la información, divulgación, formación e investigación en materia preventiva,* así como el seguimiento de las actuaciones preventivas que se realicen en las empresas para la consecución de los objetivos previstos en esta Ley.
— Velando por el cumplimiento de la normativa sobre prevención de riesgos laborales mediante las *actuaciones de vigilancia y control.* A estos efectos,

prestarán el asesoramiento y la asistencia técnica necesarios para el mejor cumplimiento de dicha normativa y desarrollarán programas específicos y por objetivos, dirigidos a lograr una mayor eficacia en el control.

— *Sancionando* el incumplimiento de la normativa de prevención de riesgos laborales por los sujetos comprendidos en el ámbito de aplicación de la presente Ley. Todo ello, de acuerdo con el cuadro de infracciones y sanciones previsto en el Texto Refundido de la Ley de Infracciones y Sanciones de Orden Social.

Las competencias previstas anteriormente se entienden sin perjuicio de lo establecido en la legislación específica sobre productos e instalaciones industriales.

En determinados sectores, existen órganos especializados encargados de estas funciones. Son órganos específicos que aplican una normativa también especial, desplazando a la autoridad laboral, debido a la complejidad o peligrosidad de los trabajos: minas, canteras y túneles que impliquen la aplicación de técnica minera; los que impliquen fabricación, transporte, almacenamiento o manipulación de explosivos o el empleo de energía nuclear. Son competencias reservadas al Ministerio de Industria, o al Consejo de Energía Nuclear.

3.4 Entramado administrativo

3.4.1 El Instituto Nacional de Seguridad y Salud en el Trabajo

El artículo 8 de la LPRL regula este Organismo (antes INSHT), definiéndolo como el órgano científico técnico especializado de la Administración General del Estado que tiene como misión:

— El análisis y estudio de las condiciones de seguridad y salud en el trabajo.
— También la promoción y apoyo a la mejora de las mismas.

Para ello establece la cooperación necesaria con los órganos de las comunidades autónomas con competencias en esta materia; por ejemplo, en Aragón, el Instituto Seguridad y Salud Laboral de Aragón (ISSLA), con funciones análogas a nivel autonómico.

Estos órganos periféricos, fruto de la descentralización política, con delegaciones provinciales, han asumido las transferencias de los antiguos Gabinetes provinciales de Seguridad e Higiene, que constituían la descentralización periférica territorial-administrativa del INSHT.

Por tanto, en las comunidades autónomas pueden crearse órganos propios (el ISSLA en Aragón), a los que el Instituto debe prestar asistencia y cooperación (artículos 8.1, b) y 8.2) de la LPRL).

Su función fundamental es ocuparse de la vertiente técnica de la prevención.

3.4.1.1 Funciones

Podemos distinguir dos grandes tipos de funciones:
A) Colaboración con otros organismos.
B) Actuaciones específicas de fomento de la prevención.

A) Colaboración con otros organismos

— Suministrar apoyo técnico a otras Administraciones en la elaboración de la normativa (artículo 8.1.a) y a la Inspección de Trabajo (artículo 8.1.c). También, y especialmente, a las comunidades autónomas (artículos 8.2, 8.1.b y 8.1.e), al Ministerio de Industria en materia de certificación, ensayo y acreditación (artículo 8.2.2) y en lo referente a la normalización y adecuación de equipos y medios técnicos de prevención y protección; del mismo modo, a la Comisión Nacional de Seguridad y Salud en el Trabajo, de la que le corresponde la Secretaría General (artículo 8.4).
— Canalizar las relaciones con instituciones exteriores. Así, el INSHT es el centro de referencia de la Agencia Europea (artículo 8.3). En general, asume las relaciones con todas las instituciones internacionales (artículo 8.1.d).

B) Actuaciones específicas

Funciones de promoción y apoyo a la mejora de las condiciones de trabajo. Sus actividades pueden agruparse en dos grandes núcleos de actuación (artículo 8.1.b):

— Actualización permanente en el conocimiento de los factores técnicos (investigación).
— Fomentar y coordinar la actividad de todos los agentes implicados en la formación.

Las funciones del INSST, por tanto, se encuadran tradicionalmente en las siguientes líneas de acción:

— Asistencia técnica
— Estudio/Investigación
— Formación
— Promoción/Información/Divulgación
— Desarrollo normativo/Normalización
— Ensayo/Certificación de equipos de protección y de máquinas
— Cooperación técnica
— Secretariado de la Comisión Nacional de Seguridad y Salud en el Trabajo

Para completar la exposición, vamos a reseñar las funciones del INSST, siguiendo la exposición del artículo 8 de la LPRL:

— Asesoramiento técnico en la elaboración de la normativa legal y en el desarrollo de la normalización, tanto a nivel nacional como internacional.
— Promoción y, en su caso, realización de actividades de formación, información, investigación, estudio y divulgación en materia de prevención de riesgos laborales, con la adecuada coordinación y colaboración, en su caso, con los órganos técnicos en materia preventiva de las comunidades autónomas en el ejercicio de sus funciones en esta materia.
— Apoyo técnico y colaboración con la Inspección de Trabajo y Seguridad Social en el cumplimiento de su función de vigilancia y control, prevista en el artículo 9 de la LPRL, en el ámbito de las Administraciones públicas.
— Colaboración con organismos internacionales y desarrollo de programas de cooperación internacional en este ámbito, facilitando la participación de las comunidades autónomas.
— Cualesquiera otras que sean necesarias para el cumplimiento de sus fines y le sean encomendadas en el ámbito de sus competencias, de acuerdo con la Comisión Nacional de Seguridad y Salud en el Trabajo regulada en el

artículo 13 de la LPRL, con la colaboración, en su caso, de los órganos técnicos de las comunidades autónomas con competencias en la materia.

El Instituto Nacional de Seguridad y Salud en el Trabajo, en el marco de sus funciones, velará por la coordinación, apoyará el intercambio de información y las experiencias entre las distintas Administraciones públicas y especialmente fomentará y prestará apoyo a la realización de actividades de promoción de la seguridad y de la salud por las comunidades autónomas.

Asimismo, prestará, de acuerdo con las Administraciones competentes, apoyo técnico especializado en materia de certificación, ensayo y acreditación.

En relación con las Instituciones de la Unión Europea, el Instituto Nacional de Seguridad y Salud en el Trabajo actuará como centro de referencia nacional, garantizando la coordinación y transmisión de la información que deberá facilitar a escala nacional, en particular respecto a la Agencia Europea para la Seguridad y la Salud en el Trabajo y su Red.

El Instituto Nacional de Seguridad y Salud en el Trabajo ejercerá la Secretaría General de la Comisión Nacional de Seguridad y Salud en el Trabajo, prestándole la asistencia técnica y científica necesaria para el desarrollo de sus competencias.

3.4.1.2 Estructura del INSST

El INSST desarrolla su actividad técnica por medio de una estructura que cuenta con diferentes sedes a nivel nacional:

— Los Servicios Centrales, ubicados en Madrid.
— Cuatro Centros Nacionales
— Centro Nacional de Condiciones de Trabajo (CNCT), ubicado en Barcelona.
— Centro Nacional de Medios de Protección (CNMP), ubicado en Sevilla
— Centro Nacional de Nuevas Tecnologías (CNNT), ubicado en Madrid.
— Centro Nacional de Verificación de Maquinaria (CNVM), ubicado en Bizkaia.
— Además de dos Gabinetes técnicos provinciales, ubicados en Ceuta y Melilla, respectivamente.

En la actualidad, el INSST dispone de dos órganos de dirección y participación institucional:

— La Dirección
— El Consejo General del INSST

La Dirección se ejerce por un titular que es nombrado por real decreto, a propuesta de la persona titular del Ministerio de Trabajo y Economía Social; le corresponden a la Dirección del INSST las funciones de representación del Instituto en el ámbito del Estado, de la Unión Europea y en el ámbito internacional, así como su dirección y gobierno.

El Consejo General del INSST está regulado por la «Orden del 25 de enero de 1985 por la que se aprueba el Reglamento de Funcionamiento del Consejo General del Instituto Nacional de Seguridad e Higiene en el Trabajo»

3.4.1.3 El Instituto Aragonés de Seguridad y Salud Laboral (ISSLA)

El Instituto Aragonés de Seguridad y Salud Laboral, dependiente de la Dirección General de Trabajo, forma parte del Departamento de Economía y Empleo del Gobierno de Aragón, y fue creado por Decreto 336/2001, del 18 de diciembre, del Gobierno de Aragón como órgano competente en materia de Prevención de Riesgos Laborales en el ámbito de la Administración laboral. Se estructura en los siguientes órganos:

— Director del Instituto
— Gabinetes de Seguridad y Salud en el Trabajo

Como órgano colegiado asesor de participación institucional en la planificación, programación, organización y control de la gestión del Instituto se configura el Consejo Aragonés de Seguridad y Salud Laboral. Presidido por el consejero que ostente las competencias en materia de Trabajo y actuando como secretario el director del Instituto, tiene representantes de la propia comunidad autónoma, así como de las organizaciones empresariales y sindicales de mayor representación.

3.4.2 La Inspección de Trabajo y Seguridad Social

3.4.2.1 Fuentes normativas

En primer lugar, vamos a discernir las fuentes reguladoras de la Inspección de Trabajo, atendiendo a su origen internacional e interno.

El marco jurídico internacional de la Inspección de Trabajo y Seguridad Social (ITSS) son los Convenios 81 y 129 de la Organización Internacional del Trabajo (OIT), sobre Inspección de Trabajo.

En el ámbito nacional, podemos destacar la siguiente normativa:

De carácter organizativo:

— Ley 42/2007, del 14 de noviembre, ordenadora de la Inspección de Trabajo y Seguridad Social (ITSS).
— El RD 138/2000, del 4 de febrero, por el que se aprueba el Reglamento de Organización y Funcionamiento de la ITSS.
— La Ley 30/1984, del 2 de agosto, de Medidas de Reforma de la Función Pública, en su disposición adicional novena.
— El RD 97/1986, que desarrolla la Ley anterior.
— La Ley 25/2009, del 14 de noviembre, conocida como «Ley Ómnibus», que modifica varios preceptos de la Ley 42/2007, para dotar de mecanismos de colaboración a la Inspección de Trabajo y Seguridad Social con sus homólogos de la Unión Europea.

De carácter procedimental:

La derogada Ley 8/1988, del 7 de abril (LISOS) que tenía una vocación de integración en un texto único.

Posteriormente, surgieron normas dispersas que rompieron la unidad legislativa.

La STC 195/1996, de 28 de noviembre, exhortó al legislador a la promulgación de nuevo de un texto único que pusiera fin a la dispersión legislativa.

Esta norma unificadora fue el Real Decreto Legislativo 5/2000, del 4 de agosto, que aprueba el Texto Refundido de la Ley de Infracciones y Sanciones de Orden Social (LISOS).

El Real Decreto 928/1998, del 14 de marzo, aprobatorio del Reglamento sobre imposición de sanciones por infracciones en el orden social y expedientes liquidatorios de cuotas a la Seguridad Social, desarrolla reglamentariamente la Ley antecedente.

3.4.2.2 Funciones de la Inspección de Trabajo y Seguridad Social en materia de prevención de riesgos laborales

Estas funciones están reguladas fundamentalmente en el artículo 9 de la Ley de Prevención de Riesgos Laborales, sin olvidar la regulación complementaria de la Ley 42/1997, del 14 de noviembre, ordenadora de la Inspección de Trabajo y Seguridad Social.

Para mayor claridad expositiva, se sigue en lo sustancial el citado artículo 9 de la LPRL.

Corresponde a la Inspección de Trabajo y Seguridad Social la función de la vigilancia y control de la normativa sobre prevención de riesgos laborales. En cumplimiento de esta misión, tendrá las siguientes funciones:

— *Vigilar el cumplimiento de la normativa sobre prevención de riesgos laborales,* así como de las normas jurídico-técnicas que incidan en las condiciones de trabajo en materia de prevención, aunque no tuvieran la calificación directa de normativa laboral, proponiendo a la autoridad laboral competente la sanción correspondiente, cuando comprobase una infracción a la normativa sobre prevención de riesgos laborales. Por tanto, la vigilancia de la normativa incluye la referida a las normas jurídicas, de prevención de riesgos laborales, y también a la normativa jurídicotécnica, aun cuando no fuera normativa laboral, abarcando por tanto materias que se extrapolan de las consideradas jurídico-laborales. Encajaría en este supuesto de vigilancia del cumplimiento de la normativa la figura de los requerimientos del artículo 43 de la LPRL. Así, cuando el inspector de Trabajo y Seguridad Social compruebe la existencia de una infracción a la normativa sobre prevención de riesgos laborales, requerirá al empresario para la subsanación de las deficiencias observadas, salvo que por la gravedad e inminencia de los riesgos proceda acordar la paralización prevista en el artículo 44. Todo ello sin perjuicio de la propuesta de sanción correspondiente, en su caso. El requerimiento formulado por el inspector de Trabajo y Seguridad Social se hará saber por escrito al empresario presuntamente responsable señalando las anomalías o deficiencias apreciadas con indicación del plazo para su subsanación. Dicho requerimiento se pondrá, asimismo, en conocimiento de los delegados de prevención. Si se incumpliera el requerimiento formulado, persistiendo los hechos infractores, el inspector de Trabajo y Seguridad Social, de no haberlo efectuado inicialmente, levantará la correspondiente acta de infracción por tales hechos.

— *Asesorar e informar* a las empresas y a los trabajadores sobre la manera más efectiva de cumplir las disposiciones cuya vigilancia tiene encomendada.
— *Elaborar los informes* solicitados por los Juzgados de lo Social en las demandas deducidas ante los mismos en los procedimientos de accidentes de trabajo y enfermedades profesionales.
— *Informar a la autoridad laboral* sobre los accidentes de trabajo mortales, muy graves o graves, y sobre aquellos otros en que, por sus características o por los sujetos afectados, se considere necesario dicho informe, así como sobre las enfermedades profesionales en las que concurran dichas calificaciones y, en general, en los supuestos en que aquella lo solicite respecto del cumplimiento de la normativa legal en materia de prevención de riesgos laborales.
— *Comprobar y favorecer el cumplimiento* de las obligaciones asumidas por los servicios de prevención establecidos en la presente Ley.
— *Ordenar la paralización inmediata* de trabajos cuando, a juicio del inspector, se advierta la existencia de riesgo grave e inminente para la seguridad o salud de los trabajadores.
— Aunque no está contemplado expresamente en el artículo 9, deberíamos incluir también la propuesta ante el Organismo competente del *recargo de prestaciones económicas* en caso de accidente de trabajo o enfermedad profesional causados por falta de medidas de seguridad e higiene en el trabajo.

En conclusión, podemos decir que la Inspección de Trabajo y Seguridad Social (ITSS) es la organización administrativa responsable del servicio público de control y vigilancia del cumplimiento de las normas de orden social que incluye los servicios de exigencia de las responsabilidades administrativas pertinentes en que puedan incurrir empresas y trabajadores, así como el asesoramiento e información a los mismos en materia laboral y de Seguridad Social, incluyendo, por tanto, el ámbito de la prevención de riesgos laborales.

Para la prestación de los servicios a los ciudadanos la ITSS cuenta con funcionarios de nivel técnico superior y habilitación nacional pertenecientes al Cuerpo Superior de Inspectores de Trabajo y de Seguridad Social y que realizan sus funciones con el mandato de estricto cumplimiento de los principios de independencia técnica, objetividad e imparcialidad prescritos en los convenios internacionales números 81 y 129 de la Organización Internacional del Trabajo. Las funciones de inspección de apoyo, colaboración y gestión precisos para el ejercicio de la labor inspectora son desarrolladas por los funcionarios del Cuerpo de Subinspectores de Empleo y Seguridad Social, con la misma habilitación nacional.

3.4.2.3 De las actuaciones de colaboración de los funcionarios habilitados del INSST y de los órganos paralelos de las comunidades autónomas

Las Administraciones General del Estado y de las comunidades autónomas adoptarán, en sus respectivos ámbitos de competencia, las medidas necesarias para garantizar la colaboración pericial y el asesoramiento técnico necesarios a la Inspección de Trabajo y Seguridad Social que, en el ámbito de la Administración General del Estado, serán prestados por el Instituto Nacional de Seguridad e Higiene en el Trabajo.

Estas Administraciones públicas elaborarán y coordinarán planes de actuación, en sus respectivos ámbitos competenciales y territoriales, para contribuir al desarrollo de las actuaciones preventivas en las empresas, especialmente las de mediano y pequeño tamaño y las de sectores de actividad con mayor nivel de riesgo o de siniestralidad, a través de acciones de asesoramiento, de información, de formación y de asistencia técnica.

En el ejercicio de tales cometidos, los funcionarios públicos de las citadas Administraciones que ejerzan labores técnicas en materia de prevención de riesgos laborales podrán desempeñar funciones de asesoramiento, información y comprobatorias de las condiciones de seguridad y salud en las empresas y centros de trabajo. Las referidas actuaciones comprobatorias se programarán por la respectiva Comisión Territorial de la Inspección de Trabajo y Seguridad Social, para su integración en el plan de acción en Seguridad y Salud Laboral de la Inspección de Trabajo y Seguridad Social.

Por lo expuesto, se ha autorizado a los técnicos del INSST y de los organismos paralelos de las comunidades autónomas (el ISSLA, en Aragón) para realizar funciones de asesoramiento, información y comprobación de las condiciones de seguridad y salud en el trabajo, reconociéndose la posibilidad de que puedan realizar requerimientos, si bien la potestad sancionadora sigue a cargo de la Inspección de Trabajo (artículo 9.3 de la LPRL). Si en las actuaciones de comprobación se deduce la existencia de infracción y ha mediado incumplimiento del previo requerimiento, el funcionario actuante remitirá informe a la Inspección de Trabajo, en el que se recogerán los hechos comprobados, a efectos de que se levante la correspondiente acta de infracción, si así procede.

3.4.3 La Comisión Nacional de Seguridad y Salud en el Trabajo

3.4.3.1 Regulación

Está regulada con carácter general en el artículo 13.1 de la LPRL. Desarrollado en el RD 1879/1996, del 2 de agosto, modificado por RD 309/2001 del 23 de marzo, RD 1595/2004, dle 2 de julio y Real Decreto 1470/2008, del 5 de septiembre, RD 1429/2009, del 11 de septiembre; RD 1714/2010, del 17 de diciembre; RD 882/2012, del 1 de junio y RD 200/2021, del 30 de marzo.

3.4.3.2 Definición

La Comisión Nacional de Seguridad y Salud en el Trabajo (CNSST) es el órgano colegiado asesor de las Administraciones públicas en la formulación de las políticas de prevención, y el órgano de participación institucional en materia de Seguridad y Salud en el Trabajo (artículo 13 de la Ley de Prevención de Riesgos Laborales).

Ciertamente, es un órgano colegiado, integrado por representantes de la Administración Pública General del Estado, de las Administraciones públicas de las comunidades autónomas y, por representantes de las organizaciones empresariales y sindicales más representativas.

3.4.3.3 Composición

— La presidencia, que será el secretario general de Empleo del Ministerio de Empleo y Seguridad Social (hoy Ministerio de Trabajo y Economía Social).
— Cuatro vicepresidencias (una por cada uno de los grupos que lo integran), y cada grupo que lo integra tiene 19 vocales, que son renovados, al menos, cada cuatro años. La participación dentro de la CNSST solo es posible mediante la designación de alguno de estos cuatro grupos.
— Secretaría: la Comisión cuenta con una Secretaría como órgano de apoyo técnico y administrativo, cuya responsabilidad recae en la Dirección del Instituto Nacional de Seguridad y Salud en el Trabajo.

3.4.3.4 Funcionamiento y Reglamento interno

Para el desempeño de sus cometidos, la CNSST funciona en Pleno, en Comisión Permanente y en Grupos de trabajo conforme a la normativa que establece su Reglamento de Funcionamiento Interno.

La Comisión se dota, en efecto, de un reglamento interno en el que se especifican los siguientes extremos:

— Régimen de adopción de acuerdos.
— Su funcionamiento en Pleno, Comisión Permanente y grupos de trabajo.
— Composición de la Comisión Permanente y de los grupos de trabajo.
— Cometidos de la Presidencia y Secretaría a efectos de formalización y aprobación de las actas y documentos, y otras cuestiones conexas.

Los acuerdos se adoptan por mayoría, disponiendo cada representante de las Administraciones públicas (Administración General del Estado y comunidades autónomas) de un voto, y de dos votos los de las organizaciones empresariales y sindicales. De ello se desprende que la CNSST es un órgano cuatripartito por su composición, pero tripartito por su funcionamiento.

3.4.3.5 Funciones

Formula propuestas a las Administraciones públicas referentes a:

— Criterios y programas generales de actuación.
— Proyectos de disposiciones de carácter general.
— Coordinación de las actuaciones desarrolladas por las Administraciones públicas en materia laboral.
— Coordinación entre las Administraciones públicas competentes en materia laboral, sanitaria y de industria.

De esta manera, la Comisión Nacional de Seguridad y Salud en el Trabajo aglutina en su seno a todos los agentes del Estado español responsables e implicados en la mejora de las condiciones de trabajo y de la calidad de vida laboral, y se configura como un instrumento privilegiado de participación en la formulación y desarrollo de la política en materia de prevención.

3.4.4 Otras instituciones

Adscrita a la Comisión Nacional de Seguridad y Salud se encuentra la *Fundación para la Seguridad y Salud Laboral.*

Está prevista en la disposición adicional quinta de la LPRL. En cumplimiento de dicha disposición, y con sometimiento también a la Ley 30/1994, del 24 de noviembre, sobre Fundaciones, tras ser mandatado por la Comisión Nacional de Seguridad y Salud en el Trabajo, en el Pleno celebrado el 25 de noviembre de 1998, se constituyó la Fundación para la Prevención de Riesgos Laborales, con fecha del 27 de abril de 1999.

Por consiguiente, la disposición adicional quinta de la Ley de Prevención de Riesgos Laborales, Ley 31/1995 del 8 de noviembre de 1995, viene a ordenar la creación de una Fundación, bajo el protectorado del entonces Ministerio de Empleo y Seguridad Social y Asuntos Sociales, con participación tanto de las Administraciones públicas como de las organizaciones más representativas de empresarios y trabajadores, cuyo fin primordial es la promoción de actividades destinadas a la mejora de las condiciones de seguridad y salud en el trabajo, especialmente en las pequeñas y medianas empresas.

En efecto, tiene como finalidad la promoción de actividades destinadas a la mejora de las condiciones de seguridad y salud laboral, especialmente en las pymes, a través de acciones de formación, información, asistencia técnica y promoción del cumplimiento de la normativa de prevención de riesgos.

La Fundación se dota de fondos económicos que provienen de un Fondo de prevención y rehabilitación procedente del exceso de excedentes de la gestión realizada por las MUTUAS, no pudiendo sobrepasar este patrimonio del 20 % del mencionado Fondo, debiendo destinarse una cuarta parte de los presupuestos a los ámbitos territoriales autonómicos.

La Ley 30/2005, del 29 de diciembre, añadió un apartado a la disposición adicional quinta de la LPRL dando la posibilidad de realizar aportaciones patrimoniales a la Fundación con cargo al Fondo de Prevención y Rehabilitación, con la periodicidad y cuantía que se determine reglamentariamente.

Existen además *fundaciones de carácter sectorial*. Estas deben coordinarse con la Fundación adscrita a la CNSST (disposición adicional quinta de la LPRL). Estas Fundaciones, constituidas por las organizaciones de empresarios y trabajadores, tendrán entre sus fines la promoción de actividades destinadas a la mejora de las condiciones de seguridad y salud en el trabajo. Podemos poner como ejemplo la *Fundación Laboral de la Construcción*.

Desde su nacimiento en 1992, la Fundación Laboral de la Construcción tiene como objetivos el fomento de la formación profesional y la mejora de la seguridad y la salud en el trabajo, así como la profesionalización y dignificación del empleo en el sector.

Está regulada actualmente en el Convenio Colectivo General del Sector de la Construcción. La habilitación de sus funciones está consagrada a través de la Ley 32/2006, reguladora de la subcontratación en la construcción. La regulación convencional contiene mecanismos novedosos de acreditación de la formación en prevención de riesgos, como la tarjeta profesional de la construcción.

3.5 La actividad normativa estatal: las normas reglamentarias

El artículo 6 de la LPRL regula las normas reglamentarias. Son disposiciones específicas, normas técnicas o jurídico-técnicas. Se enumeran, así, una serie de materias que pueden ser objeto de desarrollo reglamentario, si bien no constituye una lista cerrada. El Gobierno elabora las normas reglamentarias previa consulta a los agentes sociales.

Los reglamentos en materia laboral son ejecutivos, o de desarrollo de una Ley previa; no son autónomos ni pueden regular *ex novo* derechos y obligaciones. Solo pueden intervenir allí donde la Ley los autorice y respetando el contenido de la Ley, sin que puedan establecer condiciones contrarias a las establecidas en la misma.

Según establece el artículo 6 de la LPRL, el Gobierno, a través de las correspondientes normas reglamentarias y previa consulta a las organizaciones sindicales y empresariales más representativas, regulará las materias que a continuación se relacionan:

— Requisitos mínimos que deben reunir las condiciones de trabajo para la protección de la seguridad y la salud de los trabajadores.
— Limitaciones o prohibiciones que afectarán a las operaciones, los procesos y las exposiciones laborales a agentes que entrañen riesgos para la seguridad y la salud de los trabajadores. Específicamente podrá establecerse el sometimiento de estos procesos u operaciones a trámites de control administrativo, así como, en el caso de agentes peligrosos, la prohibición de su empleo.
— Condiciones o requisitos especiales para cualquiera de los supuestos contemplados en el apartado anterior, tales como la exigencia de un adiestramiento o formación previa o la elaboración de un plan en el que se contengan las medidas preventivas a adoptar.
— Procedimientos de evaluación de los riesgos para la salud de los trabajadores, normalización de metodologías y guías de actuación preventiva.
— Modalidades de organización, funcionamiento y control de los servicios de prevención, considerando las peculiaridades de las pequeñas empresas,

con el fin de evitar obstáculos innecesarios para su creación y desarrollo, así como capacidades y aptitudes que deban reunir los mencionados servicios y los trabajadores designados para desarrollar la acción preventiva.

— Condiciones de trabajo o medidas preventivas específicas en trabajos especialmente peligrosos, en particular si para los mismos están previstos controles médicos especiales, o cuando se presenten riesgos derivados de determinadas características o situaciones especiales de los trabajadores.

— Procedimiento de calificación de las enfermedades profesionales, así como requisitos y procedimientos para la comunicación e información a la autoridad competente de los daños derivados del trabajo.

Las normas reglamentarias indicadas en el apartado anterior se ajustarán, en todo caso, a los principios de política preventiva establecidos en la Ley mantendrán la debida coordinación con la normativa sanitaria y de seguridad industrial y serán objeto de evaluación y, en su caso, de revisión periódica, de acuerdo con la experiencia en su aplicación y el progreso de la técnica.

Esta actividad normativa de desarrollo o ejecución de la Ley es fundamental, porque las normas relacionadas con la seguridad y salud de los trabajadores no nacen con vocación de permanencia. Una de las características de estas normas es su constante mejorabilidad y la necesidad de adaptación a una realidad social en continua y rápida evolución. El Reglamento se constituye como un medio idóneo para adaptar las nuevas realidades productivas a las normas, debido a su flexibilidad, y a la mayor rapidez de su tramitación, puesto que los elabora el Ejecutivo.

El propio artículo 6, que exhorta al Gobierno la promulgación de determinadas normas reglamentarias, matiza en su apartado 2 que las disposiciones reglamentarias han de ser objeto de evaluación y, en su caso, de revisión periódica de acuerdo con la experiencia en su aplicación y la evolución de la técnica; característica ésta que, en última instancia, conecta con el principio de eficacia al que se ha hecho referencia con anterioridad.

Además, existen otros criterios que deben tenerse en cuenta en el desarrollo de las normas reglamentarias (artículo 6.2 de la LPRL):

— Se ajustarán a los principios de la política preventiva establecida en la Ley, en concreto a lo dispuesto en el artículo 15 de la LPRL.
— Mantendrán la debida coordinación con la normativa sanitaria y de seguridad industrial. Sabemos que el principio de coordinación funcional es uno de los integrantes de los objetivos de la política de prevención de riesgos laborales (artículo 5 de la LPRL).

En cuanto a las materias que deben desarrollarse reglamentariamente, ya se ha señalado que la lista que contiene el artículo 6 de la LPRL no es excluyente del desarrollo de otras posibles normas reglamentarias. Se trata, por el contrario, de un listado abierto, porque el inciso a) del artículo 6 de la LPRL utiliza una fórmula de gran amplitud: «condiciones de trabajo», cuya definición la encontramos en el apartado 7 del artículo 4 de la LPRL (cualquier característica del mismo que pueda tener influencia significativa en la generación de riesgos para la seguridad y salud del trabajador).

Dado que son multitud las normas reglamentarias complementarias de la LPRL, se va a obviar la enumeración e identificación de cada una de ellas. No obstante, podemos realizar una clasificación de las mismas:

— Normas reglamentarias relativas a los Servicios de Prevención: el RD 39/1997 RSP y el RD 604/2006, que modifica el anterior, y también modifica al RD 1627/1997, sobre construcción. También puede reseñarse la Orden del 27.6.97 sobre condiciones de acreditación de los servicios de prevención ajenos.
— Normas reglamentarias organizativas (sobre la Comisión Nacional de Seguridad y Salud o sobre el Instituto Nacional de Seguridad y Salud en el Trabajo).
— Normas reglamentarias generales de contenido técnico (disposiciones mínimas de seguridad y salud frente al riesgo eléctrico, señales de trabajo, ruido, manipulación manual de cargas, pantallas de visualización, equipos de trabajo, equipos de protección individual, vibraciones, etcétera).
— Normas reglamentarias sectoriales (disposiciones mínimas de seguridad y salud en las empresas de trabajo temporal, en obras de construcción, en actividades mineras, buques de pesca o estibadores portuarios).
— Normas reglamentarias de seguridad industrial (reglamento de seguridad minera, protección contra incendios, ascensores o grúas torre).

— Normas reglamentarias sanitarias (exposición a agentes biológicos, riesgos relacionados con agentes cancerígenos, radiaciones ionizantes, agentes químicos, amianto, cloruro de vinilo, amianto o la vigilancia de la salud).

CUESTIONARIO DE AUTOEVALUACIÓN Y APRENDIZAJE

1. ¿Cuáles son los objetivos de la política de la UE en PRL?

2. ¿Qué papel desarrolla la Agencia Europea de Seguridad y Salud en el Trabajo?

3. ¿En qué consiste el principio de igualdad en la política de prevención de riesgos laborales?

4. ¿En qué consiste el principio de eficacia en el ámbito de la política en SST?

5. ¿A través de qué instrumentos y normativas se puede alcanzar el principio de favorecimiento de las pymes?

6. ¿Qué funciones pueden desempeñar los funcionarios técnicos de las CCAA, previstos en el artículo 9 de la LPRL?

7. ¿Quiénes integran la Comisión Nacional de Seguridad y Salud en el trabajo y cuáles son sus funciones?

8. Identifica las competencias y funciones del Instituto Nacional de Seguridad y Salud en el Trabajo y del ISSLA.

9. Identifica las competencias de la Administración pública educativa en PRL y de la Administración sanitaria.

10. ¿Qué finalidad tienen las Estrategias de Seguridad y Salud en el Trabajo? ¿En qué aspectos pretende incidir la actual Estrategia Española de Seguridad y Salud en el Trabajo?

TEMA IV
OBLIGACIONES DEL EMPRESARIO EN PREVENCIÓN DE RIESGOS LABORALES

1. El deber de protección del empresario

1.1 Extensión y contenido

1.1.1 La protección eficaz. El deber general de seguridad

El artículo 14 de la LPRL establece el deber del empresario de otorgar a los trabajadores una *protección eficaz* para garantizar su seguridad y salud en todos los aspectos relacionados con el trabajo, mediante la adopción de todas las medidas que sean necesarias (Art. 14.2 de la LPRL).

Estamos ante un *deber general de seguridad.* Los trabajadores tienen derecho, así, a la citada protección en materia de seguridad y salud en el trabajo. Lo que supone el correlativo deber del empresario de protección frente a los riesgos laborales. Y esta obligación del empresario como deudor de seguridad del trabajador es prácticamente ilimitada, dado que abarca todos los aspectos relacionados con el trabajo y, para ello, debe adoptar cuantas medidas sean necesarias.

1.1.2 Exigencia de un alto nivel de diligencia

Este deber general de seguridad implica un *alto nivel de diligencia* en la protección de los trabajadores a través de la adopción de las medidas que sean necesarias, exista o no una norma específica que establezca las medidas de protección o prevención.

Así, la Sentencia del Tribunal Superior de Justicia de Cataluña, del 22 febrero 2002, establece lo siguiente: «existe incumplimiento empresarial de la normativa de prevención de riesgos laborales, pese a que no hay incumplimiento de norma reglamentaria alguna, por entender que el empresario está obligado, respecto de los equipos de trabajo, a perfeccionar al máximo los niveles de protección existentes mediante la aplicación de los avances tecnológicos, pudiéndose haber evitado el accidente si se hubieran instalado células sensoras bloqueadoras que hubieran evitado la distracción del trabajador». En el mismo sentido, la Sentencia del Tribunal Superior de Justicia de Galicia, del 18 de septiembre de 2009, establece que, «del juego de los preceptos antes descritos, se deduce, como también concluye la doctrina científica, que el deber de protección del empresario es incondicionado y, prácticamente ilimitado. Deben adoptarse las medidas de protección que sean necesarias, cualesquiera que ellas fueran. Y esta protección se dispensa aún en los supuestos de imprudencia no temeraria del trabajador. No quiere ello decir que el mero acaecimiento del accidente implique necesariamente violación de medidas de seguridad, pero sí que las vulneraciones de los mandatos reglamentarios de seguridad han de implicar en todo caso aquella consecuencia, cuando el resultado lesivo se origine a causa de dichas infracciones». No puede obviarse, sigue la sentencia, que, como se señala en la STS del 8 de octubre de 2001 (rec.4403/2000), «la vulneración de las normas de seguridad en el trabajo merece un enjuiciamiento riguroso tras la promulgación de la Ley de Prevención de Riesgos Laborales 31/1995, de 8 de noviembre».

Este nivel de diligencia se exige también respecto de prevención de los riesgos psicosociales. En este sentido, la Sentencia del TSJ de Galicia del 29 de abril de 2019 (rec. núm., 4655/2018), condena a una empresa a indemnizar a un trabajador por daños y perjuicios por falta de medidas de prevención del estrés laboral. En este caso, el trabajador, pediatra de profesión, denuncia a la dirección del centro de salud en el que trabaja, por una situación de sobrecarga laboral, pues debía atender a más de 1300 niños al año, lo cual lo lleva a sufrir dos episodios de estrés laboral y ansiedad secundaria, siendo declarado por la UPRL como apto con limitaciones para su trabajo habitual. Posteriormente, sufre un incidente que lo mantiene en situación de IT y es considerado judicialmente derivada de accidente de trabajo. Tras estos sucesos, el servicio de prevención realiza una evaluación de riesgos, pero no analiza los riesgos psicosociales, y, tras la correspondiente demanda por parte del trabajador, el TSJ de Galicia considera que la empresa no adoptó todas las medidas tendentes a paliar la sobrecarga laboral denunciada manteniendo una situación de pasividad, y condena a la empresa a indemnizar por daños y perjuicios al trabajador. La argumentación de la sentencia se basa en la falta de medidas de prevención y en el deber de protección del empresario que, según los artículos 14.2, 15.4 y 17.1 de la LPRL, debe ser incondicionado e ilimitado, de tal forma que las medidas de seguridad aun no estando previstas deben ser adoptadas en caso necesario.

1.1.3 Deber de contenido amplio y genérico

Se trata de un deber de contenido amplio y genérico, puesto que comprende la adopción de todas las medidas necesarias, estén o no contempladas expresamente en la norma específica de aplicación, como ya se ha reseñado.

1.1.4 Deber de contenido dinámico y variable

Es también un deber de contenido dinámico y variable (artículo 14.2 de la LPRL), ya que habrá de tenerse en cuenta los cambios de la técnica, las condiciones de trabajo y las circunstancias en que se ejecuta el trabajo. El empresario debe adaptar las medidas de prevención «a las modificaciones que puedan experimentar las circunstancias que incidan en la realización del trabajo».

1.1.5 Es una obligación de medios

Es cierto que es una obligación de medios, no de resultados, porque la LPRL no contempla la responsabilidad objetiva, y exige, para que se derive responsabilidad, que incurra en culpa o negligencia. Pero el empresario debe actuar con la diligencia exigible.

1.1.6 Es una obligación material

El empresario tiene el deber de vigilar a los trabajadores (culpa *in vigilando*). Tiene que velar por hacer efectivas las órdenes e instrucciones empresariales. Es una obligación material, no solo formal. No basta con acreditar que existen las medidas preventivas, o que se han propuesto, sino también que se han cumplido o, al menos, que se han adoptado los medios necesarios para su imposición efectiva (STS del 27.3.98). De manera que, si concurre una conducta imprudente por parte de los trabajadores, y dicha conducta era habitual y tolerada por la empresa, la imprudencia de los trabajadores puede calificarse como imprudencia profesional (TSJ de Madrid, núm. 961/2014).

1.1.7 Es un deber personal del empresario

Es un deber personal del empresario, no trasladable a los trabajadores o a terceros. Si bien este carácter personalísimo no impide realizar operaciones de seguro respecto de la responsabilidad civil (artículo 15.5 de la LPRL). No obstante, en relación con los recargos de prestaciones por falta de medidas de seguridad, su aseguramiento está prohibido legalmente (artículo 164 de la LGSS). Además, el que el empresario pueda concertar la gestión de la prevención a través de los Servicios de Prevención ajenos no le exonera de responsabilidad, pues tales servicios son instrumentales, de apoyo y de asesoramiento en prevención de riesgos laborales.

1.1.8 Es un coste no trasladable a los trabajadores

El coste de la protección recae en el empresario (artículo 14.5 de la LPRL), y no se puede trasladar a los trabajadores.

1.1.9 Es un deber de protección objetiva y principal

Es un deber de protección objetiva y principal. El empresario responde, aunque el trabajador haya cometido distracciones o imprudencias simples (artículo 15.4 de la LPRL).

Debe prever dichas imprudencias para la efectividad de las medidas preventivas. Además, el empresario debe tomar en consideración las capacidades profesionales de los trabajadores a la hora de asignar los trabajos y encomendarles las tareas (formación, experiencia, aptitud, capacidad, etc., todo ello de acuerdo con el artículo 15.2 de la LPRL).

1.1.10 Es un deber de protección eficaz

Es un deber de protección eficaz, lo que obliga a adoptar el mayor nivel de protección posible eliminando los riesgos y evaluando los que no se pueden evitar. Deben adoptarse las mejores opciones desde el punto de vista técnico y organizativo.

1.2 Principios moduladores del deber general de seguridad: los principios de la acción preventiva

El artículo 15 de la LPRL contiene una serie de principios que sirven al empresario de guía, de modelos de referencia, de pautas de comportamiento o actuación, modulando el deber general de seguridad. Son los principios de la acción preventiva, que ya estaban expresados en la Directiva Marco 89/391/CEE, del 12 de junio, y sirven para comprobar si se ha cumplido de forma cabal y plena la obligación de diligencia empresarial. El empresario, de este modo, debe aplicar las medidas que integran el deber general de prevención con arreglo a una serie de principios generales.

Veámoslos relacionados:

— *Evitar los riesgos:* es el fin básico y principal de cualquier evaluación de riesgos.
— *Evaluar los riesgos que no se hayan podido evitar,* incluyendo instalaciones, puestos de trabajo, sustancias, equipos, lugares de trabajo, grupos especiales de riesgo, etc. De acuerdo con el artículo 16 de la LPRL, la evaluación de riesgos debe tener en cuenta la naturaleza de la actividad, las características de los puestos de trabajo existentes y de los trabajadores que deban desempeñarlos. Igual evaluación debe hacerse con ocasión de la elección de los equipos de trabajo, de las sustancias o preparados químicos, y del acondicionamiento de los lugares de trabajo.
— *Adaptar el trabajo a la persona* —la ergonomía— en la concepción de los puestos de trabajo, en la elección de los equipos y métodos de trabajo para atenuar el trabajo monótono y repetitivo y reducir sus efectos sobre la salud.
— *Tener en cuenta la evolución de la técnica.*
— *Sustituir lo peligroso* por lo que entrañe poco o ningún peligro.
— *Planificar la prevención,* buscando un conjunto coherente que integre en ella la técnica, la organización del trabajo, las condiciones de trabajo, las relaciones sociales y la influencia de los factores ambientales en el trabajo. Serían los componentes de la denominada seguridad integrada.
— Adoptar medidas que antepongan la *protección colectiva* a la individual.
— *Combatir los riesgos en su origen.*
— Dar las debidas *instrucciones a los trabajadores.*

De estos principios de la acción preventiva, cabe destacar dos:

Primero, el apartado que exige al empresario que planifique la actividad preventiva a partir del citado *principio de la seguridad integrada,* incorporando la seguridad al conjunto de actividades de la empresa (integrando la técnica, la organización del trabajo, las condiciones de trabajo, las relaciones sociales y la influencia de los factores medioambientales), y en todos los niveles de la estructura jerárquica, e integrado en el sistema general de gestión de la empresa. Es este precisamente uno de los pilares de la reforma de la Ley de Prevención de Riesgos Laborales, operada mediante la Ley 54/2003, del 12 de diciembre, de reforma del marco normativo de la prevención de riesgos laborales, que pivota básicamente en torno al Plan de Prevención de Riesgos Laborales de la Empresa. En su Preámbulo se establece que «la necesaria integración de la prevención en el proceso productivo y en la línea jerárquica de la empresa, [...] está reflejada entre los principios generales de la acción preventiva en el párrafo g) del artículo 15.1 y como obligación asociada a la propia actividad productiva en el artículo 16.2 de la LPRL, debe ser destacada y resaltada en la Ley como aquello que permite asegurar el control de los riesgos, la eficacia de las medidas preventivas y la detección de deficiencias que dan lugar a nuevos riesgos», anunciándose ahora «como la primera obligación de la empresa y como la primera actividad de asesoramiento y apoyo que debe facilitarle un servicio de prevención, todo ello para asegurar la integración y evitar cumplimientos meramente formales y no eficientes de la normativa».

El segundo, también muy importante, es el apartado que habla de la adaptación del trabajo a la persona, que tiene tres manifestaciones muy concretas:

— A través de la ergonomía o diseño de los puestos de trabajo, de la elección de maquinaria y equipos de trabajo, etcétera.
— Adaptar también las condiciones no materiales de trabajo, es decir, los métodos de trabajo y de producción, con miras a atenuar el trabajo monótono y repetitivo, que genera distracciones e imprudencias por parte de los trabajadores y, por tanto, produce accidentes.
— Considerar la existencia de trabajadores especialmente sensibles a la hora de encomendarles una tarea, tanto si la situación es permanente como transitoria. Su manifestación se encuentra en el artículo 25 de la LPRL.

Estos principios así comentados de la acción preventiva del artículo 15 de la LPRL giran a su vez sobre tres ejes fundamentales:

— La secuencia de la acción preventiva y sus objetivos (evitar los riesgos como fin primordial, evaluar los que no puedan ser evitados, combatir los riesgos en su origen y demás descritos como principios de la acción preventiva.
— La concreción de los objetivos (ergonomía, evolución técnica, evitar lo peligroso).
— Y la metodología operativa (planificar la prevención, globalizarla en el diseño organizativo y jerárquico de la empresa a todos los niveles y en todas sus líneas jerárquicas, instruir a todo el personal productivo y directivo).

De este modo se aspira, como ya se ha dicho, a conseguir la seguridad integrada, incorporándola al conjunto de actividades de la empresa (la técnica, la organización del trabajo, las condiciones de trabajo y la influencia de los factores sociales y medioambientales).

2. Concreciones del deber de seguridad

Las concreciones de la obligación de seguridad se desarrollan en los capítulos III, IV y V de la LPRL, que tratan de los derechos y obligaciones, los servicios de prevención y la consulta y participación de los trabajadores, respectivamente. En este capítulo se estudiará lo relativo al capítulo III, en el que se analizan las manifestaciones del deber general de seguridad del artículo 14 de la LPRL.

En primer lugar, se van a analizar las principales herramientas preventivas utilizadas para diseñar la seguridad en el trabajo:

— El Plan de Prevención.
— La Evaluación de Riesgos.
— La Planificación de la actividad preventiva.

2.1 El Plan de Prevención de Riesgos Laborales

2.1.1 Concepto de Plan de Prevención

El Plan de Prevención se encuentra regulado en el artículo 16.1 de la LPRL, y recoge la obligación del empresario de integrar la prevención de riesgos en el sistema general de gestión de la empresa, en el conjunto de actividades y en todos los niveles jerárquicos, precisamente a través de la implantación y aplicación de este Plan, todo ello de acuerdo con la nueva redacción dada por la Ley 54/2003, del 12 de diciembre.

La Ley 54/2003 enfatiza la necesaria integración de la prevención en el proceso productivo. La citada integración emerge como la primera obligación empresarial en esta materia y, caso de contratar el asesoramiento de un servicio de prevención, la primera actividad de asesoramiento y apoyo que este debe proporcionarle. Se modifica el artículo 14.2 de la LPRL para referir que el empresario debe realizar la prevención mediante la integración de la actividad preventiva, que se definirá en la implantación y aplicación de un Plan de prevención de riesgos laborales.

El Plan de prevención de riesgos laborales es la herramienta a través de la cual se integra la actividad preventiva de la empresa en su sistema general de gestión y se establece su política de prevención de riesgos laborales (artículo 2 RSP).

El Plan de Prevención de Riesgos Laborales debe incluir los siguientes aspectos:

— Estructura organizativa.
— Responsabilidades.
— Funciones, prácticas, procedimientos, procesos y recursos necesarios para realizar la acción preventiva.

2.1.2 Contenido del Plan de Prevención

El Plan de prevención de riesgos laborales habrá de reflejarse en un documento que se conservará a disposición de la autoridad laboral, de las autoridades sanitarias y de los representantes de los trabajadores, e incluirá, con la amplitud adecuada a la dimensión y características de la empresa, los siguientes elementos:

— La identificación de la empresa, de su actividad productiva, el número y características de los centros de trabajo y el número de trabajadores y sus singularidades relevantes en el ámbito de la prevención de riesgos laborales.
— La estructura organizativa de la empresa, identificando las funciones y responsabilidades que asume cada uno de sus niveles jerárquicos y los respectivos cauces de comunicación entre ellos, en relación con la prevención de riesgos laborales.
— La organización de la producción en cuanto a la identificación de los distintos procesos técnicos y las prácticas y los procedimientos organizativos existentes en la empresa, en tanto que deben conectarse con la prevención de riesgos laborales.
— La organización de la prevención en la empresa, indicando la modalidad preventiva elegida y los órganos de representación existentes.
— La política, los objetivos y metas que en materia preventiva pretende alcanzar la empresa, así como los recursos humanos, técnicos, materiales y económicos de los que va a disponer al efecto.

2.1.3 Instrumentos para la gestión y aplicación del Plan de Prevención

Los instrumentos esenciales para la gestión y aplicación del plan de prevención de riesgos laborales, que podrá llevarse a cabo de forma programada, son:

— La evaluación de riesgos.
— La planificación de la actividad preventiva.

Recordemos que ambos instrumentos están regulados en el artículo 16 de la LPRL, modificado por la Ley 54/2003.

2.1.4 Aprobación del Plan de Prevención

El artículo 2 del Reglamento de los Servicios de Prevención (Real Decreto 39/1997, de 17 de enero), modificado por el Real Decreto 604/2006, del 19 de mayo, desarrolla reglamentariamente el Plan de Prevención de Riesgos Laborales, y así nos dice que el Plan de prevención de riesgos laborales debe ser aprobado por la dirección de la empresa, asumido por toda su estructura organizativa, en particular por todos sus niveles jerárquicos y conocido por todos sus trabajadores.

2.2 La evaluación de riesgos

Está regulada en el artículo 16 de la LPRL y en los artículos 3 a 7 del RD 39/1997, del 17 de enero, por el que se regula el Reglamento de los Servicios de Prevención (RSP). Recordemos que la evaluación de riesgos es uno de los instrumentos esenciales del Plan de Prevención.

2.2.1 ¿En qué consiste la evaluación de riesgos?

La evaluación de riesgos, según la Directiva Marco, es el proceso de valoración del riesgo que entraña para la seguridad y salud de los trabajadores la posibilidad de que se verifique un determinado peligro en el lugar de trabajo.

A través de la evaluación se analizan los potenciales riesgos que no han podido evitarse, y se determina la magnitud de los mismos (trivial, tolerable, moderado, importante o intolerable).

Por su parte, el artículo 4.5 de la LPRL define el riesgo potencial como el que, en ausencia de medidas preventivas específicas, origina riesgos para los trabajadores.

Es, por tanto, siguiendo lo regulado en el artículo 3 del RSP, el proceso dirigido a estimar la magnitud de aquellos riesgos que no hayan podido evitarse, obteniendo información necesaria para la adopción por el empresario de medidas preventivas.

A partir de la información obtenida se determinan las medidas de prevención a aplicar y, en su caso, si hay que realizar controles periódicos (artículo 3 del RSP).

Deberá tenerse en cuenta, también, la información recibida por parte de los trabajadores sobre la determinación de los elementos peligrosos y los trabajadores expuestos (artículo 5.1 del RSP).

Según el artículo 4 del RSP, la evaluación debe hacerse de cada puesto de trabajo, teniendo en cuenta todas las condiciones de trabajo, existentes o previstas (en la definición que realiza el artículo. 4.7 de la LPRL), y la necesidad de evaluar los riesgos en función de las condiciones personales de los trabajadores, como, por ejemplo, los trabajadores especialmente sensibles a determinados riesgos, por sus características personales o estado biológico conocido.

2.2.2 ¿Quiénes pueden llevarla a cabo?

Deberá llevarse a cabo por personal especializado y competente, de acuerdo con la clasificación del capítulo VI del RSP que establece los niveles básico, intermedio y superior (artículo 4.3 del RSP).

Ahora bien, en la elaboración de las estrategias, en los procedimientos de evaluación, deben colaborar todos a través del mecanismo de la consulta y participación de los trabajadores o sus representantes (artículo 3.2 del RSP).

Incluye la información que puede dar el trabajador (artículo 5.1 del RSP) sobre la organización, características y complejidad del trabajo, sobre las materias primas y los equipos de trabajo, y sobre el estado de salud de los trabajadores.

2.2.3 ¿A través de qué procedimiento?

Hay una dificultad clara de articular un solo procedimiento, dada la heterogeneidad y variedad compleja de la actividad laboral.

El artículo 5 RSP determina los procedimientos a elegir. Deberemos partir de la información obtenida sobre:

— La organización, características y complejidad del trabajo.
— Las materias primas y los equipos de trabajo existentes en la empresa.
— Y sobre el estado de salud de los trabajadores.

Se debe proceder a la determinación de los elementos peligrosos y a la identificación de los trabajadores expuestos a los mismos, valorando a continuación el riesgo existente en función de criterios objetivos de valoración, según los conocimientos técnicos existentes, o consensuados con los trabajadores, de manera que se pueda llegar a una conclusión sobre la necesidad de evitar o de controlar y reducir el riesgo.

Deberá también tenerse en cuenta la información recibida de los trabajadores sobre los aspectos señalados.

En todo caso, el procedimiento de evaluación utilizado debe proporcionar confianza sobre su resultado. En caso de duda, deberán adoptarse las medidas preventivas más favorables, desde el punto de vista de la prevención.

La evaluación incluirá la realización de las mediciones, análisis o ensayos que se consideren necesarios, salvo que se trate de operaciones, actividades o procesos en los que la directa apreciación profesional acreditada permita llegar a una conclusión sin necesidad de recurrir a aquellos. En cualquier caso, si existiera normativa específica de aplicación, el procedimiento de evaluación deberá ajustarse a las condiciones concretas establecidas en la misma, refiriéndonos, por tanto, a las normas jurídico-técnicas.

En conclusión:

— Partiremos de la directa apreciación del técnico de prevención, si fueran evidentes las conclusiones, o bien como una primera aproximación, a resultas de posteriores análisis o mediciones.
— Cuando haya que realizar análisis y ensayos, habrá de tenerse en cuenta los procedimientos y metodologías de las normas específicas (las denominadas normas jurídico-técnicas). Así el RD 286/2006, sobre el ruido, o bien el RD 836/2003, que aprueba la Instrucción Técnica Complementaria sobre grúas torre, que recoge en esa normativa especial, de carácter jurídico-técnico, el procedimiento para la realización de las evaluaciones de riesgos de las materias que regula (el ruido, o la instalación y montaje de una grúa torre en una obra de construcción).
— En ausencia de norma específica, cuando la evaluación exija la realización de mediciones, análisis o ensayos y la normativa no indique o concrete los métodos que deben emplearse, o cuando los criterios de evaluación contemplados en dicha normativa deban ser interpretados o precisados a la luz de otros criterios de carácter técnico, se podrán utilizar, si existen, los métodos o criterios recogidos en:

- Normas UNE.
- Guías del Instituto Nacional de Seguridad y Salud en el Trabajo, del Instituto Nacional de Silicosis y protocolos y guías del Ministerio de Sanidad, así como de instituciones competentes de las comunidades autónomas.
- Normas internacionales.
- En ausencia de los anteriores, guías de otras entidades de reconocido prestigio en la materia u otros métodos o criterios profesionales descritos documentalmente que proporcionen un nivel de confianza equivalente.

2.2.4 Tipos de evaluación: inicial y sucesiva

Inicial: deben evaluarse con carácter previo al inicio de la actividad empresarial los riesgos que no hayan podido evitarse. La evaluación inicial debe tener en cuenta la naturaleza de la actividad, las características de los puestos de trabajo existentes, y de los trabajadores que deban desempeñarlos. Igual evaluación debe hacerse con ocasión de la elección de los equipos de trabajo, de las sustancias y preparados químicos y del acondicionamiento de los lugares de trabajo. También se tendrá en cuenta la normativa sobre riesgos específicos y actividades de especial peligrosidad.

Con dos especialidades, que debemos considerar: una, en caso de maternidad habrá que identificar los puestos exentos de peligro y, dos, en el caso de trabajadores menores (artículo 16 a) de la LPRL y artículo 4 del RSP).

Sucesiva: cuando cambien las condiciones de trabajo, elección de equipos, sustancias, nuevas tecnologías o adscripción de trabajadores especialmente sensibles, etc. (véanse artículo 4.2 del RSP y artículo 16.2. a) de la LPRL: «la evaluación será actualizada cuando cambien las condiciones de trabajo»)

En concreto, el artículo 4.2 del RSP establece que, a partir de dicha evaluación inicial, deberán volver a evaluarse los puestos de trabajo que puedan verse afectados por:

— La elección de equipos de trabajo, sustancias o preparados químicos, la introducción de nuevas tecnologías o la modificación en el acondicionamiento de los lugares de trabajo.
— El cambio en las condiciones de trabajo.

— La incorporación de un trabajador cuyas características personales o estado biológico conocido lo hagan especialmente sensible a las condiciones del puesto.

2.2.5 Revisión de la evaluación (artículo 6 del RSP)

— La evaluación deberá revisarse cuando así lo establezca una norma específica.
— También cuando se hayan detectado daños a la salud, o cuando a través de controles periódicos se haya apreciado que las actividades de prevención pueden ser inadecuadas o insuficientes (véanse artículo 6.1, a, b y c) del RSP y 16.2. b), párrafo 3 de la LPRL). «En todo caso, se deberá revisar la evaluación correspondiente a aquellos puestos de trabajo afectados cuando se hayan detectado daños a la salud de los trabajadores o se haya apreciado a través de los controles periódicos, incluidos los relativos a la vigilancia de la salud, que las actividades de prevención pueden ser inadecuadas o insuficientes» (artículo 6 del RSP).
— Del mismo modo, la evaluación será objeto de revisión periódica, de acuerdo entre empresarios y trabajadores, teniendo en cuenta el deterioro, por el transcurso del tiempo, de los elementos del proceso productivo.
— Por último, el artículo 22 bis, RD 604/2006, del 19 de mayo, de reforma del RSP, introduce nuevos supuestos de revisión de la evaluación de riesgos en relación con los recursos preventivos (desarrollando en este sentido el artículo 32 bis, de la LPRL, modificada mediante Ley 54/2003). Y así, cuando la vigilancia de los recursos preventivos ponga de manifiesto ausencia, deficiencia o inadecuación de las medidas preventivas, deberá procederse a revisar la evaluación de riesgos y la planificación de la actividad preventiva.
— Asimismo, cuando la Inspección detecte riesgos que requieran la presencia de recursos preventivos, y no estén contempladas las situaciones de riesgos y medidas preventivas de forma suficiente en la evaluación de riesgos, ni en la planificación se prevea la presencia de los recursos preventivos.

Debemos concluir constatando que la evaluación de riesgos es una actividad esencialmente dinámica y cambiante.

2.3 Planificación de la acción preventiva

Cuando el resultado de la evaluación ponga de manifiesto situaciones de riesgo, el empresario debe planificar la actividad preventiva que proceda con objeto de eliminar o controlar y reducir dichos riesgos, conforme a un orden de prioridades en función de su magnitud y número de trabajadores expuestos a los mismos.

En la planificación de esta actividad preventiva se tendrá en cuenta la existencia, en su caso, de disposiciones legales relativas a riesgos específicos, así como los principios de acción preventiva señalados en el artículo 15 de la LPRL.

La planificación está recogida en los artículos 8 y 9 del RSP. Significa determinar los medios materiales y humanos y también los recursos económicos necesarios para llevar a cabo la actividad preventiva. Además, implica determinar cómo y de qué manera va a cumplir el empresario las obligaciones específicas que le impone la LPRL como el establecimiento de medidas de emergencia, vigilancia de la salud, formación e información y la coordinación de todos estos aspectos (artículos 9.1 y 2 del RSP).

Se trata de planificar conforme a un orden de prioridades (artículo 9.3 del RSP), que se establecerá en función de la magnitud de los riesgos y del número de trabajadores afectados (artículo 8 del RSP).

Se debe planificar para un período determinado. Si la planificación tiene duración superior a un año, hay que establecer un programa anual de actividades, indicando fases y prioridades de actuación (artículo 9.3 del RSP).

La planificación incluirá, en resumen, el plazo, la designación de responsables, los medios materiales y humanos y la asignación de recursos económicos, incluyéndose los servicios de emergencia, la vigilancia de la salud y la formación e información (véase artículo 16, b) de la LPRL).

2.4 Medidas de protección

2.4.1 Equipos de trabajo

Los equipos de trabajo están definidos en el artículo 4.6 de la LPRL como «cualquier máquina, aparato, instrumento o instalación utilizada en el trabajo».

Su regulación la encontramos en el artículo 17 de la LPRL y en el RD 1215/1997, del 18 de julio, sobre disposiciones mínimas de seguridad y salud para la utilización de los equipos de trabajo.

El artículo 17 de la LPRL establece que el empresario adoptará las medidas necesarias con el fin de que los equipos de trabajo sean adecuados para el trabajo que deba realizarse y convenientemente adaptados a tal efecto, de forma que garanticen la seguridad y la salud de los trabajadores al utilizarlos.

Cuando la utilización de un equipo de trabajo pueda presentar un riesgo específico para la seguridad y la salud de los trabajadores, el empresario adoptará las medidas necesarias con el fin de que:

— La utilización del equipo de trabajo quede reservada a los encargados de dicha utilización.
— Los trabajos de reparación, transformación, mantenimiento o conservación sean realizados por los trabajadores específicamente capacitados para ello.

Por tanto, se establecen obligaciones empresariales respecto de:

— La elección de los equipos (teniendo en cuenta los principios ergonómicos y las adaptaciones que se precisen para las personas trabajadoras con discapacidad o especialmente sensibles, en general).
— Su utilización (queda reservada a los encargados si el equipo presenta riesgo específico).
— Su mantenimiento (debe seguir las instrucciones del fabricante y reservar las operaciones de reparación a los trabajadores capacitados para ello).
— La comprobación (inicial y posterior, después de cada montaje).
— La información y formación a todas las personas trabajadoras respecto de su utilización y las medidas de protección (siguiendo, asimismo, las instrucciones del fabricante).

2.4.2 Equipos de protección individual

Se encuentran definidos en el artículo 4.8 de la LPRL, como «cualquier equipo destinado a ser llevado o sujetado por el trabajador para que lo proteja de uno o varios riesgos que puedan amenazar su seguridad o salud, así como cualquier complemento o accesorio destinado a tal fin».

Su regulación se encuentra en el artículo 17 de la LPRL, y en el RD 773/1997, del 30 de mayo, sobre disposiciones mínimas de seguridad y salud laboral de equipos de protección individual (EPIS).

El artículo 17 de la LPRL establece que el empresario deberá proporcionar a sus trabajadores equipos de protección individual adecuados para el desempeño de sus funciones y velar por el uso efectivo de los mismos cuando, por la naturaleza de los trabajos realizados, sean necesarios.

Los equipos de protección individual deberán utilizarse cuando los riesgos no se puedan evitar o no puedan limitarse suficientemente por medios técnicos de protección colectiva o mediante medidas, métodos o procedimientos de organización del trabajo.

El RD 773/1997, por su parte, desarrolla reglamentariamente este precepto, y contiene en sus anexos una lista exhaustiva de equipos de protección individual.

Las obligaciones empresariales en esta materia abarcan las de:

— Su correcta elección (teniendo en cuenta el principio ergonómico).
— Una adecuada utilización y mantenimiento (siguiendo las instrucciones del fabricante).
— Obligaciones de formación e información a los trabajadores.
— El empresario tiene que asegurarse el uso efectivo de los equipos por parte de los trabajadores, consecuencia de su deber *in vigilando* (artículo 17. 2 de la LPRL).

La mera entrega de los EPI no exime al empresario de sus obligaciones, sino que debe asegurarse de su uso efectivo, e impartir las debidas instrucciones. En caso de desobediencia, puede hacer uso del poder disciplinario. En este sentido, la STSJ de Castilla/León del 29 octubre 2002, que considera que, si es necesario, puede impedir la actividad laboral de los trabajadores renuentes al cumplimiento de la obligación de utilizar los EPIS. La aceptación de la negativa del trabajador a utilizar los EPIS, constituiría un incumplimiento empresarial.

Ahora bien, utilizar los EPI facilitados por el empresario correctamente, de acuerdo con las instrucciones recibidas por este, es también una obligación del trabajador (artículo 29 de la LPRL). El incumplimiento de este deber por parte del trabajador puede llegar a ser una falta disciplinaria, susceptible de ser sancionada laboralmente, de acuerdo con la graduación de faltas y sanciones que establezcan las disposiciones legales o los convenios colectivos.

En este sentido, la Sentencia del Tribunal Superior de Justicia de Madrid del 1 de julio de 2019 (Recurso de Suplicación n.º 190/2019) declara justificado el despido disciplinario de un trabajador por indisciplina o desobediencia en el trabajo por su negativa reiterada de la obligación de utilizar el equipo de protección individual, concretamente los cascos de protección auditivos. La empresa había cumplido con sus obligaciones en materia de prevención de riesgos laborales respecto a la utilización de los EPI, pero no el trabajador, que tras varios requerimientos y amonestaciones al respecto incumplió las obligaciones establecidas en la LPRL. La Sentencia considera ajustada a derecho la extinción contractual por tratarse de una conducta reiterada y grave.

Los EPI, como protecciones individuales que son, solo deben utilizarse en defecto o como complemento de medidas colectivas u organizativas, que priman siempre sobre las primeras, como se expone en uno de los principios de la acción preventiva del artículo 15 de la LPRL.

2.5 Obligaciones de información, formación y de establecimiento de medidas de emergencia

2.5.1 El deber de información

Se encuentra regulado en el artículo 18 de la LPRL. La información forma parte del derecho de los trabajadores a una protección eficaz (artículo 14 de la LPRL).

La información tiene varios objetivos: por un lado, está dirigido a asegurar la participación y la consulta de los trabajadores y, por otro, y, fundamentalmente, tiene por objetivo que el trabajador conozca de primera mano los riesgos derivados de su puesto de trabajo.

Se debe informar sobre los riesgos, las medidas preventivas y las medidas de emergencia, de la empresa en su conjunto y de cada puesto de trabajo.

La información deberá canalizarse a través de los representantes de los trabajadores o directamente a los trabajadores. Se facilitará directamente a estos en dos supuestos: cuando se trate de riesgos específicos de cada puesto de trabajo y, en todo caso, cuando no existan representantes de los trabajadores.

La información facilitada a los trabajadores deberá recabarse de los fabricantes, suministradores e importadores, en relación con los productos y equipos de trabajo adquiridos, de acuerdo con el artículo 41 de la LPRL y transmitirse a los trabajadores de forma comprensible.

La STSJ Aragón, del 7 marzo de 2002, ha negado que la veteranía en la empresa de los trabajadores exima al empresario de la obligación de prestar la formación e información sobre los riesgos a los que estén expuestos.

2.5.1.1 Objeto de la información

Debemos recordar que, de acuerdo con el artículo 18 de la LPRL, a fin de dar cumplimiento al deber de protección establecido en el artículo 14, el empresario adoptará las medidas adecuadas para que los trabajadores reciban todas las informaciones necesarias en relación con:
— Los riesgos para la seguridad y la salud de los trabajadores en el trabajo, tanto aquellos que afecten a la empresa en su conjunto como a cada tipo de puesto de trabajo o función.
— Las medidas y actividades de protección y prevención aplicables a los riesgos señalados en el apartado anterior.
— Las medidas adoptadas de conformidad con lo dispuesto en el artículo 20 de la presente Ley (medidas de emergencia).

2.5.1.2 ¿A quién va dirigida la información?

En las empresas que cuenten con representantes de los trabajadores, la información a que se refiere el presente apartado se facilitará por el empresario a los trabajadores a través de dichos representantes.

No obstante, deberá informarse directamente a cada trabajador de los riesgos específicos que afecten a su puesto de trabajo o función y de las medidas de protección y prevención aplicables a dichos riesgos.

2.5.2 El deber de formación

En el artículo 19 de la LPRL, se contempla el deber de formación respecto de todos los trabajadores.

La formación debe ser tanto teórica como práctica. Debe ser suficiente y necesaria, con lo que su determinación a veces queda reservada a la negociación colectiva. De acuerdo con la SAN del 30 de septiembre de 2013, el Convenio Colectivo puede regular de forma más restrictiva el acceso a las entidades que imparten formación homologada en materia de prevención de riesgos laborales, siempre que se mejoren las condiciones laborales de los trabajadores.

La formación debe impartirse tanto en el momento de la contratación como cuando se produzcan cambios en las funciones, o bien cuando se introduzcan nuevas tecnologías o cambios en los equipos de trabajo.

Debe impartirse cualquiera que sea la duración o modalidad del contrato de trabajo o de la prestación laboral. De hecho, se requiere una formación específica o individualizada en el caso de trabajadores temporales, de duración determinada o de ETT (artículo 28 de la LPRL), con anterioridad al inicio de la contratación. También, en el caso de los trabajadores menores, el artículo 27 exige una formación específica relativa a su minoría de edad, como consecuencia de su inexperiencia laboral y, en su caso, de su estado de inmadurez biológica y psíquica.

La formación debe estar centrada específicamente en el puesto de trabajo o función del trabajador. No puede ser solo una formación genérica, alejada del foco de lo que es su prestación laboral. Debe repetirse periódicamente, pues debe adaptarse a la evolución de los riesgos en el centro de trabajo, y a la aparición de otros nuevos, y repetirse periódicamente, si fuera necesario.

Debe impartirse dentro de la jornada de trabajo, siempre que sea posible, o con descuento del tiempo invertido. El coste debe ser siempre a cargo del empresario, sin que sea lícito su repercusión al trabajador. De conformidad con la STS del 11 de diciembre de 2017, el empresario deberá retribuir el tiempo destinado a la formación como horas ordinarias de trabajo (aunque se realicen fuera del horario habitual) y compensar todos los gastos que haya podido ocasionar al trabajador como consecuencia de la misma.

Más polémica, la Sentencia de la Audiencia Nacional del 23 de marzo de 2022 (Rec. 2/2022) considera no bonificable por las empresas, con cargo al crédito asignado a la formación profesional para el empleo, los cursos de formación en prevención de riesgos laborales, al considerarse que la prevención de riesgos es una materia sobre la cual la Ley establece la obligación de impartir formación.

La duración dependerá de los riesgos y las funciones del trabajador. Debemos remitirnos de nuevo a los convenios colectivos de ámbito estatal, que pueden precisar y mejorar, vía negociación colectiva, lo dispuesto en la DE LA DE LA de la LPRL. Por ejemplo, la Ley de la Subcontratación de la Construcción (Ley 32/2006) ha habilitado a la negociación colectiva de ámbito estatal para diseñar la formación de los puestos de trabajo del sector de la construcción, y sus contenidos y módulos horarios. El Convenio General de la Construcción ha procedido a dar cumplimiento a esta encomienda legal, determinando los programas y duración de las acciones formativas en prevención de riesgos laborales, atendiendo a su categoría o función. No obstante, parece que la formación establecida en este convenio colectivo no debe ser sustitutiva, sino complementaria de la prevista en el artículo 19 de la LPRL (Resolución del 13 de mayo de 2013 de la Dirección General de Empleo).

Es una obligación o carga empresarial, cuyo incumplimiento es una infracción administrativa, grave o muy grave (véanse artículos 12.8 y 13.4 de la LISOS).

Es también, correlativamente, una obligación del trabajador, articulándose, por tanto, como un derecho-deber.

La formación se podrá impartir por la empresa mediante medios propios (trabajadores designados o trabajadores de los SSP) o concertándola con servicios ajenos, que posean los medios materiales y humanos adecuados para la impartición de las acciones formativas. También podrán impartirla los técnicos de los SP Mancomunados para los trabajadores de plantilla de las empresas participantes. De momento, la formación no podrá impartirse por técnicos en PRL que actúen por su cuenta (como autónomo o *freelance*), o dependientes de una empresa dedicada a la formación. Tampoco podrán impartir formación los empresarios o técnicos de prevención que cuenten solo con la formación de nivel básico, dado que el artículo 35 del RSP no reconoce esta competencia a los mismos.

2.5.3 Establecimiento de medidas de emergencia

Esta obligación viene regulada en el artículo 20 de la LPRL. El empresario debe tener en cuenta el tamaño y la actividad de la empresa, así como la posible presencia de personas ajenas a la misma y, con estos parámetros, analizar el diseño y el establecimiento de tres clases de medidas:
— Los primeros auxilios.
— La lucha contra incendios.
— La evacuación de trabajadores.

Tales medidas deberán ser revisadas periódicamente, comprobando su correcto funcionamiento.

El empresario deberá designar al personal encargado de poner en práctica tales medidas. Los citados trabajadores, así designados, deben contar con la formación necesaria, ser suficientes en número y disponer del material adecuado. La asignación de funciones de responsabilidad en PRL por parte del empresario parece que debe ser aceptada por los trabajadores, aunque debería arbitrarse un complemento salarial específico (en esta línea se ha manifestado la Dirección General de la Inspección de Trabajo en sus criterios técnicos como la núm. 83/2010, en relación con el nombramiento de recursos preventivos).

Las medidas de emergencia deben consultarse con la representación de los trabajadores (artículo 33 de la LPRL).

Para la aplicación de las medidas adoptadas, el empresario debe organizar las relaciones con servicios externos a la empresa, en particular en materia de primeros auxilios, asistencia médica de urgencia, salvamento y lucha contra incendios, para garantizar la rapidez y eficacia de tales medidas.

2.6 Actuaciones en situaciones de riesgo grave e inminente

El artículo 21 de la LPRL, que regula las actuaciones en caso de riesgo grave e inminente, recoge la obligación empresarial como tal y, consiguientemente, también recoge los derechos y garantías de los trabajadores y sus representantes.

Como ya se ha visto, el artículo 4.4 de la LPRL contiene una definición de riesgo grave e inminente.

La presencia de este artículo se justifica por la importancia de los bienes jurídicos protegidos: el derecho a la vida y a la integridad física y moral (artículo 15 de la CE).

2.6.1 Obligaciones del empresario

Cuando los trabajadores puedan estar expuestos a un riesgo grave e inminente, el empresario deberá:

— Informar lo antes posible a todos los trabajadores afectados acerca de la existencia del riesgo y de las medidas adoptadas, o las que, en su caso, deban adoptarse en materia de protección. Es decir, las medidas preventivas deberían estar ya planificadas, o previstas en la evaluación de riesgos.
— Adoptar medidas como la de ordenar la interrupción del trabajo o dar las instrucciones necesarias para que, en caso de riesgo grave, inminente e inevitable, los trabajadores puedan interrumpir su actividad y, si fuera necesario, abandonar de inmediato el centro de trabajo; no pudiéndose reanudar el trabajo hasta que no cese el peligro, salvo excepciones debidamente justificadas por razones de seguridad y determinadas reglamentariamente.
— Disponer lo necesario para que el trabajador que no pudiera ponerse en contacto con su superior jerárquico (obligación del trabajador recogida en el artículo 29.2.4 de la LPRL), ante una situación de riesgo grave e inminente para su seguridad, la de otros trabajadores o la de terceros, esté en condiciones, habida cuenta de sus conocimientos y de los medios técnicos puestos a su disposición, de adoptar las medidas necesarias para evitar las consecuencias de dicho peligro.

2.6.2 Derechos del trabajador individual (*Ius Resistentiae*)

De acuerdo con el artículo 21.2 de la LPRL el trabajador individualmente considerado puede interrumpir y abandonar su puesto de trabajo, si a criterio de su apreciación subjetiva entraña riesgo grave e inminente para su vida o salud, y teniendo en cuenta las posibilidades que se desprenden de la situación, su formación y las instrucciones del empresario.

La paralización de la actividad, a resultas del artículo 14.1 de la LPRL, forma parte del derecho de los trabajadores a una protección eficaz en materia de seguridad y salud laboral.

Es el derecho a la autotutela del trabajador, que puede ser de *motu propio,* es decir, siguiendo su propia iniciativa, o como reacción ante el incumplimiento empresarial de adoptar las medidas que requieren la situación (trabajos en altura en ausencia de protecciones individuales o colectivas, riesgo de electrocución por deficiencias en la instalación, desprendimientos de tierra, operaciones peligrosas con maquinaria desprotegida, etcétera).

El trabajador no podrá ser sancionado, salvo que el empresario demuestre que hubo negligencia grave o mala fe (interrumpir el trabajo como medida de presión o desobediencia, a sabiendas de que no existe el riesgo). El trabajador conservará su derecho al salario.

2.6.3 Derechos de los representantes de los trabajadores

Si el empresario no adopta o no permite la adopción de medidas necesarias para garantizar la seguridad y salud de los trabajadores, en el supuesto reseñado de riesgo grave e inminente, se reconoce el derecho de los representantes legales de los trabajadores (Delegados de Personal o Comité de Empresa) de acordar por mayoría la paralización de la actividad de los trabajadores afectados por dicho riesgo; acuerdo que remitirán de forma inmediata a la empresa y a la autoridad laboral, debiendo esta última anular o ratificar el acuerdo en el plazo de 24 horas (artículo 21.3 de la LPRL).

Este supuesto es distinto del que se contempla para el trabajador individual, en principio aislado, que no puede ponerse en contacto con el superior jerárquico. Los representantes de los trabajadores actúan en supuestos colectivos.

Si no fuera posible reunir con la urgencia requerida al órgano de representación del personal, pueden adoptar el acuerdo los delegados de prevención por decisión mayoritaria.

2.6.4 Garantías de los trabajadores y sus representantes

A menos que hubieran actuado de mala fe, prima la inviolabilidad del trabajador y de los representantes de los trabajadores, frente a posibles represalias o sanciones empresariales. No podrán sufrir perjuicio alguno derivado de la adopción de las medidas de paralización de la actividad.

El empresario debe probar, en todo caso, la mala fe o la comisión de negligencia grave por parte de aquellos, correspondiéndole la carga de la prueba.

El trabajador no podrá ser sancionado ni despedido y tendrá derecho a cobrar el salario. Si se intentara el despido frente a estas actuaciones formales del trabajador o sus representantes, y no se acredita la mala fe o la negligencia grave, primaría la garantía de indemnidad del demandado y el despido sería presumiblemente nulo.

2.6.5 Paralización de la actividad productiva por la autoridad laboral

De acuerdo con el artículo 44 de la LPRL, cuando la Inspección de Trabajo y Seguridad Social compruebe la inobservancia de la normativa sobre prevención de riesgos laborales, que implique un riesgo grave e inminente para la seguridad y salud de los trabajadores, podrá ordenar la paralización inmediata de dichos trabajos o tareas. Tal decisión deberá comunicarse a la empresa responsable, que la pondrá en conocimiento inmediato de los trabajadores afectados, del Comité de Seguridad y Salud, del delegado de prevención, o, en su ausencia, de los representantes de los trabajadores.

La empresa dará cuenta a la Inspección de Trabajo del cumplimiento de esa notificación.

La Inspección de Trabajo dará traslado de su decisión de forma inmediata a la autoridad laboral.

La empresa, sin perjuicio de la ejecutividad de su cumplimiento, podrá impugnar la decisión ante la autoridad laboral en el plazo de 3 días hábiles, debiéndose resolver la impugnación en el plazo máximo de 24 horas. Tal resolución es ejecutiva, sin perjuicio de los recursos que procedan.

La paralización de los trabajos se levantará por la Inspección de Trabajo que la hubiera decretado, o por el empresario tan pronto se subsanen las causas que la motivaron, debiendo comunicarlo en este último caso de forma inmediata a la Inspección de Trabajo.

La paralización se entiende sin perjuicio del pago del salario o de las indemnizaciones que procedan, y de las medidas que puedan arbitrarse para su garantía.

Por su parte, el artículo 53 de la LPRL prevé un supuesto de cierre o suspensión del centro de trabajo por parte del Gobierno o, en su caso, de los órganos de gobierno de las comunidades autónomas con competencia en la materia, cuando concurran circunstancias de especial gravedad en las infracciones en materia de seguridad y salud. Podrán acordar la suspensión por un tiempo determinado, o el cierre del centro de trabajo, sin perjuicio también del pago del salario y de las indemnizaciones que procedan y de las medidas que puedan arbitrarse para su garantía.

2.7 Obligaciones de documentación

Están contempladas en los artículos 23 de la LPRL y 7 del RSP. El empresario debe elaborar y conservar a disposición de la Administración laboral (artículos 7, 9 y 10 de la LPRL), de las autoridades sanitarias y de los delegados de prevención (artículo 36.2 de la LPRL), la documentación relativa a:

— El Plan de prevención de riesgos laborales.
— La Evaluación de riesgos.
— Los controles periódicos de las condiciones de trabajo.
— La planificación de la actividad preventiva.
— Las medidas de prevención y protección y el material de protección a utilizar.
— Prácticas de los controles del estado de salud de los trabajadores, y conclusiones de los mismos.
— Relación de accidentes de trabajo y enfermedades profesionales con incapacidad temporal superior a un día de trabajo, con obligación, además, de realizar la notificación de los mismos a la autoridad laboral, conforme a los partes aprobados reglamentariamente.

Además, en el momento de cesación de la actividad, la empresa deberá remitir a la autoridad laboral copia de la documentación reseñada.

También la documentación anterior se tendrá a disposición de la autoridad sanitaria, a los efectos de dar cumplimiento al artículo 33 de la Ley 33/2001, General de Salud Pública, y al artículo 10 de la LPRL (actuaciones de las autoridades competentes en materia sanitaria).

Refiriéndonos de manera específica a la regulación del artículo 7 del RSP, tal documentación, en lo concerniente a la evaluación de riesgos y planificación de la acción preventiva, debe reflejarse, para cada puesto de trabajo cuya evaluación ponga de manifiesto la necesidad de adoptar medidas preventivas:

— Con identificación de cada puesto de trabajo.
— Los riesgos existentes y los trabajadores afectados.
— Los resultados de la evaluación y medidas preventivas.
— Los criterios y procedimientos de evaluación y métodos de medición, análisis o ensayos utilizados.

2.8 La vigilancia de la salud

Se encuentra regulada en el artículo 22 de la LPRL. Varios son los aspectos que deben analizarse en este apartado: la voluntariedad y excepcionalidad de la vigilancia de la salud, los instrumentos de vigilancia y los órganos competentes y los derechos de las personas que actúan como límites infranqueables, lo que entronca con el derecho a la protección de datos de carácter personal.

2.8.1 Características generales: voluntariedad y excepcionalidad

El empresario debe garantizar a los trabajadores a su servicio la vigilancia periódica de su estado de salud, en función de los riesgos inherentes al trabajo.

La vigilancia de la salud es obligatoria para el empresario, pero es voluntaria para el trabajador, que debe prestar su consentimiento, no solo a una evaluación genérica (al hecho mismo de pasar un reconocimiento médico), sino al conocimiento previo del contenido y alcance de las pruebas. Por tanto, el consentimiento no debe prestarse para una evaluación de la salud de tipo genérico (STS del 7 de marzo de 2018).

No obstante, existen excepciones importantes a la voluntariedad referenciada, dado que el derecho a la vida y a la salud tiene un contenido prevalente sobre el de la libertad individual a efectuar reconocimientos sanitarios de índole laboral. Así, se exceptúa del consentimiento que debe prestar el trabajador, previo informe de los representantes de los trabajadores:

— Cuando venga establecida por una disposición legal para la protección frente a riesgos específicos y actividades de especial peligrosidad. Por ejemplo, para la enfermedad profesional, en el artículo 243 de la LGSS («todas las empresas que hayan de cubrir puestos de trabajo con riesgo de enfermedades profesionales están obligadas a practicar reconocimientos médicos previos…»), y en el artículo 36.4 de la LET (trabajos nocturnos). Otro ejemplo podría ser el de los trabajadores expuestos al amianto (RD 396/2006).
— Como método imprescindible para evaluar los efectos de las condiciones de trabajo sobre la salud de los trabajadores.
— Para verificar si el estado de salud del trabajador pueda constituir un peligro para él mismo, para los demás trabajadores o para otras personas relacionadas con la empresa; supuesto este que entronca con el principio

de la acción preventiva del artículo 15 de la LPRL, en su plasmación del artículo 25 de la LPRL, que versa sobre la protección de trabajadores especialmente sensibles. Por ejemplo, cuando el trabajador pueda ponerse en peligro él mismo, otros trabajadores o terceras personas que puedan concurrir en el centro de trabajo o bien trabajadores que no respondan a las exigencias psicofísicas en sus puestos de trabajo (problemas de ansiedad, alcoholismo, etcétera).

En los tres supuestos es preciso el informe de los representantes de los trabajadores para que puedan realizarse dichas pruebas, respetándose, en cualquier caso, los supuestos previstos en la Ley.

Hay que hacer notar que la jurisprudencia del TS, en sus últimas resoluciones, confirma su querencia por la obligatoriedad de los exámenes de salud que ahora se exige a las brigadas rurales de emergencia, a los vigilantes de seguridad y escoltas y al personal de mantenimiento con trabajos en altura y personal de taller con posible exposición a ruido y/o vibraciones y productos cancerígenos.

La vigilancia de la salud tendrá carácter periódico y puede prolongarse más allá de la vigencia del contrato laboral, cuando la naturaleza de los riesgos inherentes al trabajo lo haga necesario, en cuyo caso correrá a cargo de los Servicios Públicos de Salud [artículo 22.5 de la LPRL y 37.3, e) del RSP].

En relación con los reconocimientos médicos previos a la incorporación del trabajo, deben realizarse en los casos de riesgos de enfermedad profesional, en cuyo caso se aplicaría el citado artículo 243 de la LGSS, o en otros supuestos donde lo exija una norma específica (así, el RD 2487/1998, del 20 de noviembre, que regula la acreditación psicofísica para tener y usar armas y para prestar servicios de seguridad privada), o bien porque haya sido pactada válidamente en la negociación colectiva en atención al tipo de actividad requerida (véase el Convenio General de la Construcción), si bien la norma convencional debería adecuar los supuestos a las causas excepcionales previstas en la LPRL (STS del 28.12.06, a propósito del Convenio de Correos y Telégrafos).

En los demás casos, la vigilancia de la salud debe realizarse tras la incorporación efectiva en el puesto de trabajo, o después de la asignación de tareas específicas con nuevos riesgos para la salud, cuando reanuden el trabajo después de una ausencia prolongada por motivos de salud y, finalmente, a intervalos periódicos [artículo 37.3 apartado b) del RSP].

El hecho de que se practique la vigilancia de la salud a los trabajadores cuando reanuden el trabajo tras una ausencia prolongada por motivos de salud, tiene la finalidad de descubrir sus eventuales orígenes profesionales y recomendar una acción apropiada para proteger a los trabajadores [artículo 37.3 apartado b) 2 del RSP].

En todo caso, las actividades de vigilancia de la salud deben estar guiadas por un objetivo preventivo, no por un criterio de selección de personal o para servir de factor de discriminación de acceso al empleo. La polémica doctrinal se establece entre los que sostienen la legitimidad del reconocimiento previo como medio de control de acceso al empleo, frente a los que mantienen la tesis de que debe primar la necesidad de adaptación del puesto de trabajo al trabajador (principio de la acción preventiva del artículo 15 de la LPRL), y no al contrario.

La Sentencia del Tribunal Constitucional 194/2004 establece que el reconocimiento médico de la empresa no debe ser un instrumento empresarial para el control dispositivo de la salud de los trabajadores, sino un derecho del trabajador a la vigilancia de la salud con su conformidad, libre, voluntaria e informada.

Sin embargo, no deben considerarse vigilancia de la salud las pruebas de aptitud física que pueden exigirse para acceder a determinados empleos. Serían parte de las condiciones de acceso o de los requisitos de ingreso para la contratación del trabajador.

Los reconocimientos los costea el empresario y deben hacerse en horario de trabajo o en otro tiempo con descuento del tiempo invertido. Debe recordarse que la empresa puede despedir al trabajador que se niegue a realizar el reconocimiento médico si este resultara obligatorio (STSJ de Extremadura del 5 de febrero de 2013 y STS del 10 de junio de 2015).

2.8.2 Instrumentos de vigilancia y órganos competentes

Están regulados en el artículo 22, 1, párrafo 3 de la LPRL.

Se deberán realizar las pruebas que menos molestias causen a los trabajadores y sean proporcionales a los riesgos expuestos.

Los reconocimientos tendrán que seguir los protocolos que dicten las autoridades sanitarias. El Ministerio de Sanidad ha desarrollado los protocolos que deben aplicarse, sobre todo en relación con las enfermedades profesionales, (dichos protocolos pueden encontrarse en la página web «www.msc.es»).

En todo caso, exista o no protocolo específico, el estado de salud gira en torno a la Historia Clínico-Laboral de la persona trabajadora [artículo 37.3. c) del RSP].

En la determinación de los protocolos por puestos de trabajo, de su periodicidad y contenido, se instituye la colaboración necesaria del Ministerio de Sanidad, en base también a la Ley General de Salud Pública, y de las comunidades autónomas, con participación asimismo de los agentes sociales. En este proceso deben ser oídas también las sociedades científicas competentes.

La vigilancia de la salud está reservada al personal sanitario con competencia técnica, formación y capacidad acreditada (artículo 22.6 de la LPRL). El artículo 37.3 a) del RSP señala, como personal competente, a los médicos con la especialidad en medicina del trabajo o diplomado en medicina de empresa o ATS/DUE de empresa, sin perjuicio de la participación de otros sanitarios con competencia técnica, formación y capacidad acreditada.

2.8.3 Los derechos de las personas como límites infranqueables

Los resultados de la vigilancia de la salud deben ser comunicados a los trabajadores afectados.

El artículo 22.3 y 4 de la LPRL establece que los derechos de la persona del trabajador actúan como límites en la vigilancia de la salud. Deben respetarse la dignidad e intimidad del trabajador y la confidencialidad de toda la información médica.

La información médica de carácter personal está limitada al personal médico y a las autoridades sanitarias que lleven a cabo la vigilancia de la salud, y no podrá facilitarse al empresario u otras personas, salvo que medie consentimiento expreso del trabajador.

No obstante, al empresario y a las personas u órganos con responsabilidades en materia de prevención se les informará de las conclusiones que se deriven de los reconocimientos efectuados en relación con la aptitud del trabajador para el desempeño del puesto de trabajo, o con la necesidad de introducir o mejorar las medidas de protección y prevención, a fin de que puedan desarrollar correctamente sus funciones en materia preventiva.

La vigilancia de la salud nunca puede utilizarse con fines discriminatorios ni en perjuicio del trabajador (artículo 22.4 de la LPRL).

2.9 Supuestos especiales de protección: trabajadores especialmente sensibles a determinados riesgos

2.9.1 Protección de trabajadores especialmente sensibles

La LPRL establece una protección general a todos los trabajadores y una protección específica a ciertos grupos que son más sensibles o vulnerables, o simplemente merecedores de una protección especial, por sus características personales, estado biológico conocido, discapacidad o simplemente por no responder transitoriamente a las exigencias psicofísicas de su puesto de trabajo.

Con carácter general, en nuestro derecho interno la *sensibilidad a los riesgos* viene dada por la particular incidencia que tiene sobre el *trabajador singularmente considerado* y no por la consideración objetiva del riesgo, como ocurre en el ámbito de la normativa comunitaria, donde la DM establece la regla general de *protección de los grupos con riesgos específicos* (artículo 15), regla que encuentra una aplicación expresa en los niños y adolescentes (Directiva 94/33/CE), así como en la maternidad (Directiva 92/85/CE). Si bien es cierto que esta perspectiva está prevista en el artículo 26 de la LPRL, en relación a la protección de la maternidad o en el artículo 27 de la LPRL, en relación a la protección de los menores, en la que la especial sensibilidad viene establecida mediante la designación de los grupos expuestos, en cuyo caso la mera pertenencia al mismo determina una protección específica, el artículo 25 de la LPRL, bajo la rúbrica «protección de trabajadores sensibles a determinados riesgos», contiene una regulación de carácter genérico y básica, en la que la especial sensibilidad se basa en el establecimiento de una serie de *aspectos o características personales que*, si concurren, determinan la protección del trabajador.

Esta última ha sido la opción que ha tomado el legislador y no la pertenencia al grupo, ya que el artículo 25 de la LPRL se refiere a las «características personales o estado biológico conocido, incluidos aquellos que tengan una discapacidad, física, psíquica o sensorial reconocida».

Ahora bien, la juventud como característica personal y la maternidad como estado biológico, entran de lleno dentro del grupo de trabajadores con una especial sensibilidad a los riesgos, aunque con una particular regulación en los artículos 26 y 27 de la LPRL. En todo caso, pueden existir otros trabajadores sensibles además de los mencionados en los artículos 25, 26 y 27, pues no estamos en presencia de una lista cerrada y porque la utilización del término *personales* para hacer referencia a las características relevantes a efectos preventivos hace que la predeterminación del ámbito subjetivo del artículo 25 resulte imposible. Parte de la doctrina iuslaboralista considera también trabajadores especialmente sensibles a los trabajadores temporales, que tienen una regulación específica en el artículo 28 de la LPRL y también a los trabajadores que realizan un trabajo nocturno o a turnos.

En estas situaciones el empresario debe garantizar de manera específica la protección de los trabajadores que, por sus propias características personales o estado biológico conocido, incluidos aquellos que tengan reconocida la situación de discapacidad física, psíquica o sensorial, sean especialmente sensibles a los riesgos derivados del trabajo. A tal fin, debe tener en cuenta dichos aspectos en las evaluaciones de los riesgos y, en función de estas, adoptar las medidas preventivas y de protección necesarias.

Esta protección específica se manifiesta en que estos trabajadores no sean empleados en aquellos puestos de trabajo en los que, a causa de sus características personales, estado biológico o por su discapacidad física, psíquica o sensorial debidamente reconocida, puedan ellos, los demás trabajadores u otras personas relacionadas con la empresa ponerse en situación de peligro o, en general, cuando se encuentren manifiestamente en estados o situaciones transitorias en las que no respondan a las exigencias psicofísicas de los respectivos puestos de trabajo.

La obligatoriedad del empresario de no contratar a estos trabajadores se traduce en la necesaria adaptación del puesto de trabajo, realizando los ajustes que sean necesarios, de manera que el nuevo puesto sea compatible con su estado de salud (STS del 15 de febrero de 2018).

Como principio de adaptación del trabajo a la persona del artículo 15 de la LPRL (principios de la acción preventiva), el artículo 25 exige tener en cuenta estas características en la evaluación de riesgos a la hora de identificar los riesgos y determinar las medidas de protección y prevención adecuadas [artículos 4 y 37.3 g) del RSP].

Ahora bien, solo en la medida en que el empresario conozca la situación, podrá actuar. Algunas son obvias como discapacidades «reconocidas», estados transitorios «manifiestos» o estado biológico «conocido», pero en otras ocasiones únicamente se evidenciarán a partir de los reconocimientos médicos efectuados (artículo 22 de la LPRL). No en vano el artículo 22 de la LPRL recoge un supuesto en el que la vigilancia de la salud puede resultar obligatoria: «para verificar si el estado de salud del trabajador puede constituir un peligro para el mismo, para otros trabajadores o para terceras personas relacionadas con la empresa». Lo que da una idea de la importancia de que los protocolos de esta vigilancia de la salud sean idóneos, en función de los riesgos del puesto de trabajo.

Hemos visto que la consecuencia es que los trabajadores no podrán ser contratados en aquellos puestos de trabajo en los que, a causa de sus características personales, estado biológico o por su discapacidad física, psíquica o sensorial debidamente reconocidas, puedan ellos, los demás trabajadores u otras personas relacionadas con la empresa, ponerse en situación de peligro o, en general, cuando se encuentren en estados o situaciones transitorias que no respondan a las exigencias psicofísicas de sus puestos de trabajo. La expresión que utiliza la norma de que las personas trabajadoras «no podrán ser contratadas», debe ser interpretada como la adscripción a un puesto de trabajo compatible con su estado de salud, sin que los convenios colectivos puedan establecer exigencias extraordinarias que supongan la denegación de la adscripción a un puesto de trabajo compatible con el estado de salud (STSJ de Galicia del 15 de febrero de 2018).

En algunas de estas circunstancias (estado de ansiedad, estar bajo los efectos del alcohol o drogas), la vigilancia de la salud sería obligatoria (STSJ de Andalucía del 1 julio 1998). Pudiendo el empleador despedir por embriaguez reiterada, al entender el TSJ de Catalunya, en sentencia del 7 de noviembre de 2018, que la «habitualidad viene modulada por el riesgo» y que la empresa no podía esperar más tiempo asumiendo que pudiera ocurrir un accidente.

El artículo 25 de la LPRL dedica asimismo un apartado específico a los riesgos *laborales en relación con la procreación*. El empresario, se nos dice, debe tener en cuenta en las evaluaciones los factores de riesgo que puedan incidir en la función de procreación de los trabajadores y trabajadoras, en particular por la exposición a agentes físicos, químicos y biológicos que puedan ejercer efectos mutagénicos o de toxicidad para la procreación, tanto en los aspectos de la fertilidad como del desarrollo de la descendencia, con objeto de adoptar las medidas preventivas necesarias. Podemos decir, por consiguiente, que el artículo 25.2 de la LPRL regula la protección especial contra alteraciones de la función reproductora, por la presencia de factores físicos y químicos que pueden causar anomalías cromosomáticas que desencadenen mutaciones o problemas conexos con la herencia de los genes, como abortos espontáneos, malformaciones y esterilidad. Para ello es importante tener en cuenta la regulación sobre los disruptores endocrinos en la que se está trabajando en el ámbito de la UE, específicamente en relación con los productos fitosanitarios. Y la Directiva (UE) 2017/2398/ por la que se modifica la Directiva 2004/37/CE, relativa a la protección de los trabajadores contra los riesgos relacionados a agentes carcinógenos y mutágenos durante el trabajo (pendiente de trasposición).

2.9.2 Protección de la mujer durante el embarazo y del feto y de la mujer durante la lactancia biológica o natural y del hijo

En esta materia existen especialidades en el ámbito de la evaluación de riesgos y de la adopción de medidas de protección, que vienen reguladas en el artículo 26 de la LPRL, de forma gradualista. La regulación que inicialmente se establecerá en el artículo 26 de la LPRL, con la promulgación de la LPRL, no traspondrá la Directiva 92/85/CEE en toda su amplitud, lo que provocará no pocos problemas interpretativos y el desamparo de situaciones relacionadas con la maternidad y la lactancia; situaciones que, en ocasiones, han podido ser calificadas de supuestos de discriminación hacia la mujer trabajadora. La LOIMH mejorará sin duda la protección de la mujer ante las situaciones de embarazo y lactancia, toda vez que por RD 298/2009, del 6 de marzo se modificará el RSP para incorporar la lista de agentes, procedimientos y condiciones de trabajo que pueden influir negativamente en la salud de la trabajadora o del feto contenida en la Directiva 92/85. Así y con todo, y a tenor de los distintos pronunciamientos judiciales y jurisprudenciales, no parece que se haya alcanzado una protección eficaz de la mujer trabajadora en las situaciones de embarazo y lactancia. La Estrategia Española de SST 2023-2027 establece entre sus líneas de actuación, en el objetivo 5, la actualización de los anexos VII y VIII del RSP referentes a los listados no exhaustivos de riesgos durante el embarazo y la lactancia natural, conforme con las directrices del INSST, en consonancia con el alcance que se produzca en la legislación de la UE.

La protección de la maternidad es un derecho de la trabajadora, pero es, a la vez, una obligación, en tanto que el bien jurídico protegido es también la protección del feto. Si bien se trata de una cuestión controvertida, en la medida en que dicha comunicación puede afectar al derecho a la intimidad de la trabajadora. Sin embargo, esta debe comunicar su embarazo para que la empresa adopte las medidas de protección adecuadas (pero el empresario no tiene que conocer la existencia de la gestación para la declaración por los tribunales, en su caso, del despido nulo, según la última jurisprudencia del TC y del Supremo).

En cualquier caso, resulta fundamental que la trabajadora, aun cuando no esté embarazada, sea informada de los posibles riesgos de exposición durante el embarazo y lactancia biológica. Primera obligación fundamental del empresario para poder otorgar realmente una protección eficaz. Deseable sería la aplicación en la empresa de lo dispuesto en la NTP 914 del INSST, sobre la promoción en el trabajo de una maternidad saludable.

2.9.2.1 Evaluación de riesgos

En la evaluación de riesgos deben identificarse inicialmente los puestos exentos de riesgos para la mujer embarazada, y evaluarlos cuando se adscribe a una concreta trabajadora a un puesto exento de riesgos (art. 4.1, b) del RSP).

Si la mujer está expuesta a un riesgo específico de su puesto de trabajo, puede procederse al cambio de puesto de trabajo, volviendo a evaluar el puesto de trabajo exento inicialmente de riesgos (art. 4.2, c) del RSP).

El artículo 26.1 de la LPRL establece que «la evaluación de riesgos a la que se refiere el artículo 16 de la LPRL, deberá comprender la determinación de la naturaleza, el grado y la duración de la exposición de las trabajadoras en situación de embarazo o parto reciente a agentes, procedimientos o condiciones de trabajo que puedan influir negativamente en la salud de las trabajadoras o del feto, en cualquier actividad susceptible de presentar un riesgo específico. Si los resultados de la evaluación revelasen un riesgo para la seguridad y la salud o una posible repercusión sobre el embarazo o la lactancia de las citadas trabajadoras, el empresario adoptará las medidas necesarias para evitar la exposición a dichos riesgos [...]». De acuerdo con lo dictaminado por el TJUE en sentencia del 19 de septiembre de 2018, el empleador ha de llevar a cabo una evaluación específica de las circunstancias concretas de cada trabajadora. No es suficiente con una evaluación genérica, lo que podría constituir causa de discriminación por razón de sexo (STS del 26 de julio de 2018 y SSTS del 24 de enero de 2019 y del 6 de febrero de 2019).

A partir de aquí el legislador identificará las específicas medidas de prevención, en el artículo 26 de la LPRL, que vienen establecidas de forma gradual: es decir, no procederá el cambio de puesto de trabajo, si el riesgo puede evitarse con la simple adaptación del tiempo de trabajo. En este sentido se ha pronunciado de manera expresa la jurisprudencia constitucional en sentencia del TC 161/2004, del 4 de octubre, a tenor de la cual «la protección de la mujer embarazada se extiende a todo el desarrollo y vicisitudes de la relación laboral, condicionando las facultades de organización y disciplinarias del empresario, de suerte que la veracidad de los fundamentos de la decisión de la entidad empleadora es una exigencia constitucional». En consecuencia, la LPRL parece establecer tres medidas jerarquizadas: la adaptación del puesto, el cambio de puesto y, en último término, la suspensión del contrato. No previéndose otras posibilidades como la movilidad geográfica, aunque resultaría posible mediante el mutuo acuerdo.

Dichas medidas no solo deberán aplicarse cuando el riesgo efectivamente ocurra, sino cuando potencialmente pueda ocurrir. Es más, conviene precisar que la protección por riesgo durante el embarazo trata de hacer frente al peligro potencial que el trabajo prestado en determinadas condiciones puede suponer para la trabajadora embarazada o para el feto. Es una medida de prevención en sentido estricto y no de protección frente a un daño ya producido.

La regulación contenida en el artículo 26 de la LPRL, en relación con la evaluación de riesgos, debe complementarse con lo dispuesto en el artículo 4. 1 b) del RSP, que en particular establece que, «a efectos de lo dispuesto sobre la evaluación de riesgos en el artículo 26 de la LPRL, el anexo VII del RSP incluye una lista no exhaustiva de agentes, procedimientos y condiciones de trabajo que pueden influir negativamente en la salud de las trabajadoras embarazadas o en período de lactancia natural, del feto o del niño durante el período de lactancia natural, en cualquier actividad susceptible de presentar un riesgo específico de exposición».

No obstante, el anexo VII ha quedado obsoleto en algunos de sus aspectos (por ejemplo, no contempla los riesgos psicosociales para el embarazo o la lactancia). De ahí que se hayan desarrollado diferentes guías, como las *Directrices para la evaluación de riesgos y protección de la maternidad en el trabajo* elaboradas por el INSST en 2011 o la más reciente elaborada por la Sociedad Española de Ginecología y Obstetricia (SEGO), las MUTUAS y el INSS, mucho más estricta que la anterior en el reconocimiento del riesgo. En todo caso estas guías no dejan de tener carácter orientativo y no agotan los parámetros médicos de valoración de los riesgos para la salud de la trabajadora, por lo que la conflictividad judicial seguirá en aumento.

Por último, si la asignación de funciones a la trabajadora es contraindicada para el estado de embarazo, puede vulnerarse el derecho a la vida y a la integridad física de la misma (art. 15 de la CE), tal como ha indicado el TC en sentencia 62/2007, del 27 de marzo.

2.9.2.2 Medidas de protección

El artículo 26 identifica las medidas de protección que deben adaptarse; medidas que deberán aplicarse de forma gradual de manera que no cabrá el cambio de puesto de trabajo si la protección fuera suficiente con la adaptación de la jornada, por ejemplo. En esta cuestión hay que ser cautelosos, porque determinadas medidas de «supuesta protección» podrían dar lugar a situaciones de discriminación por razón de sexo.

Las medidas que deben adoptarse son las siguientes:

— Adaptación de las condiciones de trabajo en aspectos relacionados con el tiempo de trabajo: pausas, descansos, trabajo nocturno y a turnos si fuera necesario.
— Si con lo anterior no se evitaran los riesgos o si existe un potencial riesgo, por mínimo que sea (STSJ de Madrid del 8.7.2002), se procederá al cambio de puesto de trabajo, compatible con su estado.
— El cambio de puesto de trabajo debe seguir las pautas del artículo 39 de la LET, es decir, el cambio debe realizarse, primero, dentro del grupo profesional o categoría profesional equivalente y, segundo, si el supuesto anterior no fuera posible, a otro grupo profesional o categoría no equivalente, pero manteniendo el derecho a su retribución de origen. Según doctrina judicial, la trabajadora mantiene el derecho al salario del anterior puesto (incluidos pluses). No puede haber pérdida de ningún tipo de retribución (STSJ de Cataluña del 20.7.2000). Doctrina confirmada por el TS en sentencia 43/2017, del 24 de enero. Téngase en cuenta que este cambio funcional debe actualizarse a la luz de la reforma del ET llevada a cabo por la Ley 3/2012 del 16 de julio de 2012 de medidas urgentes para la reforma del mercado laboral. De manera que a partir de ahora hay que entender que el cambio funcional tiene que hacer referencia al cambio de puesto dentro del grupo profesional o a distinto grupo profesional (superior o inferior) y no a categorías profesionales equivalentes o no equivalentes.
— El cambio de puesto de trabajo debe tener autorización de un médico del INSS, o de la MUTUA, dependiendo con qué entidad tenga concertada las prestaciones profesionales, con el informe del médico del Servicio Nacional de Salud que asista facultativamente a la trabajadora. El fundamento de esta necesidad de autorización médica para el cambio de puesto de trabajo es que se verifique su conveniencia desde un punto de vista de defensa del embrión, y de la madre, y procurar que esta movilidad no obedezca a situaciones de discriminación por razón de sexo. A nivel doctrinal se discute, en todo caso, que los servicios de prevención de las empresas no puedan autorizar este cambio.
— Si no hubiera en la empresa puesto de trabajo exento de riesgo, procede la *suspensión del contrato* por riesgo durante el embarazo, o por lactancia

natural, hasta que el menor cumpla los nueve meses. Para que proceda la suspensión deberá seguirse el procedimiento establecido en el RD 295/2009, del 6 de marzo, por el que se regulan las prestaciones económicas del sistema de Seguridad Social por maternidad, paternidad, riesgo durante el embarazo y riesgo durante la lactancia natural.

El artículo 26 recoge la misma protección durante la *lactancia biológica* si las condiciones de trabajo influyen negativamente en la salud de la mujer o el hijo y así lo certifican los Servicios Médicos del INSS o las Mutuas, en función de la entidad que tenga la cobertura de los riesgos profesionales, con el informe del médico del Servicio Nacional de Salud que asista facultativamente a la mujer o a su hijo/a. También podrá determinarse el pase a la situación de suspensión del contrato por riesgo hasta que el menor cumpla nueve meses.

Se regula también en el artículo citado el establecimiento de permisos retribuidos durante el embarazo para la asistencia de técnicas de preparación al parto (véase artículo 26.5 de la LPRL, que lo condiciona a que coincidan con las horas de trabajo y siempre que se comunique justificadamente al empresario).

Los derechos descritos también se reconocen a las trabajadoras autónomas.

2.9.2.3 Bonificación de las cuotas sociales por adaptación del puesto de trabajo

En las últimas Leyes de Presupuestos Generales del Estado, viene estableciéndose que en los supuestos en que, por razón de riesgo durante el embarazo o riesgo durante la lactancia natural, la trabajadora, en virtud de lo previsto en el artículo 26 de la Ley 31/1995, del 8 de noviembre, de Prevención de Riesgos Laborales, sea destinada a un puesto de trabajo o función diferente y compatible con su estado, se aplicará, con respecto a las cuotas devengadas durante el período de permanencia en el nuevo puesto de trabajo o función, una reducción, a cargo del Presupuesto de la Seguridad Social, del 50 % de la aportación empresarial en la cotización a la Seguridad Social por contingencias comunes.

Esta misma reducción será aplicable, en los términos y condiciones que reglamentariamente se determinen, en aquellos casos en que, por razón de enfermedad profesional, se produzca un cambio de puesto de trabajo en la misma empresa o el desempeño, en otra distinta, de un puesto de trabajo compatible con el estado del trabajador.

Con esta reducción se pretende incentivar el cambio de puesto de trabajo, cuando sea posible y modificar la actual tendencia de instar, sin mayores análisis, la suspensión del contrato de trabajo.

2.9.2.4 Procedimiento para la suspensión del contrato
         por riesgo durante el embarazo o por lactancia natural

El artículo 39 del RD 295/2009, del 6 de marzo, establece el procedimiento para el reconocimiento del derecho al subsidio por riesgo durante el embarazo de la mujer trabajadora por cuenta ajena, que resulta también de aplicación a los supuestos de riesgo durante la lactancia natural, por remisión del artículo 51 del RD 295/2009.

El procedimiento que establece el nuevo RD incorpora novedades en dos aspectos, fundamentalmente: el primero, referido al reconocimiento de la existencia de riesgo durante el embarazo o en período de lactancia y el segundo tiene que ver con el posible control que las entidades gestoras o colaboradoras pueden llevar a cabo para comprobar la inexistencia de puestos de trabajo exentos de riesgos a los que poder trasladar a la trabajadora, que como se sabe es medida prioritaria a la suspensión del contrato de trabajo, en el artículo 26 de la LPRL.

De entrada, en el procedimiento se diferencian dos fases claramente delimitadas: en la primera, el procedimiento tiene por objeto el reconocimiento de la situación de riesgo que puede afectar a la mujer trabajadora, al feto y a la mujer en período de lactancia o al hijo lactante. En la segunda, el procedimiento va dirigido al reconocimiento de las prestaciones de incapacidad temporal (IT) por contingencias profesionales.

Así, por lo que se refiere al reconocimiento de la existencia de riesgo, este corresponderá exclusivamente a la entidad gestora o bien a la entidad colaboradora, siempre y cuando previamente la trabajadora solicite dicha declaración y aporte, de un lado, el informe del facultativo del Servicio Público de Salud (SPS) que acredite la situación de embarazo y la fecha probable del parto y, de otro lado, un certificado de la empresa donde conste la actividad desarrollada por la trabajadora y las condiciones en que desarrolla el puesto de trabajo.

En la segunda fase, una vez obtenida la certificación médica sobre la existencia de riesgo, la trabajadora podrá solicitar la prestación económica a la entidad gestora o entidad colaboradora, y tendrá que presentar varios documentos:

En primer lugar, la certificación médica donde conste la existencia de riesgo, salvo que ya obre en poder de la entidad gestora o colaboradora. En segundo lugar, una declaración de la empresa sobre la inexistencia de puestos de trabajo compatibles con el estado de la trabajadora o, cuando estos existan, sobre la imposibilidad técnica u objetiva de realizar el traslado correspondiente, o que no pueda razonablemente exigirse por motivos justificados. Certificación que será expedida por los servicios de vigilancia de la salud propios o ajenos de la empresa.

En este punto debe tenerse en cuenta la reforma que se ha llevado a cabo en la disposición adicional segunda, en la que se prevé que tanto la entidad gestora como la entidad colaboradora podrán solicitar la aportación de la evaluación inicial de riesgos del puesto de trabajo ocupado por la trabajadora, así como la relación de puestos de trabajo exentos de riesgo, según lo establecido, respectivamente, en los artículos 16.2 y 26.2 de la Ley 31/1995, del 8 de noviembre de Prevención de Riesgos Laborales.

El certificado que aporte la empresa sobre la inexistencia de puestos de trabajo compatibles con el estado de salud de la trabajadora, del feto o del hijo lactante, deberá reflejar también la fecha en la que la trabajadora ha suspendido la relación laboral, que no puede suceder hasta haber obtenido la certificación médica donde se reconoce la existencia de riesgo (apartado 3, del artículo 39 del RD 295/2009). Por último, deberá aportarse un certificado de la empresa donde conste la cuantía de la base de cotización de la trabajadora por contingencias profesionales.

Tras la presentación de todos estos documentos, la Entidad Gestora dictará resolución en el plazo de 30 días; plazo de resolución que no resulta de aplicación a las entidades colaboradoras, por lo que estas podrán establecer sus propios plazos, si bien cabe entender que nunca pueden superar el límite de los treinta días señalados.

Las novedades en cuanto al procedimiento en el reconocimiento de la prestación por riesgo se complementan con la posibilidad que tiene la Entidad Gestora y, posiblemente, la entidad colaboradora, de no reconocer inicialmente la prestación, sino a partir de una determinada fecha, teniendo en cuenta la certificación médica sobre la existencia del riesgo y la evolución del estado de gestación, en relación con el riesgo específico derivado del puesto de trabajo. En este caso no será necesaria una nueva solicitud, sino solo la presentación del certificado médico sobre la existencia del riesgo y la certificación sobre la inexistencia de puesto de trabajo compatible con su estado. No obstante, la jurisprudencia menor ha criticado la posibilidad de que la prestación económica por riesgo se reconozca a partir de una fecha determinada (STSJ de Galicia del 29 de febrero de 2012).

El reconocimiento de las situaciones de riesgos durante el embarazo o lactancia y consiguiente reconocimiento de la prestación económica no está exento de conflictividad. Pese a la incorporación de un listado de agentes, procedimientos y condiciones de trabajo que puedan influir negativamente en la salud de la trabajadora, del feto o del hijo lactante, los continuos conflictos sobre el reconocimiento de las situaciones de riesgo siguen reproduciéndose, porque la lista de riesgos no es exhaustiva, porque no dejan de tener carácter orientativo y porque no agotan los parámetros médicos de valoración de los riesgos. Siendo preciso, por tanto, tener en cuenta las especiales circunstancias de sensibilidad que pudieran concurrir e individualizar el riesgo en cada mujer trabajadora.

La Estrategia Española de SST 2023-2027 no solo establece entre sus líneas de actuación, en el objetivo 5, la actualización de los anexos VII y VIII del RSP referentes a los listados no exhaustivos de riesgos durante el embarazo y la lactancia natural, sino que incluye la necesaria revisión de los procedimientos para mejorar la protección de las mujeres embarazadas o durante la lactancia, con el objetivo de homogeneizar los criterios preventivos (según directrices del INSST) con los criterios de gestión de la prestación (guía del INSS).

2.9.2.5 Lista de agentes, procedimientos o condiciones de trabajo
        que pueden influir negativamente en la salud de la trabajadora,
        del feto y del hijo lactante

El RD 298/2009, del 6 de marzo, modifica el RD 39/1997 del RSP, en relación con la aplicación de medidas para promover la mejora de la seguridad y de la salud en el trabajo de la trabajadora embarazada, que haya dado a luz o en período de lactancia.

En efecto, la Directiva 92/85/CEE del Consejo, del 19 de marzo de 1992, estableció medidas de protección para los trabajadores especialmente sensibles a determinados riesgos.

En España, se incorporó, como ya se ha visto, mediante la LPRL, en su artículo 26, modificado posteriormente por la Ley 39/1999, de conciliación de la vida familiar y laboral, y por la LOIMH 3/2007 del 22 de marzo.

La Directiva no fue traspuesta en cuanto a los dos anexos previstos en la norma comunitaria, al ser de carácter no exhaustivo, para evitar la inducción al error de considerar que solo esos agentes, procedimientos y condiciones eran susceptibles de evaluarse y adoptar medidas preventivas. No obstante, la experiencia de estos años puso de manifiesto la conveniencia de facilitar su identificación; extremo que se llevó a cabo mediante el RD 298/2009, sin que ello suponga limitar los agentes, procedimientos o condiciones de trabajo que hacen desencadenar las medidas previstas por el artículo 26 de la LPRL. Y, hasta entonces, ¿estaban protegidas las mujeres embarazadas o en período de lactancia?

La norma dice que con ello se pretende facilitar la evaluación de riesgos, modificando el RSP, en concreto el artículo 4.1.b). Se incluye un nuevo epígrafe relativo a un nuevo anexo VII que incluye una lista no exhaustiva de agentes, procedimientos y condiciones de trabajo que pueden influir negativamente en la salud de las mujeres trabajadoras o en período de lactancia natural, del feto o del niño durante el período de lactancia natural, en cualquier actividad susceptible de presentar un riesgo específico de exposición (por ejemplo, agentes físicos que pueden provocar lesiones fetales o desprendimientos de la placenta, como choques, vibraciones o movimientos; manipulación manual de cargas pesadas; ruido; frío o calor extremos; movimientos y posturas, desplazamientos, fatiga física o mental, etcétera).

En el otro caso, se refiere a la lista no exhaustiva de agentes y condiciones de trabajo respecto a los cuales el empresario, una vez conozca el estado del embarazo, deberá impedir a la mujer trabajadora realizar actividades que, de acuerdo con la evaluación de riesgos, supongan un riesgo de exposición a los mismos, como daños al feto (anexo VIII. Parte A); por ejemplo, trabajos de minería subterránea; sustancias peligrosas; locales a presión; radiaciones ionizantes, etc. Además, en el anexo VIII Parte B, se contempla que la mujer trabajadora en período de lactancia natural no podrá, en ningún caso, realizar actividades que, de acuerdo con la evaluación de riesgos, supongan un riesgo para el niño. Así, sustancias cancerígenas y mutágenas, plomo y derivados, minería subterránea, etc.

Como se ha señalado anteriormente, la Estrategia Española de SST 20232027 establece entre sus líneas de actuación, en el objetivo 5, la actualización de los anexos VII y VIII del RSP referentes a los listados no exhaustivos de riesgos durante el embarazo y la lactancia natural, conforme con las directrices del INSST, en consonancia con el alcance que se produzca en la legislación de la UE.

2.9.3 La protección de los menores

Al hablar de la minoría de edad en el Derecho Laboral, nos referimos a los menores entre dieciséis y dieciocho años.

Deben tenerse muy en cuenta las prescripciones de la Ley del Estatuto de los Trabajadores para estudiar esta protección de los menores, referidas a las limitaciones del tiempo de trabajo.

Asimismo, debemos referirnos a la prohibición de determinados tipos de trabajos, regulada en el Decreto 26.7.1957, y declarado expresamente vigente por la disposición derogatoria de la LPRL.

Así expuestas las referencias legales, las especialidades en orden a la protección de menores contenidas en el artículo 27 de la LPRL se centran en la evaluación de riesgos, información sobre los riesgos y la prohibición de realizar determinados trabajos.

2.9.3.1 Evaluación de riesgos

La evaluación de riesgos debe realizarse antes de la incorporación de estos trabajadores y previamente a cualquier modificación importante de sus condiciones de trabajo. En efecto, el empresario deberá efectuar una evaluación de los puestos de trabajo a desempeñar por los mismos, a fin de determinar la naturaleza, el grado y la duración de su exposición, en cualquier actividad susceptible de presentar un riesgo específico al respecto, a agentes, procesos o condiciones de trabajo que puedan poner en peligro la seguridad o la salud de estos trabajadores.

En la evaluación habrá que tener en cuenta, además de los riesgos específicos, la falta de experiencia y madurez del trabajador para evaluar los riesgos, existentes o potenciales, y su desarrollo todavía incompleto. Se trata de una característica personal; la ley no se refiere a los jóvenes en abstracto, así que la evaluación deberá considerar a la persona física que accede al puesto de trabajo.

2.9.3.2 Especialidades en la información a proporcionar a los jóvenes

Deberá informarse de los riesgos y de las medidas de protección a los menores con anterioridad al inicio de la actividad.

Deberá informarse además a los padres o tutores que hayan intervenido en la contratación de los posibles riesgos y de todas las medidas adoptadas para la protección de su seguridad y salud.

2.9.3.3 Trabajos prohibidos a menores

En la Ley del Estatuto de los Trabajadores hay bastantes normas en relación con los menores. Así, la prohibición de trabajo nocturno y de hacer horas extraordinarias, descansos semanales y diarios mayores, jornada diaria de menor duración, etc. El descanso semanal será de 2 días consecutivos y, cada cuatro horas y media, el descanso es de 30 minutos. La jornada diaria no puede exceder de 8 horas, incluida la formación, aunque se trabaje para varios empleadores.

Además, existe un Decreto del 26 de julio de 1957, mantenido en vigor por la disposición derogatoria única de la LPRL, que establece un listado de trabajos prohibidos a los menores.

Por último, debemos comentar el supuesto especial de trabajo de los menores de dieciséis años en espectáculos públicos (artículo 6.4 de la LET), en el que se habilita la autorización para cada caso concreto, y siempre que no se ponga en peligro su salud física y/o mental del menor.

2.9.4 Relaciones de trabajo temporal, de duración determinada y empresas de trabajo temporal

2.9.4.1 Relaciones de trabajo temporal

Los trabajadores temporales pueden ser más vulnerables y estar más expuestos a los riesgos laborales, por las siguientes razones:

— El tipo de contrato puede dificultar el acceso a la formación, a la información y a las vías de representación colectiva.
— Puede dificultar el acceso a una experiencia y profesionalidad continuadas.
— Es posible que la práctica indique que no se enfatice del mismo modo que a los demás trabajadores la necesidad de adoptar las medidas de prevención.

— Se relaja, por parte del trabajador, el compromiso y la involucración en los objetivos de la empresa, entre los que debe encontrarse la mejora de la siniestralidad.

Los trabajadores temporales son, por tanto, trabajadores especialmente sensibles, a quienes, o bien pueden afectar potencialmente más los riesgos, o bien pueden ponerse en peligro más fácilmente.

Los apartados 1 a 4 del artículo 28 de la LPRL contienen referencias específicas referidas a todos los trabajadores con contratos de este tipo, incluidos los trabajadores de las empresas de trabajo temporal (ETT). Por su parte, el apartado 5 del artículo 28 de la LPRL se refiere exclusivamente a los trabajadores de las ETT.

El artículo 28 traspone al derecho interno la Directiva 91/383/CEE, del 25 de junio de 1991, de promoción de la mejora de la seguridad y salud de los trabajadores con una relación laboral determinada o de empresas de trabajo temporal.

La normativa sobre prevención de riesgos y ETT se encuentra desarrollada en la Ley 14/1994, del 1 de junio, por las que se regulan las ETT, y en el RD 216/1999 del 5 de febrero, de normas mínimas de seguridad y salud en el ámbito de las Empresas de Trabajo Temporal.

No obstante, el Real Decreto-Ley 10/2010, del 16 de junio, de Medidas Urgentes para la Reforma del Mercado de Trabajo, ha introducido varias modificaciones en la legislación citada, relativa a las empresas de trabajo temporal, que se dirigen a la incorporación a nuestro Derecho de la Directiva 2008/104/CE del Parlamento Europeo y del Consejo, del 19 de noviembre de 2008, relativa al trabajo a través de empresas de trabajo temporal. Además de determinadas modificaciones referidas al principio de igualdad de trato entre los trabajadores cedidos por las empresas de trabajo temporal y los trabajadores de las empresas usuarias, la adaptación a la legislación comunitaria obliga a revisar las restricciones que se aplican a las empresas de trabajo temporal. Para aplicar esta medida, se reserva un período para que la negociación colectiva, dentro de los sectores hoy excluidos de la actividad de las empresas de trabajo temporal por razones de seguridad y salud en el trabajo, pueda, de manera razonada y justificada, definir los empleos u ocupaciones de especial riesgo que no puedan ser objeto de contratos de puesta a disposición. Una vez concluido este período y respetando las excepciones para empleos u ocupaciones determinadas que hayan podido acordarse, se derogan —con algunas excepciones— las restricciones actualmente vigentes y se establecen requisitos complementarios para que las empresas de trabajo temporal puedan realizar contratos de puesta a disposición de trabajadores en estos sectores mediante el refuerzo de las exigencias en materia de prevención de riesgos laborales y de formación preventiva de los trabajadores.

También la Ley 3/2012, del 6 de julio, de Medidas Urgentes de Reforma del Mercado Laboral ha modificado la Ley 14/1994 favoreciendo su actuación como agencia de colocación con ánimo de lucro y flexibilizando los requisitos de autorización administrativa y registro de las ETT. Posteriormente, el Real Decreto-Ley 4/2013, del 22 de febrero, ha ampliado la posibilidad de celebrar contratos de puesta a disposición entre una empresa de trabajo temporal y una empresa usuaria en los mismos supuestos y bajo las mismas condiciones y requisitos en que la empresa usuaria podría celebrar un contrato para la formación y el aprendizaje, además, mantenerse los anteriores supuestos del artículo 15 de la LET. Por tanto, las empresas de trabajo temporal podrán celebrar contratos para la formación y el aprendizaje con los trabajadores contratados para ser puestos a disposición de las empresas usuarias de acuerdo con lo previsto en la normativa reguladora de este contrato, debiendo cumplir las obligaciones en materia formativa establecidas en el artículo 11.2 del Estatuto de los Trabajadores y sus normas de desarrollo.

El párrafo 1 del artículo 28 de la LPRL establece la aplicación del principio de igualdad, que debe extenderse también a los trabajadores con este tipo de contratos. Lo que significa que estos trabajadores deben disfrutar del mismo nivel de protección en materia de condiciones de trabajo y de seguridad y salud que el resto de trabajadores de la empresa en que prestan servicios.

Ello se traduce en el reforzamiento de las obligaciones del empresario en materia de prevención de riesgos, y la prohibición, para el caso de los procedentes de una ETT, de su contratación para trabajos de gran peligrosidad o con riesgos especiales.

En efecto, la exclusión de determinados trabajos solo se prevé en el caso de trabajadores de ETT, no para los contratados temporalmente en general [artículo 8 b) de la Ley 14/199], que remite al artículo 8 del RD 216/1999, que a su vez contiene un listado de actividades prohibidas, modificadas, como ya se ha dicho, por el Real Decreto-Ley 10/2010.

2.9.4.1.1 Actividades excluidas para las ETT

No podrán ser contratados con una ETT la realización de trabajos u ocupaciones especialmente peligrosos para la seguridad y la salud en el trabajo, en los términos previstos en la disposición adicional segunda del Real Decreto-Ley 10/2010 y, de conformidad con esta, en los convenios o acuerdos colectivos en los que así se acuerde antes del 31 de diciembre de 2010.

La referida disposición adicional segunda establece que, de conformidad con lo dispuesto en el artículo 8 b) de la Ley 14/1994, no podrán celebrarse contratos de puesta a disposición para la realización de los siguientes trabajos en las siguientes actividades de especial peligrosidad:

— Trabajos que impliquen la exposición a *radiaciones ionizantes* en zonas controladas según el Real Decreto 783/2001, del 6 de julio, por el que se aprueba el Reglamento sobre protección sanitaria contra radiaciones ionizantes.
— Trabajos que impliquen la *exposición a agentes cancerígenos, mutagénicos o tóxicos para la reproducción,* de primera y segunda categoría, según el Real Decreto 363/1995, del 10 de marzo, por el que se aprueba el Reglamento sobre notificación de sustancias nuevas y clasificación, envasado y etiquetado de sustancias peligrosas, y el Real Decreto 255/2003, del 28 de febrero, por el que se aprueba el Reglamento sobre clasificación, envasado y etiquetado de preparados peligrosos, así como sus respectivas normas de desarrollo y de adaptación al progreso técnico.
— Trabajos que impliquen la exposición a *agentes biológicos* de los grupos 3 y 4, según el Real Decreto 664/1997, del 12 de mayo, sobre la protección de los trabajadores contra los riesgos relacionados con la exposición a agentes biológicos durante el trabajo, así como sus normas de modificación, desarrollo y adaptación al progreso técnico.

No obstante, con anterioridad al 31 de diciembre de 2010, mediante los acuerdos interprofesionales o convenios colectivos a que se refiere el artículo 83 del Texto Refundido de la Ley del Estatuto de los Trabajadores, o la negociación colectiva sectorial de ámbito estatal en las actividades de la construcción; la minería a cielo abierto y de interior; las industrias extractivas por sondeos en superficie terrestre; los trabajos en plataformas marinas; la fabricación, manipulación y utilización de explosivos, incluidos los artículos pirotécnicos y otros objetos o instrumentos que contengan explosivos y los trabajos con riesgos eléctricos en alta tensión podrán determinarse, por razones de seguridad y salud en el trabajo, limitaciones para la celebración de contratos de puesta a disposición, siempre que cumplan los siguientes requisitos: deberán referirse a ocupaciones o puestos de trabajo concretos o a tareas determinadas, habrán de justificarse por razón de los riesgos para la seguridad y salud en el trabajo asociados a los puestos o trabajos afectados y, deberán fundamentarse en un informe razonado, que se acompañará a la documentación exigible para el registro, depósito y publicación del convenio o acuerdo colectivo por la autoridad laboral.

Por tanto, se ha permitido que aquellas actividades que estaban anteriormente excluidas, y que ahora no lo están (construcción, minería, explosivos, riesgos eléctricos de alta tensión o plataformas marinas), puedan, mediante la negociación colectiva, volver a excluirlas siempre que se refieran a puestos de trabajo o tareas concretas, no a sectores completos de actividad, y que se justifiquen mediante un informe a la autoridad laboral. Así lo ha hecho, por ejemplo, el Convenio Colectivo General del Sector de la Construcción.

En cualquier caso, desde el 1 de enero del 2011, respetando las limitaciones que, en su caso, hubieran podido establecerse mediante la negociación colectiva conforme a lo dicho anteriormente, podrán celebrarse contratos de puesta a disposición en el ámbito de las actividades antes señaladas. Sin perjuicio del cumplimiento de los requisitos establecidos legal y reglamentariamente, la celebración de contratos de puesta a disposición estará sujeta a los siguientes requisitos:

— La empresa de trabajo temporal deberá organizar de forma total o parcial sus actividades preventivas con recursos propios debidamente auditados conforme a la normativa de prevención de riesgos laborales y tener constituido un comité de seguridad y salud en el trabajo del que formen parte un número no inferior a cuatro delegados de prevención.
— El trabajador deberá poseer las aptitudes, competencias, cualificaciones y formación específica requeridas para el desempeño del puesto de trabajo, debiendo acreditarse las mismas documentalmente por la empresa de trabajo temporal.

A partir del 1 de enero de 2011, por tanto, y a tenor de la disposición adicional cuarta del Real Decreto-Ley 10/2010, se suprimen todas las limitaciones o prohibiciones actualmente vigentes para la celebración de contratos de puesta a disposición por las empresas de trabajo temporal, con la única excepción de lo establecido en la disposición adicional segunda de esta ley (trabajos de exposiciones ionizantes, riesgos mutagénicos, cancerígenos o algunos biológicos).

A partir de esa fecha, las limitaciones o prohibiciones que puedan ser establecidas solo serán válidas cuando se justifiquen por razones de interés general relativas a la protección de los trabajadores cedidos por empresas de trabajo temporal, a la necesidad de garantizar el buen funcionamiento del mercado de trabajo y de evitar posibles abusos.

Consiguientemente, ya se pueden celebrar, con la publicación del Real Decreto-Ley 10/2010, contratos de puesta a disposición para la realización de trabajos, antes prohibidos, en actividades del anexo II del Real Decreto 1627/1997, por el que se establecen disposiciones mínimas de seguridad y salud en las obras de construcción (con las cautelas y excepciones referidos en el Convenio General del Sector) o trabajos de minería a cielo abierto y de interior a los que se refiere el artículo 2 del Real Decreto 1389/1997, del 5 de septiembre, o trabajos propios de las industrias extractivas por sondeos en superficie terrestre, o trabajos en plataformas marinas, o trabajos directamente relacionados con la fabricación, manipulación y utilización de explosivos, incluidos los artículos pirotécnicos o instrumentos que contengan explosivos, o trabajos con riesgos eléctricos en alta tensión.

2.9.4.1.2 Principio de igualdad

Los trabajadores contratados para ser cedidos tendrán derecho a que se les apliquen las mismas disposiciones que a los trabajadores de la empresa usuaria en materia de protección de las mujeres embarazadas y en período de lactancia, y de los menores, así como a la igualdad de trato entre hombres y mujeres y a la aplicación de las mismas disposiciones adoptadas con vistas a combatir las discriminaciones basadas en el sexo, la raza o el origen étnico, la religión o las creencias, la discapacidad, la edad o la orientación sexual.

2.9.4.1.3 Obligaciones específicas del empresario

— El empresario debe informar a los trabajadores, antes de la contratación o del inicio de la actividad, de los riesgos a los que vayan a estar expuestos, de la exigencia de cualificaciones o aptitudes profesionales determinadas para desarrollar el trabajo, de los controles médicos especiales y de la existencia de riesgos específicos del puesto de trabajo que cubrir, así como de las medidas de protección y prevención frente a los mismos.
— Debe dar formación a los trabajadores, que será suficiente y adecuada, lo que a veces puede implicar la puesta en marcha de programas formativos

individualizados; ello dependerá de la cualificación y de la experiencia del trabajador, y de los riesgos a los que vayan a estar expuestos.
— Tiene obligación de informar a los trabajadores designados para ocuparse de las actividades de protección y prevención, y/o a los servicios de prevención, de la incorporación de este tipo de trabajadores.
— Los trabajadores tienen derecho a una vigilancia periódica de su salud, en los términos del art. 22 de la LPRL.

2.9.4.1.4 Obligaciones específicas de la ETT

— La ETT es la responsable de la formación del trabajador, incluida la del contrato de formación y aprendizaje del artículo 11.2 de la LET. Esa formación deberá ser suficiente y adecuada e integrará el contrato de puesta a disposición. La formación deberá ser previa a la prestación de servicios, aunque puede ser impartida por la empresa usuaria con cargo a la ETT. Además, de acuerdo con el Real Decreto-Ley 10/2010, el trabajador deberá poseer las aptitudes, competencias, cualificaciones y formación específica requeridas para el desempeño del puesto de trabajo, debiendo acreditarse las mismas *documentalmente* por la empresa de trabajo temporal.
— La empresa de trabajo temporal deberá organizar de forma total o parcial sus actividades preventivas con recursos propios debidamente auditados conforme a la normativa de prevención de riesgos laborales y tener constituido un comité de seguridad y salud en el trabajo del que formen parte un número no inferior a cuatro delegados de prevención (Real Decreto-Ley 10/2010).
— La ETT también será responsable de la vigilancia de la salud.
— La ETT debe informar a los trabajadores afectados, antes de la adscripción de los mismos, acerca de las características propias de los puestos de trabajo a desempeñar y de las cualificaciones requeridas.

2.9.4.1.5 Obligaciones específicas de la empresa usuaria

— La empresa usuaria es responsable de las condiciones de ejecución del contrato, en todo lo concerniente con la seguridad y salud de los trabajadores. Parece abrirse paso una interpretación de mayor alcance en esta obligación de la empresa usuaria, que incluiría también el deber de formación sobre los riesgos laborales asociados a su puesto de trabajo. Así, la STSJ de Canarias (Santa Cruz de Tenerife, del 7 de julio de 2023) (Rec. 523/2022) impone a la empresa cesionaria el recargo de prestaciones, al atribuir la ITSS como causa del accidente la falta de formación específica del trabajador en el manejo de la maquinaria. No prospera la impugnación de la empresa cesionaria, que alegó que correspondía a la empresa de trabajo temporal la formación preventiva.

— Deberá informar al trabajador con carácter previo del inicio de la actividad de los riesgos, de las medidas de protección, de los requerimientos de cualificación y de la exigencia o no de controles médicos especiales, así como de la existencia de riesgos específicos en el puesto de trabajo a cubrir, y sobre las medidas de protección y prevención.

— También deberá informar de todos estos extremos y, en primer lugar, de la adscripción de estos trabajadores puestos a disposición por la empresa de trabajo temporal, a los servicios de prevención y a los representantes de los trabajadores, para que puedan realizar sus funciones. Estos trabajadores de la ETT podrán dirigirse a la representación de los trabajadores de la empresa usuaria para el ejercicio de los derechos reconocidos por la Ley. Y, por último, también deberá informar de estos apartados a la ETT. La información reseñada deberá documentarse en el contrato de puesta a disposición.

— La empresa usuaria deberá informar a la ETT, y esta, a los trabajadores afectados, antes de la adscripción de los mismos, acerca de las características propias de los puestos de trabajo a desempeñar y de las cualificaciones requeridas.

CUESTIONARIO DE AUTOEVALUACIÓN Y APRENDIZAJE

1. ¿En qué consiste el deber general de seguridad del empresario?

2. ¿Qué significa que el deber de protección del empresario se configure como una obligación material?

3. ¿En qué consiste el principio de seguridad integrada?

4. ¿En qué consiste la Planificación de la Prevención de Riesgos Laborales?

5. ¿Cuáles son los procedimientos para realizar una evaluación de riesgos?

6. ¿Cuántas evaluaciones deben realizarse en la empresa y en qué supuestos?

7. ¿Cuándo procede la revisión de la evaluación?

8. ¿Qué especiales obligaciones tiene el empresario en la elección de equipos de trabajo y de los EPI?

9. ¿Qué tipo de formación en prevención debe otorgar el empresario a sus trabajadores? Y, ¿en el caso de trabajadores temporales? ¿Puede el empresario que asume la actividad preventiva impartir formación a sus trabajadores?

10. ¿Qué tipo de medidas de emergencias tiene que establecer el empresario?

11. En los supuestos de riesgo grave e inminente ¿en qué consiste el *ius resistentiae* de los trabajadores?

12. ¿Cuáles son los supuestos en los que la vigilancia de la salud puede resultar obligatoria para el trabajador?

13. ¿Cuáles son y cómo se manifiestan los derechos de la persona que actúan como límites infranqueables en la vigilancia de la salud?

14. ¿Qué tipo de pruebas pueden realizarse a los trabajadores en la vigilancia de la salud?

15. ¿Qué entiende la LPRL por «trabajador especialmente sensible»? ¿Qué especiales medidas de PRL tiene que adoptar el empresario en estos casos?

16. Respecto a las mujeres embarazas o en período de lactancia, ¿qué debe incluir la prevención de riesgos?

17. ¿Cuántas evaluaciones de riesgos deben hacerse y de qué tipo en el caso de las mujeres embarazadas o en período de lactancia?

18. Respecto del trabajado de menores, ¿qué especiales medidas de prevención y protección debe adoptar el empresario?

19. ¿Cuál es el principal deber de la empresa usuaria respecto de los trabajadores cedidos por una ETT? Y ¿qué tipo de actividades no se pueden contratar a través de un contrato de puesta a disposición?

20. ¿Cuál de las siguientes afirmaciones no es correcta?

    a. El técnico como tal no puede eludir sus responsabilidades en materia de prevención de riesgos laborales.
    b. El control de los riesgos laborales compete, en exclusiva, a los técnicos de prevención.
    c. La seguridad y la salud del trabajo se encuentran íntimamente relacionadas con las tecnologías de los procesos de producción.
    d. Actualmente no es posible deslindar la tecnología y los procesos productivos de las medidas de prevención a adoptar (seguridad integrada)

TEMA V
OBLIGACIONES DE TERCEROS: FABRICANTES, SUMINISTRADORES E IMPORTADORES

1. Cuestiones generales

El artículo 41 de la LPRL tiene como fuentes normativas internacionales, por un lado, la aplicación de los Convenios núm. 119 y núm. 155 de la Organización Internacional del Trabajo; por otro lado, la Directiva 85/374/CEE del Consejo, relativa a la aproximación de las disposiciones legales, reglamentarias y administrativas de los Estados miembros en materia de responsabilidad por los daños causados por productos defectuosos y la Directiva 1999/34/CE del Parlamento europeo y del Consejo, del 10 de mayo de 1999, por la que se modifica la anterior.

Es novedosa la introducción de un artículo de estas características en la Ley de Prevención de Riesgos Laborales. Su inclusión en una norma sectorial de prevención de riesgos es un avance, dado que han sido tradicionalmente obligaciones propias de la industria y el comercio, contempladas en su legislación específica.

De este modo, estamos ante un ejemplo de la coordinación que la Ley de Prevención de Riesgos Laborales pretende, en este caso con la legislación y la política industrial, y las obligaciones y responsabilidades subsiguientes.

Frente a los fabricantes, importadores y suministradores, establece determinadas precauciones, de modo que el empresario que adquiera los equipos de trabajo, las materias primas o productos, sin merma de su responsabilidad, tenga garantías de que tales elementos no constituyan una fuente de peligro para los trabajadores que los utilizan.

Exige además al empresario una nueva fuente de obligaciones en materia de información, a sumar a las existentes. En cualquier caso, aunque el artículo 3 de la LPRL, se refiere a su aplicación a fabricantes, importadores y suministrados, lo cierto es que el responsable inmediato del deber de protección frente al trabajador será siempre el empresario. No en vano la LISOS no menciona en ningún momento en la lista de infracciones a los fabricantes, importadores y suministradores.

2. Responsabilidades

Ninguno de estos sujetos, denominados «terceros» (fabricantes, suministradores o importadores), tiene relación contractual con los trabajadores, sino que es el empresario principal o, en su caso, el empleador, el responsable directo, el sujeto de obligaciones con este «tercero», y con los trabajadores del empresario, que tienen carácter de sujetos protegidos.

Pero el artículo 41 de la LPRL dista de ser un precepto de factura jurídica acabada o plena. En realidad, no establece las responsabilidades de estos terceros, solo sus obligaciones, y tampoco las deslinda, imputando a los mismos agentes los mismos deberes, de forma indistinta.

Parece obvio, por tanto, que deberemos completar este artículo 41 de la LPRL, con lo dispuesto en la Ley de Industria estatal (Ley 21/1992, del 16 de julio), y, en su caso, con las leyes autonómicas en la materia. La Administración correspondiente (usualmente, la autonómica) podrá imponer sanciones, coordinándose con la Administración laboral (art. 11 de la LPRL), puesto que esta, en principio, no fija en la LISOS una tipificación de las infracciones para estos sujetos «terceros», suministradores, fabricantes o importadores. Estamos, así, ante una manifestación del principio de coordinación administrativa territorial, reseñado artículo 11 de la LPRL.

La Ley de Industria tipifica como infracciones graves la *fabricación, importación, venta, transporte, instalación o utilización de productos, aparatos o elementos sujetos a seguridad industrial sin cumplir las normas reglamentarias,* cuando comporte peligro o daño grave para personas, flora, fauna, cosas o el medio ambiente [artículo 31.2 a) de la Ley de Industria]. Si el resultado es muy grave, o genera un peligro muy grave e inminente para las personas, las cosas, la flora, la fauna o el medio ambiente, la infracción entonces será muy grave.

Según el artículo 9.4 de la Ley de Industria, las actividades relacionadas con la seguridad e higiene en el trabajo se regirán por lo dispuesto en su normativa específica. Y así, de acuerdo con el artículo 30.1 de la misma Ley, cuando estas conductas constituyan incumplimiento de la normativa de seguridad, higiene y salud laborales, será esta infracción la que será objeto de sanción conforme a lo previsto en dicha normativa.

Por tanto, en relación con los trabajadores como sujetos protegidos, las sanciones se remiten a la normativa específica de seguridad e higiene, si bien las infracciones lo serán en relación con los incumplimientos de la normativa industrial, pudiendo llegarse a la paralización de la actividad en caso de riesgo grave e inminente (artículo 44 de la LPRL).

Téngase en cuenta que, como funciones de la Inspección de Trabajo y Seguridad Social, están las de vigilar el cumplimiento de la normativa sobre prevención de riesgos laborales, así como de las normas jurídico-técnicas que incidan en las condiciones de trabajo en materia de prevención, *aunque no tuvieran la calificación directa de normativa laboral,* proponiendo a la autoridad laboral la sanción correspondiente, cuando comprobase la infracción a la normativa sobre prevención de riesgos laborales.

En todo caso, el incumplimiento por parte de estos terceros no exonera de responsabilidades al empresario, quien no podrá alegar válidamente desde las obligaciones contractuales con los trabajadores que ha utilizado los equipos que el suministrador le ha garantizado como seguros o fiables, o que tenían el marcado CE, y/o un procedimiento acreditado de seguridad y de calidad del producto (certificación o normalización).

El empresario, como empleador, debe cumplir el Real Decreto 1215/1997, por el que se establecen disposiciones mínimas de seguridad y salud laboral en equipos de trabajo, con independencia de que sea sorprendido en su buena fe contractual por el fabricante o suministrador, por incumplimiento de las directivas y normas nacionales de seguridad industrial, frente a los cuales podrá accionar las responsabilidades civiles que sean pertinentes.

Ahora bien, es obvio que la responsabilidad del empresario adquirente de estos equipos o productos podrá ser objeto de atenuantes, o incluso de eximentes, en un eventual procedimiento o expediente administrativo sancionador, y también en sus responsabilidades civiles y penales, en tanto que haya acreditado una diligencia específica en el cumplimiento de sus obligaciones, y haya sometido, por ejemplo, a sus equipos de trabajo a las declaraciones o comprobaciones de adecuación al RD 1215/1997, sobre equipos de trabajo, máxime si las máquinas adquiridas son conformes con el Real Decreto 1435/1992, modificado por el RD 56/1995, y por el RD 1644/2008, de comercialización y puesta en servicio de las máquinas, que exige una declaración de conformidad a las Directivas de seguridad industrial aplicables al equipo de trabajo, el marcado CE acreditativo de esta conformidad y el manual de instrucciones.

Además, tanto el empresario como el trabajador afectado podrán interponer las acciones civiles resarcitorias por daños y perjuicios, contra estos terceros, ya sean contractuales (artículo 1101 del Código Civil), o extracontractuales (artículos 1902 y 1903 del CC). Si la sentencia fuera condenatoria y no pudieran deslindarse las responsabilidades de los terceros, lo normal será que se los condene solidariamente.

Todo ello sin perjuicio, en su caso, de las correspondientes acciones penales, que ya no son estrictamente personales, sino que afectan también, de forma compatible, a las personas jurídicas en ciertos preceptos, a partir de la reforma del Código Penal, operada mediante Ley Orgánica 5/2010, del 22 de junio (por ejemplo, en el caso del artículo 318 bis, que trata del tráfico ilegal o la inmigración clandestina de personas). Las acciones penales, además, pueden llevar aparejada, en caso de condena, una responsabilidad civil accesoria, *ex delicto*, a la que pueden hacer frente también las personas jurídicas y entidades de seguros.

3. Los supuestos del artículo 41 de la Ley de Prevención de Riesgos Laborales

3.1 La obligación de asegurar que los equipos de trabajo y productos no sean fuente de peligro

Establece el artículo 41.1 de la LPRL como obligación de los fabricantes, importadores y suministradores de maquinaria, equipos y productos útiles de trabajo, que deben asegurar que estos no constituyen fuente de peligro para el trabajador, siempre que sean instalados y utilizados en las condiciones, forma y para los fines recomendados por ellos.

De ahí la importancia que no se proceda por el empresario a ningún tipo de manipulación, soldaduras, incorporación de accesorios o adaptaciones de los equipos de trabajo que no vengan autorizada expresamente por el fabricante, puesto que dichas alteraciones producirían la exoneración de su responsabilidad, máxime en los supuestos de máquinas o útiles con marcado CE, o fabricados de acuerdo con un prototipo normalizado o certificado.

Para su aplicación en el ámbito empresarial, se ha publicado un acervo complejo de normas técnico-jurídicas, que en sí mismas, como legislación industrial, indican los criterios para la elaboración de la evaluación de riesgos (por ejemplo, el Reglamento Electrotécnico de Baja Tensión, o la Instrucción Técnica Complementaria que regula la instalación y montaje de las grúas torre, aprobada mediante Real Decreto 836/2003, del 27 de junio. El estricto cumplimiento de estas normas, que en sí mismas ayudan a la realización de la evaluación de riesgos, otorga una razonable confianza sobre la minimización y control de los riesgos.

Se trata de cumplir la obligación de combatir los riesgos en su origen, como principio de la acción preventiva del artículo 15 de la LPRL, garantizando la seguridad de las máquinas, equipos, productos y útiles de trabajo suministrados o importados.

En todo caso, deben imbricarse o complementarse las diferentes normas jurídico-técnicas con las prescripciones de la Ley 21/1992, del 16 de junio, de Industria.

Debe tenerse en cuenta también la normativa industrial de seguridad en los productos o de comercialización de productos peligrosos (a título de ejemplo, el RD 2028/1986, sobre vehículos a motor, remolques y componentes, cuyos anexos I y II han sido actualizados mediante la Orden ITC/2948/2007; el RD 1504/1990, sobre aparatos de presión; el RD 1495/1991, modificado por el RD 2486/1994, sobre recipientes simples a presión; el RD 7/1988, modificado por el RD 154/1995, sobre material eléctrico; el RD 1428/1992, modificado por el RD 276/1995, sobre aparatos de gas).

Y, sobre todo, el RD 1435/1992, del 27 de noviembre, sobre máquinas, modificado por el RD 56/1995, del 20 de enero, y por el RD 1644/2008, que establece, entre otras cuestiones, la exigencia de las máquinas fabricadas o comercializadas en la Unión Europea a partir de 1995, de acreditar el cumplimiento de la normativa de seguridad industrial mediante la declaración de conformidad del fabricante, el marcado CE y el manual de instrucciones. Esta normativa es de carácter industrial, y máxima, y debe cumplirla el fabricante o importador. Ahora bien, el empresario, en su calidad de empleador de trabajadores por cuenta ajena, debe cumplir en todo caso el Real Decreto 1215/1997, del 18 de julio, por el que se establecen las disposiciones mínimas de seguridad y salud para la utilización por los trabajadores de los equipos de trabajo, que es una norma de prevención de riesgos laborales, y tiene carácter de norma mínima.

3.2 Envasado y etiquetado

Los fabricantes, importadores y suministradores de productos y sustancias químicas deberán envasar y etiquetar los mismos, de forma que se permita su conservación y manipulación en condiciones de seguridad, identificando claramente su contenido y los riesgos que para la seguridad y salud de los trabajadores que su utilización o almacenamiento comporten.

Debe tenerse en cuenta aquí, por ejemplo, el RD 255/2003, del 28 de febrero, por el que se aprueba el Reglamento sobre clasificación, envasado y etiquetado de preparados peligrosos. Sus anexos han sido modificados por Orden PRE/3/2006, del 12 de enero, la Orden PRE/164/2007, del 29 de enero y la Orden PRE/1648/2007, del 7 de junio, entre otras.

Los envases y cierres deben garantizar que no sean posibles pérdidas de su contenido ni puedan ser atacados por los productos que contengan.

— El *etiquetado* está normalizado en normas técnicas, y debe comprender las leyendas y pictogramas correspondientes, según su clasificación de nocivas, corrosivas, inflamables, etcétera.
— Deberán disponer, asimismo, de forma obligatoria, de una *ficha de seguridad* con el fin de adoptar un sistema de información dirigido a los usuarios profesionales y empresarios.
— Deben tener unos pictogramas de señalización específicos, y contener las frases R y S, correspondientes a riesgos y medidas de seguridad, respectivamente.

3.3 El deber de información

Trata de los *elementos de protección de los trabajadores:* Los fabricantes, importadores y suministradores deben dar *información* sobre el tipo de riesgo al que van dirigidos, nivel de protección y forma correcta de uso y mantenimiento.

Están obligados a asegurar la efectividad de los mismos, siempre que estén instalados y usados en las condiciones y de la forma recomendada por ellos.

Así, el RD 1407/1992, del 20 de noviembre, regula las condiciones para la comercialización y libre circulación intracomunitaria de los equipos de protección individual, modificado parcialmente por el RD 159/1995, del 3 de febrero.

Deben responder a criterios ergonómicos, el grado de protección debe ser tan elevado como sea posible, han de ser inocuos y fabricarse teniendo en cuenta factores de comodidad y eficacia.

Recordamos que, si llevan marcado CE, y todos los equipos de protección individual deben tenerlo, si son posteriores a 1995, se consideran conformes a las exigencias de sanidad y seguridad industrial, salvo falsificación, dolo o fraude en la certificación.

La obligación de definir las obligaciones de certificación puede ser de tres tipos:

— *Equipos no sometidos a examen de tipo CE:* es el fabricante quien se autocertifica, bajo su responsabilidad. Deben referirse a equipos de diseño sencillo cuya eficacia contra los riesgos puede el usuario juzgar por sí mismo, y si estos son graduales, pueden ser percibidos a tiempo y sin peligro para el usuario.

— *Equipos sometidos a examen CE de tipo:* requiere un procedimiento de control externo para comprobar y certificar que cumplen con las exigencias esenciales de seguridad. El organismo de control elabora un certificado de examen CE de tipo si cumple la normativa, y lo notifica al solicitante.

— *Equipos sometidos a procedimientos de control de calidad:* se trata de EPI que protegen contra todo peligro mortal o que puedan dañar gravemente y de forma irreversible la salud del usuario. Tienen dos modalidades:

  o *Sistema de garantía de calidad CE del producto final:* el fabricante debe garantizar la homogeneidad de los EPI y que responden a lo establecido en el certificado de examen CE de aprobación del tipo. Los controles se verifican aleatoriamente por el organismo de control, y con intervalos de al menos un año, y sobre un conjunto adecuado de muestras.

o *Sistema de garantía de la calidad CE de la producción con vigilancia:* el sistema de calidad del fabricante está sujeto a su aprobación por el organismo de control y a las correspondientes auditorías periódicas. El sistema de calidad engloba organigramas, objetivos de calidad, responsabilidades, controles y pruebas a realizar, y los medios destinados a comprobar la eficacia del funcionamiento del sistema de calidad. Cada EPI se somete a examen y a las pruebas y a controles para verificar su conformidad con el modelo aprobado y las exigencias aplicables.

3.4 El deber de información adicional del empresario

De la entretejida red de obligaciones de información, tres corresponden a las ya vistas de fabricantes, suministradores e importadores. El artículo 41 de la LPRL establece además que los citados fabricantes, suministradores e importadores deberán suministrar la información que indique «la forma correcta de utilización por los trabajadores, las medidas preventivas adicionales que deban tomarse y los riesgos laborales que conlleven tanto su uso normal, como su manipulación o empleo inadecuado».

Y de las dos últimas obligaciones de información, una es complementaria de las anteriores, ya que los fabricantes, importadores y suministradores deberán proporcionar a los empresarios, y estos recabar de aquellos, la información necesaria para que la utilización y manipulación de la maquinaria, equipos, productos, materias primas y útiles de trabajo se produzca sin riesgos para la seguridad y la salud de los trabajadores, así como para que los empresarios puedan cumplir con sus obligaciones de información respecto de los trabajadores, y otra corresponde al empresario, debiendo este garantizar que las informaciones a que se refiere el apartado anterior sean facilitadas a los trabajadores en términos que resulten comprensibles para los mismos.

Por tanto, de la exposición precedente tenemos que los *fabricantes, importadores y suministradores* de equipos, maquinaria, productos, útiles y sustancias químicas deben también informar sobre:

— La forma correcta de su utilización por los trabajadores.
— Las medidas preventivas adicionales que, en su caso, deban adoptarse.

— Los riesgos laborales que conlleven tanto su uso normal como su manipulación o empleo inadecuado.
— Los mismos sujetos *deben proporcionar a los empresarios, y estos recabar de aquellos, la información* necesaria para que la utilización y manipulación de la maquinaria, equipos, productos, útiles o materias primas se produzca sin riesgos para la seguridad de los trabajadores, así como para que los empresarios puedan cumplir sus obligaciones de información respecto de los trabajadores.

Por su parte, el empresario tiene una doble obligación, dado que, primero, debe recabar dicha información de los fabricantes, suministradores e importadores, si estos no la proporcionan inicialmente y, segundo, facilitarla a los trabajadores de la forma que resulte comprensible para los mismos, por tanto, en un idioma oficial de España y, creemos, en todo caso en castellano. En este sentido, la Sentencia del TSJ de Andalucía del 14 mayo 2004.

Además, la prescripción de que los que los fabricantes, importadores y suministradores tienen que proporcionar a los empresarios, y estos recabar de aquellos, la información necesaria para que la utilización y manipulación de la maquinaria, equipos, productos, materias primas y útiles de trabajo se produzca sin riesgos para la seguridad y la salud de los trabajadores, así como para que los empresarios puedan cumplir con sus obligaciones de información respecto de los trabajadores, debe ponerse en relación con el artículo 24.4 de la LPRL, que establece que esta obligación es también de aplicación respecto de las operaciones contratadas, en los supuestos en que los trabajadores de la empresa contratista o subcontratista no presten servicios en los centros de trabajo de la empresa principal, siempre que tales trabajadores deban operar con maquinaria, equipos, productos, materias primas o útiles proporcionados por la empresa principal.

4. Normas conexas con el artículo 41 de la LPRL

4.1 La Ley de Prevención y la Ley de Industria

El artículo 17 de la LPRL establece que el empresario debe garantizar que los equipos de trabajo sean adecuados para el trabajo que deba realizarse y convenientemente adaptados a tal efecto, de forma que garanticen la seguridad y salud de los trabajadores al utilizarlos.

La Ley 21/1992, de Industria, determina que la seguridad industrial tiene por objeto la prevención y limitación de los riesgos y la protección contra accidentes y siniestros que puedan producir daños y perjuicios, entre otros, a las personas, ya deriven de la actividad industrial o de la utilización, el funcionamiento o el mantenimiento de las instalaciones o equipos y de la producción, uso, consumo, almacenamiento o desecho de productos industriales (artículo 9.1).

Los reglamentos técnicos derivados de la Ley de Industria constituyen un factor importante en el que se establecen requerimientos de seguridad y medidas de prevención, en las instalaciones, equipos o productos de trabajo, y pueden condicionar el funcionamiento de la empresa hasta que se pruebe el cumplimiento de las normas técnicas, pudiendo formar parte de la evaluación de riesgos (artículo 12).

4.2 El Real Decreto de máquinas y el Real Decreto de equipos de trabajo

El RD 1435/1992, modificado por el RD 56/1995, que traspone la Directiva 89/392/CEE y sus modificaciones, establece también una limitación en la comercialización y puesta en funcionamiento de las máquinas o componentes de seguridad que comprometan la seguridad y salud de las personas, animales domésticos o bienes.

Por máquina se entiende un conjunto de piezas u órganos unidos entre sí, de los cuales uno al menos habrá de ser móvil y, en su caso, de órganos de accionamiento, circuitos de mando o potencia, y otros, asociados de forma solidaria para su aplicación.

Por componente de seguridad, el que no constituye un equipo intercambiable, y que se comercialice con el fin de garantizar una función de seguridad, y cuyo mal funcionamiento comprometa la seguridad y salud de las personas expuestas.

Los fabricantes deberán cumplir con los requisitos esenciales de seguridad y salud relativos al diseño y fabricación de las máquinas y de los componentes de seguridad establecidos en el anexo I.

Las máquinas que estén provistas del marcado CE y acompañadas de la declaración CE de conformidad se consideran, *a priori*, que están en disposición de cumplir los requisitos de seguridad. Deberán acompañar también un manual de instrucciones en castellano, en el que se detallen las normas de seguridad, los riesgos de un uso inadecuado, las precauciones a considerar, las instrucciones de montaje, uso y mantenimiento y el modo de utilización de forma segura. No obstante, si a pesar de llevar su marcado y su declaración, y de ser utilizada conforme al uso previsto, pone en peligro la seguridad y salud de las personas, las comunidades autónomas competentes retirarán dichas máquinas o componentes, prohibirá su comercialización y adoptará las medidas apropiadas contra quien haya puesto el marcado o haya elaborado la declaración de conformidad.

Diferencias entre el RD 1435/1992 y el RD 1215/1997:

Se resumen diferencias entre ambas normas, algunas apuntadas anteriormente:

El RD 1435/1992, del 27 de noviembre, modificado por el RD 56/1995:

— Es una norma de seguridad industrial.
— Los sujetos afectados son fabricantes, importadores y comercializadores.
— Es una norma de máximos, y regula los requisitos necesarios para una posterior normalización o certificación.

El RD 1215/1997, del 18 de julio, sobre disposiciones mínimas de seguridad y salud laboral en equipos de trabajo, modificado por el RD 2177/2004:

— Es una norma laboral, de prevención de riesgos laborales.
— Es una norma de mínimos.
— Es una norma cuyos destinatarios son los empresarios.
— Cualquier máquina o equipo de trabajo debe cumplir el RD 1215/1997 también los que tengan marcado CE. Se exigirá en todo caso una declaración de adecuación a dicho Decreto. Lo que ocurre es que, si el equipo de trabajo tiene marcado CE, se presume que existe una confianza objetiva en el cumplimiento de los requisitos de seguridad industrial que ha debido superar.

CUESTIONARIO DE AUTOEVALUACIÓN Y APRENDIZAJE

1. ¿En qué medida se aplica la LPRL a los fabricantes, importadores y suministradores?

2. ¿Cuál es la relación de la regulación establecida en el artículo 41 de la LPRL, respecto de los fabricantes, importadores y suministradores con las obligaciones del empresario en prevención de riesgos laborales?

3. En el supuesto de que fabricantes, importadores y suministradores incumplan las normas específicas de industria, ¿en qué tipo de responsabilidades pueden incurrir los empresarios?

4. ¿Qué tipo de información deben suministrar los fabricantes, importadores y suministradores?

5. ¿En qué consiste el deber de información adicional del empresario?

TEMA VI
RESPONSABILIDADES EN MATERIA
DE PREVENCIÓN DE RIESGOS LABORALES

1. La responsabilidad empresarial

1.1 El empresario como sujeto responsable

La LPRL focaliza su atención en la responsabilidad del empresario, al ser el principal obligado en cumplir la normativa en prevención de riesgos laborales, sin perjuicio de la posible exigencia de responsabilidad a otros sujetos.

Las responsabilidades que pueden exigirse al empresario, según dispone el artículo 42 de la LPRL, son:

— Responsabilidad penal, si incurre en delito.
— Responsabilidad administrativa, incluso por actos de trabajadores que actúen en su nombre y por su cuenta.
— Responsabilidad en materia de Seguridad Social; como es el recargo de prestaciones. Pertenece a la esfera de la responsabilidad administrativa.
— Responsabilidad civil o patrimonial, bien por actos propios o por actos de sus empleados.
— Responsabilidad laboral, que es la posibilidad que tiene el trabajador de solicitar judicialmente la resolución de su contrato de trabajo por incumplimiento grave del empresario de sus obligaciones en materia de prevención de riesgos laborales.

El artículo 42.1 establece textualmente que el incumplimiento por los empresarios de sus obligaciones en materia de prevención de riesgos laborales dará lugar a responsabilidades administrativas, así como, en su caso, a responsabilidades penales y a las civiles por los daños y perjuicios que puedan derivarse de dicho incumplimiento.

1.2 Otros sujetos responsables

De entre las distintas responsabilidades citadas, debe destacarse la responsabilidad específica que la norma establece en los supuestos de:

— Contratas y subcontratas (responsabilidad administrativa solidaria del art. 24.3 de la LPRL en conjunción con el art. 42.3 de la LISOS): las empresas

que contraten o subcontraten con otras la realización de obras o servicios correspondientes a la propia actividad de aquellas y que se desarrollen en sus propios centros de trabajo deberán vigilar el cumplimiento por dichos contratistas y subcontratistas de la normativa de prevención de riesgos laborales, respondiendo la empresa principal de forma solidaria con los contratistas y subcontratistas.
— Y en los casos de empresas de trabajo temporal, según la concreta distribución de obligaciones que legalmente se imputan tanto a la ETT como a la empresa usuaria.

Otros sujetos responsables y tipos de responsabilidades serían:

— Responsabilidades de los empresarios titulares de los centros de trabajo.
— Responsabilidad de los trabajadores, que puede ser disciplinaria, civil e incluso penal.
— Responsabilidad de los trabajadores autónomos, siendo posible la responsabilidad administrativa por incumplimiento de las obligaciones establecidas en el artículo 24 de la LPRL (coordinación, cooperación, información recíproca y deber de seguimiento de las instrucciones).
— Responsabilidad de los servicios de prevención y de sus integrantes, que pueden concurrir en responsabilidad civil, penal y administrativa, incluido el recargo de prestaciones. La Ley prevé también que puedan perder la acreditación para actuar como servicios de prevención externo o ajeno.
— Responsabilidad de las empresas auditoras y de las entidades que imparten formación. También está prevista la sanción correspondiente a pérdida de la acreditación.
— Los fabricantes, los importadores y los suministradores (art. 41 de la LPRL).

2. La responsabilidad administrativa

2.1 Características de la responsabilidad administrativa

La responsabilidad administrativa sanciona conductas y no resultados.

Para que exista responsabilidad administrativa, no se exige que se produzca un daño (lesiones, enfermedades o muerte), como en el caso de la responsabilidad civil o patrimonial, sino que basta que se produzca el riesgo (STS del 28.2.1978); se sanciona el mero incumplimiento de la norma, por haberse generado un riesgo directo o indirecto para la seguridad de los trabajadores, o un incumplimiento formal o documental de las obligaciones recogidas en la Ley.

Ahora bien, de producirse el daño, la ley prevé que la gravedad de los daños producidos actuará de criterio o circunstancia agravante en la graduación de la sanción (artículo 39.3 c) de la LISOS).

Es una responsabilidad cuasi objetiva, en muchos casos. La voluntariedad del empresario resulta irrelevante para que exista una infracción, presumiéndose la existencia en las conductas tipificadas: *«el fundamento de la responsabilidad empresarial se centra más en la transgresión del ordenamiento jurídico que en los elementos subjetivos de dolo o culpa. El incumplimiento objetivo de la regla jurídica hace ajustada a derecho la infracción sancionada (STS del 29.12.1981)».* Por tanto, parece que cuando se ha cometido la infracción de un tipo de la Ley sancionatoria, es porque el empresario ha actuado con dolo o con negligencia.

La conducta del trabajador resulta, en general, poco relevante para que exista responsabilidad empresarial.

No se admite la compensación de culpas. El empresario debe prever las distracciones o imprudencias no temerarias del trabajador (STS del 19.4.2004).

Tampoco exonera de responsabilidad al empresario el incumplimiento por parte de los trabajadores designados o por los del Servicio de Prevención, de las obligaciones de los sistemas de prevención constituidos (artículo 14.4 de la LPRL). La Ley presume que estos fallos se deben a una negligencia del empresario *in eligendo* o *in vigilando* (STS del 18.2.97).

2.2 La sustanciación de la responsabilidad administrativa

Consiste en la imposición de una multa o sanción pecuniaria, siguiendo al efecto la Administración competente el procedimiento sancionador legalmente previsto, a propuesta de la Inspección de Trabajo y Seguridad Social.

Para que exista responsabilidad administrativa, las infracciones, su gravedad y el tipo de sanción a aplicar deben estar recogidos en una norma con rango de Ley y tipificados en la misma (principio de legalidad y de tipicidad).

La relación de infracciones y las correspondientes sanciones en materia de prevención de riesgos laborales vienen recogidas en el Texto Refundido de la Ley de Infracciones y Sanciones en el Orden Social (LISOS), aprobado mediante Real Decreto Legislativo 5/2000, de 4 de agosto.

La responsabilidad administrativa nace de las acciones u omisiones que impliquen un incumplimiento normativo, bien sea incumplimiento de una Ley o de un reglamento, bien sea incumplimiento de lo dispuesto en las cláusulas normativas de los convenios colectivos. Se incluyen, por tanto, los incumplimientos de las cláusulas normativas de los convenios colectivos estatutarios, que tienen fuerza de ley en el ámbito funcional y territorial del convenio (artículo 5.2 de la LISOS).

Las sanciones a imponer dependen del tipo de infracción y de su gravedad, pudiendo calificarse las infracciones como leves, graves y muy graves en atención a la naturaleza del deber infringido y la entidad del derecho afectado, de conformidad con lo establecido en los artículos 11 a 13 de la LISOS.

Asimismo, existen circunstancias agravantes y atenuantes, pudiendo imponerse en cada caso en su grado mínimo, medio o máximo.

2.3 Infracciones en materia de prevención de riesgos laborales

A tenor de lo dispuesto en el artículo 5.2 de la LISOS, *son infracciones en materia de prevención de riesgos laborales* las acciones u omisiones de los diferentes sujetos responsables que incumplan las normas legales, reglamentarias y cláusulas normativas de los convenios colectivos en materia de seguridad y salud en el trabajo sujetas a responsabilidad conforme a esta Ley.

Destacamos de este concepto las siguientes consideraciones:

— Pueden ser acciones, pero también omisiones. La inactividad del sujeto responsable, habiendo una obligación jurídica de actuar, es también constitutiva de infracción.
— El sujeto responsable será usualmente el empresario, pero la Ley introduce en la relación otras figuras, como el trabajador autónomo, el titular del centro de trabajo (el promotor, en el sector de la construcción), las entidades especializadas como servicio de prevención ajeno, o las entidades auditoras.
— Los incumplimientos que pueden dar lugar a sanción administrativa estarán tipificados en la Ley, en un sentido amplio, comprensiva esta de las leyes propiamente dichas, de los reglamentos de desarrollo, y también de las cláusulas normativas de los convenios colectivos, que, como sabemos, se constituyen en fuente de derecho y con fuerza de obligar en su ámbito de actuación.

Es muy importante, como norma sustantiva que ha ampliado notablemente la relación de infracciones, la promulgación de la Ley 32/2006, del 18 de octubre, reguladora de la subcontratación en el sector de la construcción.

2.4 Las sanciones y su criterio de graduación

Una vez reconocidas las conductas infractoras, a través del procedimiento reglado, procede la imposición de la sanción, como manifestación explícita del ejercicio de la autotutela de la Administración, sujeta al principio de legalidad.

Fundamentalmente, la sanción se plasma en una cantidad pecuniaria, o multa, a satisfacer por el sujeto responsable. Esta tiene dos finalidades, la represiva y la intimidatoria, puesto que no se trata de una satisfacción reparadora o compensatoria de daños y perjuicios.

En las sanciones por infracciones en materia de prevención de riesgos laborales, a efectos de su graduación, se tienen, no obstante, en cuenta unos criterios específicos:

— La peligrosidad de las actividades desarrolladas en la empresa o centro de trabajo.

— El carácter permanente o transitorio de los riesgos inherentes a dichas actividades.
— La gravedad de los daños producidos o que hubieran podido producirse por la ausencia o deficiencia de las medidas preventivas necesarias.
— El número de trabajadores afectados.
— Las medidas de protección individual o colectiva adoptadas por el empresario y las instrucciones impartidas por este en orden a la prevención de los riesgos.
— El incumplimiento de las advertencias o requerimientos previos a que se refiere el artículo 43 de la Ley 31/1995, del 8 de noviembre, de Prevención de Riesgos Laborales.
— La inobservancia de las propuestas realizadas por los servicios de prevención, los delegados de prevención o el comité de seguridad y salud de la empresa para la corrección de las deficiencias legales existentes.
— La conducta general seguida por el empresario en orden a la estricta observancia de las normas en materia de prevención de riesgos laborales.

Los criterios de graduación no pueden utilizarse para agravar o atenuar la infracción cuando estén contenidos en la descripción de la conducta infractora o formen parte del propio ilícito administrativo (artículo 39.5 de la LISOS).

El acta de la Inspección de Trabajo que inicia el procedimiento sancionador y la resolución administrativa que recaiga deberán *explicitar* los criterios de graduación de la sanción tenidos en cuenta. Cuando no se considere relevante ninguna de las circunstancias, la sanción se impondrá en el grado mínimo en su tramo inferior.

Se sancionará en el máximo de la calificación que corresponda toda infracción que consista en la persistencia continuada de la comisión (artículo. 39.7 de la LISOS).

2.5 Las cuantías

Las cuantías sancionatorias están contempladas en el artículo 40 de la LISOS, y fueron actualizadas por Real Decreto 306/2007, del 2 de marzo.

Las cuantías de las sanciones, por infracciones en materia de prevención de riesgos laborales, previstas en el apartado 2 del artículo 40 del Texto Refundido de la Ley sobre Infracciones y Sanciones en el Orden Social (LISOS), aprobado por Real Decreto Legislativo 5/2000, del 4 de agosto, tienen unas cuantías singularizadas, y quedan establecidas del siguiente modo:

— Las leves, en su grado mínimo, con multa de 40 a 405 euros; en su grado medio, de 406 a 815 euros y en su grado máximo, de 816 a 2045 euros.
— Las graves con multa, en su grado mínimo, de 2046 a 8195 euros; en su grado medio, de 8196 a 20 490 euros y en su grado máximo, de 20 491 a 40 985 euros.
— Las muy graves con multa, en su grado mínimo, de 40 986 a 163 955 euros; en su grado medio, de 163 956 a 409 890 euros y en su grado máximo, de 409 891 a 819 780 euros.

2.6 La reincidencia

Respecto a la cuestión de la reincidencia, regulada en el artículo 41 de la LISOS, se establece que se produce cuando se comete una infracción del mismo tipo y calificación que la que motivó la sanción anterior en el plazo de los 365 días siguientes a la notificación de esta; en tal supuesto, se requiere que la resolución sancionadora hubiere adquirido firmeza.

Si hubiere reincidencia, la cuantía de las sanciones puede aumentarse hasta el duplo del grado de la sanción correspondiente a la infracción cometida, sin exceder, en ningún caso, de las cuantías máximas previstas para cada clase de infracción.

2.7 Responsabilidades solidarias

La responsabilidad solidaria, en el ámbito del Derecho administrativo sancionador laboral, puede definirse como la aplicable a un grupo de personas, físicas o jurídicas, en este caso, empresas, de forma que todas responden ante la infracción administrativa laboral en su conjunto, indistintamente, y en primer grado, sin necesidad de previa declaración de insolvencias del principal, pudiendo la Administración laboral dirigirse contra cualquiera o contra todas a la vez para exigir su cumplimiento. En función del principio de responsabilidad, la empresa principal responde solidariamente con los contratistas y subcontratistas a que se refiere el apartado 3 del artículo 24 de la Ley de Prevención de Riesgos Laborales del cumplimiento (deberes de vigilancia y supervisión), durante el período de la contrata, de las obligaciones impuestas por dicha Ley en relación con los trabajadores que aquellos ocupen en los centros de trabajo de la empresa principal, siempre que la infracción se haya producido en el centro de trabajo de dicho empresario principal.

Las responsabilidades entre empresas de trabajo temporal y empresas usuarias en materia salarial se rigen por lo dispuesto en el artículo 16.3 de la Ley 14/1994, del 1 de junio, por la que se regulan las empresas de trabajo temporal, que asimismo prevé en determinados supuestos la responsabilidad solidaria. En las relaciones de trabajo mediante empresas de trabajo temporal, y sin perjuicio de las responsabilidades propias de estas, la empresa usuaria será responsable de las condiciones de ejecución del trabajo en todo lo relacionado con la protección de la seguridad y la salud de los trabajadores, así como del recargo de prestaciones económicas del sistema de Seguridad Social que puedan fijarse, en caso de accidente de trabajo o enfermedad profesional que tenga lugar en su centro de trabajo durante el tiempo de vigencia del contrato de puesta a disposición y traigan su causa de falta de medidas de seguridad e higiene. Los pactos que tengan por objeto la elusión, en fraude de ley, de las responsabilidades establecidas en este apartado son nulos y no producirán efecto alguno. Además, estarán consideradas como infracciones muy graves.

2.8 Sanciones atípicas

La corrección de las infracciones en materia de prevención de riesgos laborales, en el ámbito de las Administraciones públicas, se sujetará al procedimiento y normas de desarrollo del artículo 45.1 y concordantes de la Ley 31/1995, del 8 de noviembre, de Prevención de Riesgos Laborales. Es un procedimiento que desemboca en el requerimiento para que se realicen las pertinentes medidas correctoras, sin que proceda la multa o sanción económica.

2.9 Las sanciones accesorias: publicación de sanciones

Como sanción accesoria, con finalidad ejemplarizante, está la obligación prevista en el Real Decreto 597/2007, sobre publicación de las sanciones por infracciones muy graves en materia de prevención de riesgos laborales. Dicha norma tiene por objeto determinar la forma en que deben hacerse públicas las sanciones administrativas impuestas por infracciones muy graves.

El procedimiento se iniciará de oficio mediante propuesta contenida en acta de infracción de la ITSS. La importancia y novedad de la norma, radica en que una vez que las sanciones adquieran firmeza, el órgano competente que dictó la primera resolución ordenará que se haga pública la sanción en el *Boletín Oficial del Estado* o de la comunidad autónoma, según la competencia. La publicación de la sanción se realizará en un plazo no superior a tres meses a contar desde la fecha de adquisición de firmeza del acto. Además, dicho órgano podrá hacer públicas las sanciones en otros medios públicos distintos a los citados anteriormente, en los plazos y condiciones señalados. La norma también señala los datos que podrán ser objeto de publicación, así como que los mismos se incorporarán a un registro de consulta pública que habrá de habilitarse en cada una de las Administraciones competentes. Dichos datos se cancelarán a los cinco años a contar desde el día siguiente a aquel en que se hubieran publicado.

Por su parte, como desarrollo competencial en la gestión del anterior Real Decreto en el ámbito autonómico, debe mencionarse el Decreto 53/2008, del 1 de abril, del Gobierno de Aragón, sobre publicidad de las sanciones impuestas por infracciones muy graves en materia de prevención de riesgos laborales y de creación de un registro de consulta pública.

2.10 Actuaciones de advertencia y recomendación

La Inspección de Trabajo y Seguridad Social, de conformidad con lo previsto en los artículos 17.2 del Convenio 81 de la OIT y 22.2 del Convenio 129 de la OIT, cuando las circunstancias del caso así lo aconsejen y siempre que no se deriven daños ni perjuicios directos a los trabajadores, podrá advertir y aconsejar, en vez de iniciar un procedimiento sancionador; en estos supuestos dará cuenta de sus actuaciones a la autoridad laboral competente. Se trata de un supuesto excepcional, en el que da una amplia discrecionalidad al inspector (cuando las circunstancias del caso así lo aconsejen), y, que, en todo caso, exige la ausencia de quebrantos para los trabajadores, ya sea de tipo económico, en sus condiciones de trabajo, o en su seguridad y salud laboral.

2.11 Compatibilidades de la responsabilidad administrativa

La responsabilidad administrativa es compatible con:

— La indemnización por daños y perjuicios (que se puede sustanciar en la jurisdicción social o en la civil, según se dé o no la vis atractiva de la relación obligacional a favor del contrato de trabajo).
— Con el recargo de prestaciones por falta de medidas de seguridad, previsto en el artículo 164 de la Ley General de la Seguridad Social.
— Y todas son compatibles con la posible solicitud ante el juez por el trabajador de la extinción del contrato de trabajo por vía del artículo 50 de la LET (que tiene su causa en graves incumplimientos empresariales).

En todo caso la responsabilidad penal y administrativa son incompatibles, por aplicación del principio *non bis in idem,* que impide sancionar dos veces un mismo incumplimiento.

2.12 Concurrencia del orden administrativo con el penal

Regulado en el artículo 3 de la LISOS, se establece que en los supuestos en que las infracciones pudieran ser constitutivas de ilícito penal, la Administración pasará el tanto de culpa al órgano judicial competente o al Ministerio Fiscal y se abstendrá de seguir el procedimiento sancionador mientras la autoridad judicial no dicte sentencia firme o resolución que ponga fin al procedimiento o mientras el Ministerio Fiscal no comunique la improcedencia de iniciar o proseguir actuaciones.

De no haberse estimado la existencia de ilícito penal, o en el caso de haberse dictado resolución de otro tipo que ponga fin al procedimiento penal, la Administración continuará el expediente sancionador con base a los hechos que los Tribunales hayan considerado probados. La comunicación del tanto de culpa al órgano judicial o al Ministerio Fiscal o el inicio de actuaciones por parte de estos no afectará al inmediato cumplimiento de las medidas de paralización de trabajos adoptadas en los casos de riesgo grave e inminente para la seguridad o salud del trabajador, a la efectividad de los requerimientos de subsanación formulados ni a los expedientes sancionadores sin conexión directa con los que sean objeto de las eventuales actuaciones jurisdiccionales del orden penal.

Por tanto, no quedan afectados por la suspensión de las actuaciones:

— La paralización de la actividad en caso de riesgo grave e inminente (artículo 44 de la LPRL).
— La efectividad de subsanación de los requerimientos efectuados en materia de seguridad laboral por la Inspección de Trabajo; por ejemplo, la advertencia contenida en un acta de infracción de que deben subsanarse determinadas deficiencias en materia de prevención de riesgos laborales en un plazo fijado.
— Los expedientes sancionadores sin conexión con las actuaciones jurisdiccionales, como pueden ser las reclamaciones de cuotas a la Seguridad Social, o expedientes de devolución de subvenciones o bonificaciones por ingreso indebido de percepciones.

En cualquier caso, la interpretación que ha de hacerse del principio *non bis in idem,* según doctrina del Tribunal Constitucional (Pleno del Tribunal Constitucional en Sentencia 2/2003 del 16 de enero), es que en el supuesto de que los hechos enjuiciados sean objeto de responsabilidad administrativa y penal se declara la precedencia y preferencia de la jurisdicción penal frente a la potestad sancionadora de la Administración, la cual deberá suspender el correspondiente procedimiento sancionador hasta la finalización del procedimiento penal.

No obstante, tal y como afirma la Sentencia de la Audiencia Provincial de Teruel (Sección 1.ª) núm. 4/2018 de 5 abril (JUR\2018\120474), apoyándose en la doctrina del Tribunal Constitucional, la responsabilidad penal y la administrativa no siempre son incompatibles. En el caso de que, en el momento del juicio penal, los hechos objeto del procedimiento ya hubiesen sido sancionados en vía administrativa, no impide la actuación del órgano penal, el cual deberá tener en cuenta en la determinación de la pena la sanción administrativa impuesta, de manera que no se supere el máximo de la conducta típica y se produzca un exceso de punición.

2.13 Prescripción

El artículo 4 de la LISOS establece que, en materia de prevención de riesgos laborales, las infracciones prescribirán: al año las leves, a los tres años las graves y a los cinco años las muy graves, contados desde la fecha de la infracción.

2.14 Incumplimiento empresarial de las normas jurídico-técnicas

El artículo 9.1 de la LPRL atribuye a la Inspección de Trabajo la tarea de vigilar su cumplimiento cuando incidan en las condiciones de trabajo en materia de prevención de riesgos laborales.

En efecto, debe vigilar el cumplimiento de la normativa sobre prevención de riesgos laborales, así como de las normas jurídico-técnicas que incidan en las condiciones de trabajo en materia de prevención, aunque no tuvieran la calificación directa de normativa laboral, proponiendo a la autoridad laboral competente la sanción correspondiente, cuando comprobase una infracción a la normativa sobre prevención de riesgos laborales, de acuerdo con lo previsto en el capítulo VII de la LPRL. Así, por ejemplo, incumplimientos en materia de equipos de trabajo, o normativa relacionada con la vigilancia de la salud de los centros de trabajo.

El artículo 11 de la LPRL, por su parte, establece que la Administración laboral deberá velar para que la información que obtenga la Inspección de Trabajo en el ejercicio de sus funciones, en aras del principio de coordinación entre Administraciones, se ponga en conocimiento de la Administración industrial o sanitaria. Las infracciones administrativas detectadas en los expedientes sancionatorios que procedan, se interpondrán conforme a estas últimas normas.

En todo caso, estas normas jurídico-técnicas, en la medida que repercutan en las condiciones de trabajo, deben ser consideradas a todos los efectos normas de prevención de riesgos laborales.

Asimismo, debe tenerse en cuenta que, en base al principio *non bis in idem*, no podrá sancionarse dos veces por la misma infracción, por la Administración laboral, por un lado, y por la industrial o sanitaria, por otro.

2.15 Otro tipo de responsabilidades administrativas

— *Suspensión o cierre del centro de trabajo, por el Gobierno central o por el autonómico en casos de excepcional gravedad.* El artículo 53 de la LPRL establece que el Gobierno o, en su caso, los órganos de gobierno de las comunidades autónomas con competencias en la materia, cuando concurran circunstancias de excepcional gravedad en las infracciones en materia de seguridad y salud en el trabajo, podrán acordar la suspensión de las actividades laborales por un tiempo determinado o, en caso extremo, el cierre del centro de trabajo correspondiente, sin perjuicio, en todo caso, del pago del salario o de las indemnizaciones que procedan y de las medidas que puedan arbitrarse para su garantía.

— La *prohibición de contratar* con las Administraciones públicas, en caso de infracciones muy graves o delitos (en los términos que dispone la Ley de Contratos del Sector Público).

3. La responsabilidad en materia de seguridad social: el recargo de prestaciones

Dispone el artículo 164 de la Ley General de la Seguridad Social que todas las prestaciones económicas que tengan su origen en un accidente de trabajo o enfermedad profesional se incrementarán, según la gravedad de la falta, de un 30 % a un 50 %, cuando la lesión se haya producido por:

— Máquinas, artefactos o instalaciones, centros o lugares de trabajo que carezcan de los dispositivos de precaución reglamentarios, los tengan inutilizados o en malas condiciones.
— La inobservancia de las medidas generales o particulares de seguridad e higiene en el trabajo.
— La inobservancia de las medidas elementales de salubridad.
— La inobservancia de las medidas de adecuación personal de cada trabajo, habida cuenta de sus características, de la edad, sexo y demás condiciones de trabajo.

Los procedimientos de recargo de prestaciones suelen instarse por la Inspección de Trabajo, aunque también puede hacerlo el trabajador accidentado o sus causahabientes, siendo órgano competente para resolver la Dirección Provincial del Instituto Nacional de Seguridad Social o bien, los juzgados de lo Social en caso de mediar recurso jurisdiccional.

La responsabilidad del recargo de prestaciones recae directamente sobre el empresario infractor, no pudiendo ser objeto el recargo de aseguramiento alguno.

Según STS del 20 de enero de 2010, la imprudencia no temeraria del trabajador no exime de responsabilidad al empresario, sin perjuicio de su valoración a efectos de determinar el porcentaje del recargo. En el caso concreto analizado en esta sentencia, el accidente se produjo por imprudencia no temeraria del trabajador, si bien la empresa incumplió sus obligaciones de prevención. Se aprecia concurrencia de culpas y por eso se aplica el recargo del 30 %. La culpa de la víctima no rompe el nexo causal salvo que el daño se produzca de forma exclusiva por la actuación culposa imputable al trabajador.

3.1 Naturaleza jurídica

Son varias las teorías que se mantienen acerca del carácter y de la naturaleza jurídica del recargo de prestaciones por falta de medidas de seguridad. Vamos a exponer brevemente los fundamentos que avalan cada tesis, dado que la elección tiene consecuencias prácticas innegables.

3.1.1 Carácter sancionatorio

Los argumentos para mantener su naturaleza de sanción son los siguientes:

— Su carácter personalísimo y no susceptible de aseguramiento, establecido legalmente.
— Su carácter aflictivo, de pena privada y, por tanto, una finalidad represiva, y preventiva indirectamente.
— Si la empresa no satisface el recargo por insolvencia, no se hace cargo el Fondo de Garantía de Accidentes de Trabajo (ahora dependiente del INSS) como en el caso de las prestaciones de Seguridad Social.
— Su compatibilidad con otras responsabilidades, y el hecho de que no deben detraerse o computarse las cantidades abonadas a la hora de calcular la indemnización por daños y perjuicios (STS del 2 octubre 2000).
— El carácter solidario del recargo de prestaciones, de construcción jurisprudencial, cuando el empresario principal desarrolla la misma actividad que el empleador contratista o subcontratista del trabajador accidentado o, cuando está dentro de su esfera de responsabilidad.

— En su propio concepto, del artículo 164 de la LGSS, parece deducirse su carácter de sanción cuando habla de la gravedad de la falta y del empresario infractor.
— El Tribunal Constitucional lo ha admitido *obiter dicta* en la STC 158/1985, del 26 de noviembre.

3.1.2 Carácter de indemnización

A favor de su naturaleza de indemnización puede argumentarse que:

— Supone un incremento de la prestación, aunque no es objeto de revalorización ni se tiene en cuenta para el tope de pensiones.
— Como en todas las indemnizaciones, no basta el mero daño, sino que debe probarse su relación de causalidad. Además, debe mediar culpa o negligencia grave no estamos ante una responsabilidad objetiva.
— No es una multa ni una sanción pública que ingrese el Estado, sino el patrimonio del trabajador.
— No procede si se acredita imprudencia temeraria del trabajador.

En todo caso, lo más probable es que estemos ante una naturaleza híbrida, con efectos tanto sancionadores o preventivos, como indemnizatorios. A nuestro juicio, deberíamos descartar su naturaleza exclusivamente sancionatoria, puesto que, de ser así, no podría mantenerse su compatibilidad con otro tipo de responsabilidades, violentando el principio *non bis in idem*.

No obstante, para el Tribunal Supremo, el recargo es tradicionalmente una pena o sanción que se añade a la propia prestación (STS del 2.10.2000), considerando que el recargo es independiente de la indemnización civil, y siendo en una institución específica y singular de nuestra normativa de Seguridad Social. La acumulación indemnizatoria y del recargo no son incompatibles ni afectan al principio *non bis idem,* según la sentencia del Tribunal Supremo del 9 octubre 2001.

3.2 Requisitos de aplicación

— Al tener posiblemente un componente de sanción, y represiva, procede su interpretación restrictiva.
— Deberá acreditarse el incumplimiento fehaciente y grave por el empresario de alguna medida de seguridad.

— Debe haber también una relación de causalidad entre la infracción y el resultado dañoso, en el que se traduce el accidente de trabajo.
— Debe mediar siempre culpa o negligencia de la empresa, puesto que no se ampara la responsabilidad objetiva.
— La falta de culpa se traduciría por el comportamiento que es exigible a un prudente empleador, con criterios o parámetros de normalidad y racionalidad.

En efecto, la sentencia del Tribunal Supremo del 12 de julio de 2007 recuerda que una reiterada doctrina jurisprudencial (por todas, la STS del 2 de octubre de 2000) viene exigiendo, como requisitos determinantes de la responsabilidad empresarial en el accidente de trabajo, los siguientes:

— Que la empresa haya cometido alguna infracción consistente en el incumplimiento de alguna medida de seguridad general o especial.
— Que se acredite la causación de un daño efectivo en la persona del trabajador.
— Que exista una relación de causalidad entre la infracción y el resultado dañoso, conexión que puede romperse cuando la infracción es imputable al propio interesado (STS del 6 de mayo de 1998).

El recargo supone un aumento de la cuantía de todas las prestaciones, que constituyen el régimen de prestaciones obligatorias del sistema, incluida la gran invalidez, aunque excluye las mejoras voluntarias.

El incremento de la prestación de la gran invalidez sobre el 100 % de la base reguladora debe ser también objeto del recargo, rechazando así su carácter meramente asistencial (STS del 27.9.2000). En la actualidad este complemento de la gran invalidez consiste en el resultado de sumar el 45 % de la base mínima de cotización vigente en el momento del hecho causante y el 30 % de la última base de cotización del trabajador correspondiente a la contingencia de la que derive la situación de incapacidad permanente. En ningún caso el complemento señalado podrá tener un importe inferior al 45 % de la pensión percibida, sin el complemento, por el trabajador (artículo 196.4 de la LGSS).

3.3 La solidaridad del recargo

La jurisprudencia admite sin problemas el carácter solidario en la imposición del recargo de prestaciones, a pesar de que la Ley establece que recaerá directamente sobre el empresario infractor. Es más, este principio de solidaridad en el recargo podemos decir que es de construcción jurisprudencial.

La STSJ de Cataluña del 22 julio 2009, citando el artículo 164.2 de la LGSS, señala que la responsabilidad del pago del recargo recaerá directamente sobre el empresario infractor, condición que se aplica, solidariamente, tanto sobre la empresa principal como la subcontratada, teniendo en cuenta, además, que el artículo 42.3 del RDL 5/2000 del 4 de agosto establece que la empresa principal responderá solidariamente con los contratistas y subcontratistas a que se refiere el apartado 3 del artículo 24 de la Ley de Prevención de Riesgos Laborales del cumplimiento durante el período de la contrata de las obligaciones impuestas por dicha ley en relación con los trabajadores que aquellos ocupen en los centros de trabajo de la empresa principal, siempre que la infracción se haya producido en el centro de trabajo de dicho empresario principal.

También la jurisprudencia establece, para que se dé el requisito de la solidaridad, que el reproche antijurídico que supone la omisión de las medidas de seguridad, generadora de la prestación de la Seguridad Social a favor del trabajador accidentado, sea predicable, no solo del contratista o subcontratista empleador, sino también de la empresa principal, y para ello exige que se encuadre en la misma actividad de la empresa empleadora o, más precisamente, que los hechos que han motivado el accidente se encuentren dentro de la *esfera de responsabilidad de la empresa principal*.

Del juego de los artículos 24.3 de la LPRL y 42.3 de la LISOS, es evidente que la empresa principal responde solidariamente con los contratistas y subcontratistas, durante el período de contrata, de sus obligaciones en materia de prevención de riesgos laborales en relación con los trabajadores que aquellos ocupen en el centro de trabajo de la empresa principal. Tal y como señala la Sentencia del Tribunal Supremo del 18 de abril de 1992, «es perfectamente posible que una actuación negligente o incorrecta del empresario principal cause daños o perjuicios al empleado de la contrata e incluso que esa actuación sea la causa determinante del accidente laboral sufrido por este». La citada sentencia declaraba la responsabilidad solidaria de la empresa principal y de la contratista porque siendo un caso en que ambas se dedicaban a la misma actividad, aquella había incumplido sus deberes, al no velar por la buena conservación de un poste eléctrico, mientras que la contratista no había probado la concurrencia de las causas que la eximieran de responsabilidad.

Pese a lo dicho, cabe también extender la responsabilidad en el pago del recargo a la empresa principal en las contratas y subcontratas de obras y servicios correspondientes a distinta actividad de la propia de quien contrata. Como señala la sentencia del Tribunal Supremo del 16 diciembre 1997, «lo decisivo no es la actividad de una y otra empresa, sino que el accidente se haya producido por una infracción imputable a la empresa principal, y *dentro de su esfera de responsabilidad*». En igual sentido, la STS del 5 mayo 1999 establece que es una responsabilidad que deriva de la obligación de seguridad del empresario para todos quienes prestan servicios en un conjunto productivo que se encuentra bajo su control.

4. Responsabilidad laboral del empresario: solicitud de extinción del contrato de trabajo

El incumplimiento empresarial grave de sus obligaciones en materia de prevención de riesgos laborales puede ser causa por la que el trabajador solicite la extinción indemnizada del contrato de trabajo, a través del artículo 50 de la LET, con derecho a una indemnización, tras la reforma laboral de 2012, de 33 días de salario por año de servicio con un tope de 24 mensualidades.

La extinción del contrato debe solicitarse al juez de lo Social, debiendo el trabajador permanecer en su puesto de trabajo hasta que el juez dicte sentencia.

No obstante, se conocen supuestos de *ius resistentiae,* es decir, situaciones de riesgo grave e inminente para el trabajador, u órdenes manifiestamente ilegales del empresario que puedan poner en peligro su vida, su integridad física o moral, que legitimarían el que el trabajador pudiera abandonar el trabajo o paralizar la actividad (si bien se recomienda denuncia inmediata ante la Inspección de Trabajo y puesta en conocimiento de los representantes de los trabajadores).

Si se interpone demanda judicial, también podrá solicitarse alguna de las medidas cautelares contempladas en el apartado 4 del artículo 180 de la LJS, con mantenimiento del deber empresarial de cotizar y de abonar los salarios sin perjuicio de lo que pueda resolverse en la sentencia.

Téngase en cuenta, además, lo establecido en el artículo 96 de la LRJS, respecto de la carga de la prueba en casos de discriminación y en accidentes de trabajo:

— En aquellos procesos en que de las alegaciones de la parte actora se deduzca la existencia de indicios fundados de discriminación por razón de sexo, orientación o identidad sexual, origen racial o étnico, religión o convicciones, discapacidad, edad, acoso y en cualquier otro supuesto de vulneración de un derecho fundamental o libertad pública, corresponderá al demandado la aportación de una justificación objetiva y razonable, suficientemente probada, de las medidas adoptadas y de su proporcionalidad.

— En los procesos sobre responsabilidades derivadas de accidentes de trabajo y enfermedades profesionales, corresponderá a los deudores de seguridad y a los concurrentes en la producción del resultado lesivo probar la adopción de las medidas necesarias para prevenir o evitar el riesgo, así como cualquier factor excluyente o minorador de su responsabilidad. No podrá apreciarse como elemento exonerador de la responsabilidad la culpa no temeraria del trabajador ni la que responda al ejercicio habitual del trabajo o a la confianza que este inspira.

Dentro de los supuestos de incumplimiento empresarial susceptibles de justificar la extinción indemnizada del contrato de trabajo, se encuentran así los supuestos de acoso laboral (psicológico o moral y acoso sexual y acoso por razón de sexo). En estos supuestos concretos, y en cualquier otro en los que además de incumplimiento empresarial en PRL se aprecie la vulneración de un derecho fundamental (artículos 14 y 15 de la CE, fundamentalmente), las personas trabajadoras tendrán derecho a una indemnización por finalización del contrato (33 días en la actualidad, con el tope de 24 mensualidades), más una indemnización por daños y perjuicios; indemnización que comprenderá, en todo caso, el resarcimiento por daño moral, además del resarcimiento de otros daños patrimoniales (lucro cesante y daño emergente). Sobre el daño moral consúltese STS del 11 de febrero de 2015 (rec., 94/2014) y STC núm. 246/2006 del 24 de julio.

En todo caso, cuando se produce una vulneración de derechos fundamentales vinculada a incumplimientos en PRL, resulta de aplicación las especificidades previstas en los artículos 177 y ss., de la LRJS, para la tutela de los derechos fundamentales y las libertades públicas.

En general, son causas para que el trabajador pueda solicitar la extinción del contrato de trabajo, a tenor del artículo 50 de la LET:

— Las modificaciones sustanciales de trabajo en las condiciones de trabajo llevadas a cabo sin respetar lo previsto en el artículo 41 de la LET y que redunden en menoscabo de la dignidad del trabajador.
— El impago o retrasos continuados en el abono del salario pactado.
— Cualquier otro incumplimiento grave de sus obligaciones por parte del empresario, salvo los supuestos de fuerza mayor, así como la negativa del empresario de reintegrar al trabajador en sus anteriores condiciones de trabajo en los supuestos de movilidad geográfica o sustancial de las condiciones de trabajo, no ajustadas a Derecho.

5. La responsabilidad civil o patrimonial

5.1 Características

La responsabilidad civil es una responsabilidad por daños, que sanciona resultados y no conductas (STS del 14 diciembre 2005). Toda persona es responsable de reparar los daños que cause por incumplimiento de sus obligaciones. Esta reparación se concreta siempre en una indemnización económica por daños y perjuicios.

Los requisitos para que se produzca la responsabilidad civil son:

— Una conducta dolosa, culposa o negligente.
— El daño producido.
— Relación de causalidad entre ambos.

El artículo 15.5 de la LPRL contempla la posibilidad de que pueda asegurarse la responsabilidad civil. La responsabilidad civil es, pues, *mercantilmente asegurable*. Así, establece que podrán concertar operaciones de seguro que tengan como fin garantizar como ámbito de cobertura la previsión de riesgos derivados del trabajo, la empresa respecto de sus trabajadores, los trabajadores autónomos respecto a ellos mismos y las sociedades cooperativas respecto a sus socios cuya actividad consista en la prestación de su trabajo personal.

A diferencia de la responsabilidad penal, que es generalmente personal, con las excepciones reguladas en la Ley Orgánica 5/2010, pueden ser sujetos responsables de responsabilidad civil tanto las personas físicas como las jurídicas.

Sujetos responsables pueden ser el empresario y también de forma independiente o solidaria los diversos agentes que han contribuido con sus respectivas conductas dolosas o culposas a la producción del daño: servicios de prevención, sus técnicos, los recursos preventivos, los propios trabajadores, los coordinadores de seguridad y salud, los técnicos de prevención, etc. Por tanto, cualquier persona o entidad puede ser responsable, no solo el empresario, siempre que concurran los requisitos para ello.

La responsabilidad civil puede tener un triple motivo o causa:

— La contractual: por incumplimiento del contrato.
— La extracontractual, que es la ocasionada por daños causados al margen del contrato.
— La derivada de la comisión de delitos penales.

Para que exista responsabilidad civil, siempre tienen que existir un daño, un resultado lesivo y una relación de causalidad entre ambos. Como equivalente económico al daño causado, el infractor abona, como compensación, una indemnización por daños y perjuicios.

Esta responsabilidad es compatible:

— Con la indemnización que corresponde por resolución del contrato de trabajo al amparo del artículo 50 de la LET, de 33 días de salario por año de servicio (a partir del 12 de febrero de 2012).
— También es compatible con la responsabilidad administrativa.
— Con la responsabilidad penal.
— Y con el recargo de prestaciones por falta de medidas de seguridad.

La indemnización civil puede exigirse asimismo por el cauce procesal especial de tutela de derechos fundamentales de la Ley 36/2011, del 10 de octubre, reguladora de la Jurisdicción Social (artículos 177 a 184), si ha sido vulnerado en el ámbito de la relación contractual laboral alguno de los derechos fundamentales consagrados en la Constitución (por ejemplo, en supuestos de acoso laboral, o de prohibición de trato discriminatorio).

Especialmente interesante por lo novedoso es el tratamiento de las medidas cautelares que facilita que en el mismo escrito de interposición de la demanda se pueda solicitar la suspensión de los efectos del acto impugnado, así como las demás medidas necesarias para asegurar la efectividad de la tutela judicial que pudiera acordarse en sentencia. El juez o tribunal puede acordar la suspensión de los efectos del acto impugnado cuando su ejecución produzca al demandante perjuicios que pudieran hacer perder a la pretensión de tutela su finalidad, siempre y cuando la suspensión no ocasione perturbación grave y desproporcionada a otros derechos y libertades o intereses superiores constitucionalmente protegidos. Cuando la demanda se refiera a protección frente al acoso (también en los procesos seguidos a instancia de la trabajadora víctima de la violencia de género), puede solicitarse, además, la suspensión de la relación o la exoneración de prestación de servicios, el traslado de puesto o de centro de trabajo, la reordenación o reducción del tiempo de trabajo y cuantas otras tiendan a preservar la efectividad de la sentencia que pudiera dictarse, incluidas, en su caso, aquellas que pudieran afectar al presunto acosador o vulnerador de los derechos o libertades objeto de la tutela pretendida, en cuyo supuesto deberá ser oído este.

5.2 Tipos de responsabilidad civil

5.2.1 La responsabilidad contractual

La responsabilidad civil contractual se regula en el artículo 1101 del Código Civil y es exigible a quienes incumplen sus obligaciones contractuales, en este caso, preventivas. Quedan sujetos a la indemnización de los daños y perjuicios causados, establece el citado artículo, «los que en el cumplimiento de sus obligaciones incurrieren en dolo, negligencia o morosidad, y los que de cualquier modo contravinieren al tenor de aquellas».

El artículo 42.1 de la LPRL hace relación expresamente a ese incumplimiento, cuando se refiere a la responsabilidad civil por daños y perjuicios derivados de esos incumplimientos, al establecer que el incumplimiento por los empresarios de sus obligaciones en materia de prevención de riesgos laborales dará lugar a responsabilidades administrativas, así como, en su caso, a responsabilidades penales y a las civiles por los daños y perjuicios que puedan derivarse de dicho incumplimiento.

5.2.1.1   Es una responsabilidad de naturaleza subjetiva

Se requiere un principio de culpabilidad y un nexo causal entre esa conducta antijurídica, producida mediante dolo, culpa o morosidad, y el resultado acaecido. Ahora bien, la garantía a la que se compromete el empresario en los deberes de protección de la seguridad y salud, en el tantas veces citado artículo 14.2 de la LPRL, son tan amplios, que podría considerarse que estamos ante una responsabilidad cuasi objetiva.

Es una responsabilidad que requiere dolo o culpa del empresario, pudiendo exonerarse en caso fortuito o de fuerza mayor (artículo 1105 del CC), en los supuestos de imprudencia temeraria exclusiva del trabajador (STSJ de Castilla y León del 24 abril 2001), y en los casos de culpa exclusiva de terceros (fabricantes, suministradores o importadores).

Debe distinguirse en todo caso esta responsabilidad subjetiva, dependiente de la existencia de dolo o culpa, de la responsabilidad reparadora que cubren las contingencias y prestaciones de la Seguridad Social, de carácter objetivo, bastando con que se produzca el accidente de trabajo o enfermedad profesional, cuyo aseguramiento es legalmente obligatorio para el empresario, a tenor de la Ley General de la Seguridad Social y, en las que, aun en caso de descubiertos de cotizaciones, rige el principio de automaticidad de las prestaciones.

La responsabilidad concerniente al empresario con sus trabajadores es contractual, con base en el artículo 1101 del CC, dado que media contrato de trabajo entre ambos, y una obligación contractual de prevención de riesgos laborales fundamentada en la deuda de seguridad del empresario con el trabajador, derivada de la existencia de un contrato de trabajo (artículos 14 y siguientes de la LPRL).

Por otra parte, en el caso de que un trabajador causara daños a otro trabajador o a terceros, sí que cabría una responsabilidad extracontractual subsidiaria del empresario con base en el artículo 1903 del Código Civil.

5.2.1.2 Indemnización

El carácter discrecional de la fijación de la indemnización judicial tiene unos límites de control, con unos criterios que ha señalado la jurisprudencia, y así entiende que puede descontarse de alguna de sus partes, no todas, lo abonado ya en concepto de indemnización prevista en convenio colectivo, o establecer que no puede descontarse la percepción del recargo de prestaciones por falta de medidas de seguridad, o atemperarse la indemnización en función de si ha habido concurrencia de culpas con el trabajador víctima de los daños.

En todo caso, la indemnización debe ser proporcionada, adecuada y suficiente, y no suele ser revisable su cuantía salvo «error jurídico en su determinación» (STS del 7 febrero 2003).

Actualmente, la prevalencia del conflicto en el ámbito preventivo está siendo cada vez más protagonizada por los riesgos de origen psicosocial, como consecuencia de los nuevos modelos de relaciones laborales. Ello ha producido una reacción judicial extendiendo el alcance de las indemnizaciones reparadoras.

Así, la SJS núm. 8 de Barcelona del 18 de mayo de 2023 (Rec. 502/2021) aborda un problema de conflictividad en una oficina judicial. Se determina la existencia de un incumplimiento normativo grave en materia de prevención de riesgos laborales por parte del Ministerio de Justicia y el Departamento de Justicia de la Generalitat. Constatándose una prolongada situación de tensión en el Juzgado donde presta servicios con ocasión de un enfrentamiento entre el juez y la letrada de la Administración de Justicia, que desemboca en una situación de conflictividad y falta de organización en la oficina judicial que se traslada al conjunto de la plantilla y que produce un padecimiento psiquiátrico en una funcionaria interina. Habiéndose también acreditada falta de coordinación efectiva entre las Administraciones implicadas, se condena solidariamente a resarcir a la trabajadora con una indemnización por daños y perjuicios de 46 581,08 euros que engloba el perjuicio personal particular (perjuicio moral en su calidad de vida), el perjuicio patrimonial por lucro cesante y el perjuicio psicofísico.

En un sentido similar, la SJS de Vitoria del 17 de agosto de 2023 (Sentencia núm. 154/2023) plantea un problema de exceso de carga de trabajo en el Servicio de Salud Vasco, sin una adecuada gestión psicosocial. Se establece que el importe de la indemnización debe ser suficiente, no solo para la reparación íntegra del daño, sino también para prevenirlo, con lo que se añade un efecto disuasorio ya previsto en el artículo 183.2 de la LRJS. Por consiguiente, a los demandantes se les indemniza por daño moral, en la cantidad de 49 181 euros, por incumplir la normativa preventiva y, adicionalmente, a un importe de 12 000 euros para cada uno de los trabajadores afectados como efecto disuasivo para la Administración demandada.

5.2.2 Responsabilidad extracontractual

La responsabilidad civil extracontractual se regula en el artículo 1902 del Código Civil, y es exigible a quienes causen daño a otro, por acción o por omisión, interviniendo culpa o negligencia (aunque no exista ninguna relación contractual). Debe repararse, en estos casos, el daño causado: «El que por acción u omisión causa daño a otro, interviniendo culpa o negligencia, está obligado a reparar el daño causado».

Es el caso de responsabilidad civil procedente de terceros, no ligada por un contrato u obligación. Entonces, el cauce de reclamación, en términos generales del Derecho Civil, será la responsabilidad extracontractual. No obstante, ya hemos visto que el trabajador siempre tiene que reclamar por el cauce contractual, siendo competencia de los Juzgados de lo Social, dada la *vis atractiva* del contrato de trabajo. Hemos analizado también cómo el artículo 2 b) de la Ley reguladora de la Jurisdicción Social (LJS) determina la competencia de esta jurisdicción en las acciones que ejerciten los trabajadores o sus causahabientes contra el empresario o contra aquellos a quienes se les atribuya legal, convencional o contractualmente responsabilidad por los daños originados en el ámbito de la prestación de servicios o que tengan su causa en accidentes de trabajo o enfermedades profesionales. Únicamente irán por la vía civil las cuestiones litigiosas en materia de prevención de riesgos laborales que se susciten entre el empresario y los obligados a coordinar con este las actividades preventivas de riesgos laborales y entre cualquiera de los anteriores y los sujetos o entidades que hayan asumido frente a ellos, por cualquier título, la responsabilidad de organizar los servicios de prevención (artículo 3 b de la LJS).

Si quien incurre en responsabilidad civil es un trabajador respecto de terceras personas, el empresario resulta responsable solidario, con base en el artículo 1903 del CC, conforme al cual la responsabilidad por daños es exigible por los actos de aquellas personas por las que se debe responder, siéndolo los directores de un establecimiento o empresa respecto de los perjuicios causados por sus dependientes o auxiliares (incluidas, creemos, las actuaciones de los integrantes de los servicios de prevención, directivos o superiores jerárquicos). No obstante, aunque pueda reclamarse al empresario (esto significa la responsabilidad solidaria), este podrá después repetir los costes contra los causantes directos, según dispone el artículo 1904 del CC y también el artículo 14.4 de la LPRL.

La responsabilidad del empresario por actos de sus auxiliares es contractual, pero para el Tribunal Supremo (sentencia del 26 de mayo de 2000), si el empresario ha cumplido todas las medidas de seguridad y, aun así, se produce un accidente de trabajo, la responsabilidad civil, caso de que exista, queda fuera de la relación laboral, es decir, será extracontractual.

Puede existir concurrencia de responsabilidades contractuales del empresario, por ejemplo, responsabilidad contractual por omisión o inactividad del empresario, de un lado y, de otro, responsabilidad extracontractual de otros trabajadores. En estos casos, deberá codemandarse al empresario en litisconsorcio pasivo necesario en el orden social (STS del 24 de abril de 2000).

5.2.3 Responsabilidad civil derivada de ilícito penal

Los artículos 109 y siguientes del Código Penal regulan la responsabilidad civil del empresario derivada de la existencia de un ilícito penal, consistente en la indemnización de los daños y perjuicios materiales y morales causados (art. 110 y siguientes del Código Penal y artículo 1902 del Código Civil).

Así, la ejecución de un hecho descrito por la Ley como ilícito penal obliga a reparar, en los términos previstos en las Leyes, los daños y perjuicios por él causados. El perjudicado podrá optar, en todo caso, por exigir la responsabilidad civil ante la jurisdicción social, sin perjuicio del respeto al principio *ne bis in idem*.

La responsabilidad así establecida comprende:

— La restitución.
— La reparación del daño.
— La indemnización de perjuicios materiales y morales.

Toda persona criminalmente responsable de un delito lo es también civilmente si del hecho se derivaren daños o perjuicios. Por tanto, es preciso que exista una condena penal, para que surja la responsabilidad civil *ex delicto*.

Si son dos o más los responsables de un delito, los jueces o tribunales señalarán la cuota de que deba responder cada uno. Los aseguradores que hubieren asumido el riesgo de las responsabilidades pecuniarias cuando, como consecuencia de un hecho ilícito penal, se produzca el evento que determine el riesgo asegurado, serán responsables civiles directos hasta el límite de la indemnización legalmente establecida o convencionalmente pactada, sin perjuicio del derecho de repetición contra quien corresponda. La reparación del daño podrá consistir en obligaciones de dar, de hacer o de no hacer que el juez o tribunal establecerá atendiendo a la naturaleza de aquel y a las condiciones personales y patrimoniales del culpable, determinando si han de ser cumplidas por él mismo o pueden ser ejecutadas a su costa. La indemnización de perjuicios materiales y morales comprenderá no solo los que se hubieren causado al agraviado, sino también los que se hubieren irrogado a sus familiares o a terceros.

Si la víctima hubiere contribuido con su conducta a la producción del daño o perjuicio sufrido, los jueces o tribunales podrán moderar el importe de su reparación o indemnización. Los jueces y tribunales, al declarar la existencia de responsabilidad civil, establecerán razonadamente, en sus resoluciones, las bases en que fundamenten la cuantía de los daños e indemnizaciones, pudiendo fijarla en la propia resolución o en el momento de su ejecución.

La acción se solicita normalmente ante la instancia penal conjuntamente con la acción penal. No obstante, el art. 109.2 del CP faculta al perjudicado también para exigirla ante la jurisdicción ordinaria (en nuestro caso, ante la jurisdicción social). Ahora bien, reconocida una responsabilidad civil en sede jurisdiccional penal, no cabe, lógicamente, acudir a la instancia laboral para exigir esa misma responsabilidad, por aplicación del principio ya estudiado del *non bis in idem*. No obstante, hay supuestos excepcionales, como el contemplado en la STS (Sala de lo Civil) del 9 febrero 1988, en el que se admite la existencia de una responsabilidad civil adicional cuando las lesiones que se valoraron en el pleito penal tuvieron posteriormente una evolución perjudicial imprevisible en ese momento. Esta responsabilidad civil *ex delicto* solo tiene lugar cuando existe un daño demostrable, por eso los delitos de riesgo del Código Penal (delitos contra la seguridad y salud de los trabajadores regulados en los artículos 316 y 137 del CP) no darán lugar a indemnizaciones si no se ha producido un daño constatable.

Tampoco cabrá lógicamente responsabilidad civil accesoria de la penal si la sentencia de esta instancia deviene absolutoria de los delitos imputados. El empresario puede ser responsable subsidiario de los daños y perjuicios ocasionados por los delitos que hayan cometido sus empleados o dependientes, representantes o gestores en el desempeño de sus obligaciones o servicios. El empresario conserva el derecho a repetir la indemnización abonada. Recordamos que la indemnización por daños y perjuicios podrá exigirse en el mismo juicio penal o en un posterior pleito civil. En su cuantía, de libre apreciación por el juez, se suelen aplicar analógicamente los baremos de las cuantías establecidas en la Ley de Seguros de Accidentes de Circulación de Vehículos a Motor.

5.3 Indemnización por daños y perjuicios. Su determinación

La apreciación de la certeza de los daños y perjuicios ocasionados al trabajador, por falta de medidas de seguridad, y su alcance, corresponde al juez de instancia. El trabajador podrá reclamar por daños patrimoniales y por daños extrapatrimoniales.

Los *daños patrimoniales* son los daños susceptibles de valoración económica (daños económicos o materiales). Y dentro de estos puede exigirse por *lucro cesante y por el daño emergente.*

5.3.1 Los daños patrimoniales

— El *lucro cesante* puede identificarse con el patrimonio dejado de obtener como consecuencia de un accidente, es decir, el sueldo o ganancias dejados de percibir. Sin embargo, no puede reclamarse el sueldo si el trabajador se encuentra de baja, en situación de incapacidad transitoria y, por tanto, cobrando una prestación económica (ello salvo que el subsidio por IT no cubriera el 100 % del salario que cobraría si estuviera en activo).
— Por su parte, se consideran *daños emergentes* los gastos ocasionados como consecuencia del accidente: gastos de desplazamientos, gastos médicos (en ningún caso podrán reclamarse los honorarios de los letrados).

5.3.2 Los daños extrapatrimoniales

Los *daños extrapatrimoniales* comprenden los daños morales y los daños biológicos o psicofísicos.

Hay *daño moral* cuando hay lesión al honor o la dignidad, también en supuestos de sufrimiento intelectual o emocional (angustia, tristeza, dolor). No requiere necesariamente la constatación de patologías psiquiátricas o psicológicas, que podrían ser evaluadas en su caso como daños patrimoniales emergentes. En efecto, si además existe lesión psíquica (piénsese en una depresión sobrevenida como consecuencia de un acoso laboral), esta se tiene en cuenta para determinar el daño moral. Pero puede existir daño moral sin que exista daño psíquico y es que, para indemnizar el daño moral, se exige como mínimo una pérdida de confianza o autoestima, una afectación al prestigio profesional, una merma en la formación. En cualquier caso, son perjuicios que hay que demostrar.

El montante indemnizatorio queda al arbitrio del juez. Los tribunales utilizan una gran variedad de parámetros para calibrar el importe. Si hay daños físicos o corporales, la indemnización correspondiente se calcula según un baremo establecido en la Ley 30/1995, de ordenación de los Seguros Privados. El TSJ de Las Palmas de Gran Canaria, en sentencia del 12/03/2019 (rec. 1596/2018), ante la dificultad de objetivar económicamente el daño moral convalida como parámetro objetivo de cálculo adecuado la LISOS, siguiendo la doctrina del TC contenida en sentencia núm. 246/2006.

5.3.3 La valoración del daño en la jurisprudencia del Tribunal Supremo

En cuanto a la valoración del daño, destacamos la nueva línea jurisprudencial de dos Sentencias del Tribunal Supremo, del 17 de julio de 2007, que, superando la doctrina tradicional, establece el derecho del trabajador a la reparación íntegra por daños y perjuicios, pero evitando al mismo tiempo que se produzca un enriquecimiento injusto por aquel.

La indemnización debe ser adecuada, proporcionada y suficiente.

Sabemos que, además de las prestaciones públicas de Seguridad Social, en la reparación íntegra del daño causado por el accidente de trabajo, también pueden reclamarse, al empresario culpable y a otros responsables, una indemnización por daños y perjuicios, que forma parte del total indemnizatorio. Todas las cantidades ya recibidas se deben integrar para fijar el *quantum* total.

Una de las novedades de esta jurisprudencia es que establece que deben detraerse las prestaciones reconocidas de la Seguridad Social, incluidas las mejoras voluntarias (por ejemplo, las indemnizaciones reconocidas en convenio colectivo). Ahora bien, no se descontará lo abonado en concepto de recargo de prestaciones por infracción de las medidas de Seguridad Social (artículo 123 de la LGSS), dada su naturaleza, al menos parcialmente, sancionatoria.

Además, se confirma la posibilidad de aplicar analógicamente el sistema de valoración de daños del TR de la Ley sobre responsabilidad civil y seguro en la circulación de vehículos a motor, aprobado por Real Decreto Legislativo 8/2004, modificado por Ley 35/2015. Se pone el énfasis en el cálculo del perjuicio real que supone la incapacidad en la economía del trabajador, incluyendo el cómputo del lucro cesante y el gasto médico futuro.

En todo caso, la fijación de indemnización corresponde al juez de instancia, aunque puede ser objeto de revisión en instancias superiores si se evidencia una injusticia o desproporción en la valoración.

Debe distinguirse, por lo tanto, entre:

— daño corporal
— daño moral
— daño emergente
— lucro cesante

El Tribunal Supremo insiste en que esta valoración no puede llevar a una duplicidad de las indemnizaciones en materia de lucro cesante, por la simultánea percepción de las pensiones derivadas de la normativa de la Seguridad Social y, a la vez, de las previsiones baremadas en materia de accidentes de circulación, que tienen idéntica finalidad reparadora sobre el mismo concepto.

Debe calcularse, por tanto, la indemnización con arreglo a la técnica de la complementariedad (acumulación relativa), y no de la suplementariedad (acumulación absoluta). De lo contrario, incurriríamos en una duplicidad indemnizatoria.

La indemnización no debería sobrepasar el total del daño y perjuicio causado, aunque nunca se detraería el recargo de prestaciones, por tener una finalidad diferente. La finalidad de la indemnización, se insiste, es reparar un daño, no enriquecer a la víctima.

Se debe proceder a una tasación estructurada o vertebrada del daño, debiendo motivarse suficientemente por el juez de instancia, y atribuyendo a cada concepto un valor determinado, un *quantum* indemnizatorio.

La compensación de las diversas indemnizaciones debe ser efectuada entre conceptos homogéneos para una justa y equitativa reparación del daño. Las prestaciones de la Seguridad Social y las mejoras voluntarias se conceden para compensar la merma económica que supone una incapacidad temporal. Es lógico detraerlas de la indemnización, pero, como la compensación solo opera sobre conceptos homogéneos, solo pueden compensarse con las indemnizaciones reconocidas por el llamado lucro cesante. Si se descontara sobre el total, podríamos llegar al absurdo que no se percibiera cantidad alguna. No cabe, así, descontar lo percibido en concepto de lucro cesante o daño emergente con lo reconocido en otros preceptos, como el daño moral, al fijar el montante total de la indemnización.

Por último, como se encarga de recordar la jurisprudencia citada, debemos destacar que es la fecha del accidente la que determina la norma a aplicar (principio de irretroactividad), pero la cuantía o el valor debe actualizarse a la fecha de la sentencia, no en el momento del accidente.

6. La responsabilidad penal

6.1 Características

Veamos algunas características de la responsabilidad penal en prevención de riesgos laborales:

— La responsabilidad penal es exigible siempre ante la jurisdicción penal.
— Es una responsabilidad de tipo personal, con excepciones. Hasta la reforma del Código Penal mediante Ley Orgánica 5/2010, del 22 de junio, solo cabía frente a personas físicas, aunque actualmente ya se prevé en ciertos supuestos la responsabilidad penal de las personas jurídicas, por ejemplo, en delitos medioambientales, urbanísticos, contra la Hacienda Pública y contra la Seguridad Social, o de tráfico ilícito de mano de obra extranjera. Esta responsabilidad únicamente podrá ser declarada en aquellos supuestos donde expresamente se prevea. Se deja claro que la responsabilidad penal de la persona jurídica podrá declararse con independencia de que se pueda o no individualizar la responsabilidad penal de la persona física.
— Se aplican íntegramente todos los principios y garantías del derecho sancionatorio, como no podía ser de otra forma de la aplicación de los artículos 24 y 25 de la Constitución.
— Es la última ratio para reparar un daño grave que tiene un intenso reproche social.
— Esta responsabilidad es incompatible con la responsabilidad administrativa, por aplicación del principio *non bis in idem* (artículo 3 de la LISOS). Pero es compatible, por ejemplo, con el recargo de prestaciones por falta de medidas de seguridad del artículo 164 de la LGSS. No obstante, tal y como se ha señalado anteriormente, la Sentencia de la Audiencia Provincial de Teruel del 5 abril de 2018 (JUR\2018\120474), apoyándose en la doctrina del Tribunal Constitucional, argumenta que la responsabilidad penal y la administrativa no siempre son incompatibles. En el caso de que en el momento del juicio penal los hechos objeto del procedimiento ya hubiesen sido sancionados en vía administrativa, no impide la actuación del órgano penal, el cual deberá tener en cuenta en la determinación de la pena la sanción administrativa impuesta, de manera que no se supere el máximo de la conducta típica y se produzca un exceso de punición.

6.2 Tipos penales que afectan a la prevención de riesgos laborales

Los tipos delictivos en los que puede incurrir el empresario son:

— Delitos contra la seguridad y salud laboral de los trabajadores.
— Delitos de lesiones o de homicidio. Son delitos de resultado. Se produce una muerte, que se califica de homicidio, o unas lesiones, que tienen su origen en un accidente de trabajo o una enfermedad profesional. Normalmente, la responsabilidad es a título de culpa, no dolosa.

6.2.1 Delitos de riesgo específicos: delitos contra la seguridad y salud de los trabajadores

6.2.1.1 Su regulación

El artículo 316 establece que «Los que con infracción de las normas de prevención de riesgos laborales y estando legalmente obligados, no faciliten los medios necesarios para que los trabajadores desempeñen su actividad con las medidas de seguridad e higiene adecuadas, de forma que pongan así en peligro grave su vida, salud o integridad física, serán castigados con las penas de prisión de seis meses a tres años y multa de seis a doce meses».

El artículo 317 establece que, cuando el delito a que se refiere el artículo anterior se cometa por imprudencia grave, será castigado con la pena inferior en grado.

6.2.1.2 Sujetos responsables

En relación con los sujetos responsables, hay que señalar que, cuando los hechos se imputen a personas jurídicas, se impondrá la pena a los *administradores o encargados del servicio* que hayan sido responsables de los mismos y a quienes conociéndolos y pudiendo remediarlo no hubieran adoptado medidas para ello (artículo 318 del CP). La responsabilidad, pues, es siempre personal y, en orden a su responsabilidad, la jurisprudencia destaca que se hubiera podido evitar el resultado dañoso, sin hacerlo. Así, si tuviera potestad para paralizar la actividad en caso de riesgo grave e inminente, y no lo hubiera hecho.

6.2.1.3 Características

Es un delito por infracción de las normas de prevención de riesgos laborales. Es, pues, un *delito específico* en cuanto que su tipificación obedece concretamente al incumplimiento de las normas sectoriales en prevención de riesgos laborales.

Estamos también ante una norma penal en blanco, porque remite a la citada normativa sectorial en prevención de riesgos para determinar la infracción.

Este delito puede ser *culposo* (artículo 317 del CP) o *doloso* (artículo 316 del CP). El dolo significa el acometimiento de una acción, o la omisión de una acción exigible, a sabiendas, con conciencia y voluntad, intencionadamente. La culpa, por su parte, comporta una omisión del deber de cuidado. El reproche jurídico se alcanza al actuar negligentemente, de acuerdo con los parámetros sociales comúnmente aceptados. En la culpa, aun cuando el autor quiere la conducta descuidada, ya sea con conocimiento del peligro que en general entraña (culpa consciente), o sin ese conocimiento (culpa inconsciente), lo cierto es que no ha querido, a diferencia del dolo, el resultado producido (Sentencia de la Audiencia Provincial de Madrid del 20 de julio de 2006).

La responsabilidad de los artículos 316 y 317 del CP recae, repetimos, sobre quienes, con infracción de las normas de prevención de riesgos laborales, y estando legalmente obligados, no faciliten los medios necesarios para que los trabajadores desempeñen su actividad con los medios de seguridad e higiene adecuados, de forma que pongan en peligro grave su vida, salud e integridad física. Se prevé prisión de 6 meses a 3 años y multa de 6 a 12 meses, en caso de delito doloso (realización del hecho con conciencia y voluntad), y la pena inferior en un grado, en caso de delito culposo (omisión del deber de cuidado):

— El primer elemento de la conducta típica es la *infracción de las normas de prevención de riesgos laborales*. Estamos ante una norma penal en blanco. Su aplicación depende de la infracción de la normativa sectorial: de la LPRL, sus disposiciones de desarrollo o complementarias y cuantas otras normas legales y convencionales, que contengan prescripciones relativas a la adopción de medidas preventivas en el ámbito laboral, o susceptibles de producirlas en dicho ámbito (artículo 1 de la LPRL).
— En segundo lugar, como puede observarse, la conducta típica sancionable es la de *no facilitar los medios necesarios*. Se trata de una

conducta omisiva, consistente en la infracción de las normas de prevención (en el artículo 1.1 de la LPRL, se identifica cuál es la normativa en prevención de riesgos laborales). Los medios necesarios no consisten solo en la no prestación al trabajador de los equipos de trabajo o equipos de protección individual, como induciría una interpretación literal, sino que abarca todas las obligaciones instrumentales para cumplir el deber genérico de protección que regula el artículo 14 de la LPRL, incluidos, por ejemplo, los deberes de formación e información; tener una evaluación de riesgos y realizar una planificación de la acción preventiva adecuada; organizar las actividades preventivas mediante la adopción de los medios necesarios (servicios de prevención); realizar una correcta vigilancia de la salud y cumplir, en su caso, con el deber de vigilancia si es empresario principal.

— Otro elemento objetivo para que se genere la responsabilidad penal descrita es que se ponga en *peligro grave* la vida, salud e integridad física de los trabajadores. No se exige lesión concreta, pero el peligro debe ser concreto, real y efectivo, no hipotético. Es, pues, un delito de riesgo, no de resultado, no se requiere la presencia de un resultado dañoso. Ahora bien, como ya se ha dicho, debe ser un *peligro cierto, y de una entidad grave,* de acuerdo con las circunstancias concurrentes, no bastando la presencia de un riesgo meramente hipotético o abstracto. El artículo 4.2 de la LPRL establece la gravedad por la concurrencia de dos premisas o factores: la probabilidad de que exista un daño y su severidad o gravedad.

— *Estando legalmente obligados.* Se requiere que, del estudio de su posición en el organigrama de la empresa, de la importancia de sus funciones, de su atribución para impartir órdenes e instrucciones, de su autoridad para, por ejemplo, paralizar la actividad productiva, hubiera un deber, derivado de la normativa sectorial, de facilitar los medios necesarios a los trabajadores, y de cumplir las obligaciones que se derivan del artículo 14 de la LPRL. El legalmente obligado debe tener un estatus suficiente, con autonomía para adoptar decisiones. Debe ser garante de la seguridad de los trabajadores. Y los garantes no siempre son los técnicos de prevención de riesgos laborales a quienes, con carácter general, se los exime de responsabilidad, salvo la existencia de imprudencia temeraria.

6.2.2 Delitos de lesiones o de homicidio

Son *delitos genéricos*. No son tipos específicos contra la seguridad laboral, como el anterior artículo 316 del CP. A diferencia también de los tipos de los artículos 316 y 317, no son delitos de riesgo, son delitos de resultado, requiere que se produzcan la muerte o las lesiones previstas. Las faltas han desaparecido con la reforma de la Ley Orgánica 1/2015, del 30 de marzo, reconduciéndose algunas a la figura de delitos leves.

6.2.2.1 El delito de lesiones

El delito de lesiones está regulado en el artículo 147 del CP en el siguiente sentido: «el que por cualquier medio o procedimiento causare a otro una lesión que menoscabe su integridad corporal o su salud física o mental, será castigado como reo de delito de lesiones, con pena de prisión de tres meses a tres años, siempre que la lesión requiera objetivamente para su sanidad, además de una primera asistencia facultativa, tratamiento médico o quirúrgico».

Dispone además el artículo 152.3 del CP que, si las lesiones se cometen por imprudencia profesional, se impondrá la pena de inhabilitación para el ejercicio de la profesión por un período de uno a cuatro años.

6.2.2.2 El delito de homicidio

Por su parte, existe *delito de homicidio* cuando se produce el resultado de la muerte de un trabajador. Normalmente este delito se cometerá por imprudencia grave (artículo 142.1 del CP), aunque puede existir dolo (intención de matar). Las penas previstas de prisión son de diez a quince años, en caso de dolo, y de uno a cuatro años en caso de imprudencia grave, que es el supuesto normal.

El artículo 142 del CP establece, así, que quien por imprudencia grave causare la muerte de otro será castigado, como reo de homicidio imprudente, con la pena de prisión de uno a cuatro años.

Cuando el homicidio fuere cometido por imprudencia profesional, se impondrá, además, la pena de inhabilitación especial para el ejercicio de la profesión, oficio o cargo por un período de tres a seis años.

6.2.2.3 Los delitos leves contra las personas

El artículo 142.2 del CP castiga como delitos leves contra las personas causar la muerte de otro por imprudencia menos grave. Se sanciona con pena de multa de tres meses a dieciocho meses.

Por tanto, en la división del Código Penal que efectúa la reforma del 2015, desaparecen las faltas. En función de la entidad del tipo y de la reprochabilidad del sujeto, de delitos, en su atribución culposa, se clasifican en imprudencias graves (antes, denominadas temerarias y profesionales) y leves. En general, no hay pena sin dolo o imprudencia.

6.2.3 Concurso de delitos

En caso de concurrir el tipo penal del delito específico de riesgo de los artículos 316 o 317, con el delito o falta de homicidio o lesiones por imprudencia, estaremos ante el denominado *concurso ideal de delitos* del artículo 77 del CP, y aplicaremos la pena prevista para la infracción más grave en su mitad superior, sin que pueda exceder de la que represente la suma de las que correspondería aplicar si se penaran separadamente ambos delitos.

Ambos tipos delictivos pueden, en efecto, concurrir, en cuyo caso teóricamente puede procederse, bien a aplicar el delito que tenga mayor pena, o bien el que tenga más pena y, a su vez, sea el más amplio y complejo, de manera que englobe varios desvalores o el mayor desvalor.

Estamos hablando en estos supuestos de concurrencia, del concurso ideal y del concurso material de delitos, que se estudian en la teoría general de Derecho Penal:

— En el concurso real un mismo sujeto realiza una pluralidad de hechos antijurídicos que constituyen una pluralidad de delitos. Las penas se imponen, por regla general, acumulándolas, aunque con limitaciones (artículo 76 del Código Penal): el máximo de cumplimiento efectivo de la condena del culpable no podrá exceder del triple del tiempo por el que se le imponga la más grave de las penas en que haya incurrido, declarando extinguidas las que procedan desde que las ya impuestas cubran dicho máximo, que no podrá exceder de veinte años, con algunas excepciones.

— En el concurso medial, al que se aplica el mismo tratamiento que para el concurso ideal, se incurre en un delito como medio necesario para cometer otro.
— En el concurso ideal de delitos, de aplicación en numerosas ocasiones en el ámbito de la seguridad laboral, un solo hecho cometido por el sujeto constituye dos o más infracciones. Está regulado en el artículo 77 del Código Penal, aplicándose en su mitad superior la pena para la infracción más grave si ello no excediese de la acumulación (suma de todas las penas).

Recapitulando, podemos establecer la siguiente distinción, basándonos en ejemplos:

— Concurso real: cada uno de los delitos es el resultado de una acción u omisión diferente; por ejemplo, en una agresión sexual puede haber lesiones, o robo con violencia e intimidación, de forma conjunta con el ataque que se produce a la libertad sexual.
— Concurso ideal propio: dos o más delitos provienen de la misma acción u omisión; por ejemplo, lesionar a un policía en el ejercicio de su cargo es ciertamente una sola acción, pero da lugar a dos delitos diferentes, como son el delito de lesiones y el de atentado.
— Concurso ideal impropio o medial: varios delitos provienen de acciones diferentes, pero, a diferencia del concurso real, uno de los delitos es medio necesario para cometer otro. A efectos de cuantificar su pena, se impone la pena superior a la que habría correspondido, en el caso concreto, por la infracción más grave, no pudiendo exceder de la suma de las penas concretas que hubieran sido impuestas separadamente por cada uno de los delitos; por ejemplo, la falsificación de documento mercantil como medio para cometer una estafa o el delito de detención ilegal en concurso ideal medial con un delito de robo con violencia e intimidación.

El artículo 77 del Código Penal establece, por tanto, que estamos ante un concurso ideal en el caso de que un solo hecho constituya dos o más infracciones, o cuando una de ellas sea medio necesario para cometer la otra. En estos casos, ya lo hemos dicho, se aplicará en su mitad superior la pena prevista para la infracción más grave, sin que pueda exceder de la que represente la suma de las que correspondería aplicar si se penaran separadamente las infracciones. Cuando la pena así computada exceda de este límite, se sancionarán las infracciones por separado.

Sería el caso de que un solo hecho, así, la negligencia culpable de un empresario en la adopción de medidas de seguridad en su centro de trabajo, produce la muerte o las lesiones de un trabajador, o de varios de ellos. Estaríamos ante dos infracciones, del artículo 316 del CP (delito de riesgo), por un lado, y del artículo 142 o 147 del CP (delito de resultado), por otro. Para que estemos ante un concurso ideal, la jurisprudencia exige en ocasiones que la acción reprochable haya puesto en riesgo, potencialmente al menos, a una pluralidad de sujetos; es decir, que el resultado producido (la muerte o las lesiones derivadas de accidente laboral de un trabajador o de varios) no agote las posibles consecuencias de la conducta omisiva en que consiste el tipo del artículo 316 del CP.

Si bien alguna jurisprudencia (STS del 14.7.99, entre otras) considera que el delito de resultado debe absorber el delito de riesgo penado en el artículo 316 del CP, no siempre debe operar esa absorción. La STS del 4.6.02 admite el concurso ideal cuando el resultado producido constituye solo uno de los posibles resultados de la conducta omisiva del responsable de las medidas de seguridad. Los delitos del artículo 316 y siguientes, como delitos contra los derechos de los trabajadores, ponen de relieve la autonomía del bien jurídico protegido en su dimensión de protección individual de los derechos fundamentales (artículos 35 y 40 de la CE), frente a la tesis de la protección del orden socioeconómico (STS del 26.7.2000).

6.2.4 Otros delitos específicos

6.2.4.1 Acoso laboral

En los supuestos de acoso moral o psicológico puede existir *delito contra la integridad moral* de las personas y acoso laboral u hostigamiento psicológico en el trabajo (artículos 173 a 177 del CP). El artículo 173.1 establece que quien infligiera a otra persona un trato degradante, menoscabando gravemente su integridad moral, será castigado con la pena de prisión de seis meses a dos años.

La Ley Orgánica 5/2010, del 22 de junio, de reforma del Código Penal ha introducido un párrafo a este apartado primero del artículo 173, castigando con la misma pena los que en el ámbito de cualquier relación laboral o funcionarial, y prevaliéndose de su situación de superioridad, realicen contra otro de forma reiterada actos hostiles o humillantes que, sin llegar a constituir tratos degradantes, supongan grave acoso para la víctima. Con ello se ha tipificado netamente el delito de acoso laboral, aunque no estemos propiamente ante tratos degradantes. El legislador entiende que los actos hostiles o humillantes, en el seno de una relación de dependencia laboral o funcionarial, tienen suficiente entidad y gravedad para ser tipificados también en el Código Penal, y ello con independencia de que estemos ante relaciones jurídico-privadas o públicas. Para que se dé el tipo, se requerirá además que haya una situación de prevalimiento de superioridad, y que suponga un grave acoso para la víctima.

6.2.4.2 Acoso sexual. Aborto imprudente o lesiones al feto

De otra parte, también se puede incurrir en delito de acoso sexual, regulado en los artículos 184 y siguientes del Código Penal, que podría incurrir en concurso de delitos con el artículo 173 del CP.

Así, solicitar favores de naturaleza sexual, para sí o para un tercero, en el ámbito de una relación laboral, docente o de prestación de servicios, continuada o habitual, y con tal comportamiento provocar a la víctima una situación objetiva y gravemente intimidatoria, hostil o humillante, es objeto de una pena, como autor de acoso sexual, de prisión de tres a cinco meses o multa de seis a diez meses. Si el culpable de acoso sexual hubiera cometido el hecho prevaliéndose de una situación de superioridad laboral, docente o jerárquica, o con el anuncio expreso o tácito de causar a la víctima un mal relacionado con las legítimas expectativas que aquella pueda tener en el ámbito de la indicada relación, la pena será de prisión de cinco a siete meses o multa de diez a catorce meses. Además, cuando la víctima sea especialmente vulnerable, por razón de su edad, enfermedad o situación, la pena será de prisión de cinco a siete meses o multa de diez a catorce meses en los supuestos previstos en el apartado 1, y de prisión de seis meses a un año en los supuestos previstos en el apartado 2 de este artículo.

La doctrina especializada reclama una reforma, *de lege ferenda,* de estos tipos delictivos, porque la pena en el caso de un delito de acoso laboral es distinta que del acoso sexual y, porque, en muchas ocasiones, tras el intento frustrado de un acoso sexual, se va a producir un acoso laboral o moral.

En el caso de la protección de la maternidad, si la exposición de la trabajadora al riesgo daña el feto o perjudica el embarazo, pudiera incurrirse en un *delito de aborto imprudente* (artículo 146 del CP)*, o en un delito de lesiones al feto* (artículos 157 y 158 del CP).

6.3 Sujetos responsables

Además del empresario persona física, pueden ser responsables de estos delitos:

— En el caso de empresario persona jurídica, serán responsables los administradores o encargados del servicio que hayan sido responsables de facilitar los medios de prevención, es decir, las personas que ejerzan de hecho las facultades de dirección y organización (la responsabilidad penal es personal, con las excepciones contempladas en la reforma del Código Penal de 2010, por ejemplo, en el tráfico de mano de obra del artículo 318 bis, del CP, en cuyo caso, hay también y de forma compatible una responsabilidad de las personas jurídicas).
— Además, pueden ser responsables los técnicos de prevención, pertenezcan a un Servicio de Prevención Propio o Ajeno, o sean personas designadas por el empresario para la gestión de la acción preventiva.
— En el caso de los delitos de homicidio, lesiones o acoso moral o psicológico, también pueden ser responsables penalmente los compañeros de trabajo, especialmente los encargados, jefes de equipo o mandos intermedios con atribuciones en el ámbito de la seguridad laboral.
— Por último, el artículo 318 del CP se refiere como responsables a quienes, conociendo y pudiendo remediar el riesgo laboral grave, no hubieran adoptado medidas para ello.

Se deduce del precepto la posible responsabilidad penal en la que pueden incurrir aquellos trabajadores, pertenecientes o no a los servicios de prevención, que por sus cualificaciones y perfil profesional están en condiciones de evitar el peligro y no lo hacen: Técnicos, jefes de producción, responsables del personal como encargados o capataces, coordinadores de seguridad, recursos preventivos, etc. En todo caso, si no «están legalmente obligados», porque su posición en el organigrama empresarial no los faculta para adoptar decisiones ni para impartir instrucciones de forma autónoma ni para paralizar un tajo o actividad en caso de riesgo grave e inminente, no deberían ser responsables del delito específico del artículo 316 del CP, aunque sí que podrían responder penalmente del delito de resultado por muerte o lesiones culposas, si se acreditara una negligencia o una falta del deber de cuidado, por acción u omisión, determinantes del resultado dañoso.

Es cierto que los empresarios o titulares de las empresas son los posibles sujetos activos del delito, pero no solo ellos, sino también los administradores y encargados del servicio (artículo 318 CP). Los sujetos activos son quienes «legalmente estén obligados», ocupando una posición similar al de garante. Debemos recordar que la LPRL impone en su artículo 14.2 el deber de garantizar la seguridad y salud de los trabajadores a su servicio, mediante la adopción de cuantas medidas sean necesarias.

Serían responsables de los delitos del artículo 316 a 318 claramente los empresarios, sus representantes, los directores generales, quienes tuvieren un poder de decisión incontestable en la empresa (por ejemplo, los integrantes de la dirección facultativa en una obra de construcción, e incluso, en determinadas ocasiones, el coordinador de seguridad y salud). Estos mismos podrían ser también responsables de un delito culposo de homicidio o lesiones, en concurso ideal de delitos.

A nuestro juicio, otros agentes como los recursos preventivos, el encargado o capataz, el técnico de prevención de la empresa o el mero trabajador por cuenta ajena únicamente responderían, si hubiere reprochabilidad penal en la conducta observada, por los delitos de homicidio o lesiones de los artículos 142 y 152 del CP.

Respecto a los delegados de prevención, creemos que debe primar su función representativa de los trabajadores, frente a la de sus funciones específicas en materia de prevención de riesgos en la empresa y, por tanto, no debería ser sujeto de delitos en esta materia. Únicamente nos encontraremos con un supuesto dudoso, que posiblemente debería resolverse hacia su imputabilidad, y es si pudo detectar la existencia de un riesgo grave e inminente y, aun así, no hizo nada por paralizar la actividad, desencadenando un accidente laboral.

7. Responsabilidad de los trabajadores

Hablamos del tratamiento que debe darse al incumplimiento contractual, o responsabilidad disciplinaria, que se deriva del artículo 29 de la LPRL, en relación con el artículo 58.1 de la LET. Estamos ante un Derecho común regulador de las faltas y sanciones del trabajador, que habrá que relacionarse necesariamente con el convenio colectivo aplicable.

7.1 Obligaciones genéricas

El artículo 29 de la LPRL regula las obligaciones de los trabajadores y establece que corresponde a cada trabajador velar, según sus posibilidades y mediante el cumplimiento de las medidas de prevención que en cada caso sean adoptadas, por su propia seguridad y salud en el trabajo y por la de aquellas otras personas a quienes pueda afectar su actividad profesional, a causa de sus actos y omisiones en el trabajo, de conformidad con su formación y las instrucciones del empresario.

De esta manera, el párrafo 1 del artículo 29 de la LPRL establece una *obligación genérica* para los trabajadores en relación con la prevención. Así, los trabajadores deberán velar por su propia seguridad y su salud en el trabajo y por la de otros que pudieran estar afectados, a causa de sus actos u omisiones (compañeros de trabajo o terceros relacionados con la empresa).

Si los trabajadores incumplen la citada obligación genérica, se les podrá exigir responsabilidades, aunque la misma se exigirá en función de la concurrencia de una serie de circunstancias previstas en el artículo 29.1 de la LPRL:

— Según sus posibilidades.
— Mediante el cumplimiento de las medidas de prevención que en cada caso sean adoptadas.
— De conformidad con su formación.
— Con arreglo a las instrucciones del empresario.

7.2 Obligaciones específicas

Los trabajadores, con arreglo a su formación y siguiendo las instrucciones del empresario, deberán hacer frente también a una serie de obligaciones concretas, debiendo en particular:

— Usar adecuadamente, de acuerdo con su naturaleza y los riesgos previsibles, las máquinas, aparatos, herramientas, sustancias peligrosas, equipos de transporte y, en general, cualesquiera otros medios con los que desarrollen su actividad (artículo 17 de la LPRL).
— Utilizar correctamente los medios y equipos de protección facilitados por el empresario, de acuerdo con las instrucciones recibidas de este (artículo 17 de la LPRL).
— No poner fuera de funcionamiento y utilizar correctamente los dispositivos de seguridad existentes o que se instalen en los medios relacionados con su actividad o en los lugares de trabajo en los que esta tenga lugar.
— Informar de inmediato a su superior jerárquico directo, y a los trabajadores designados para realizar actividades de protección y de prevención o, en su caso, al servicio de prevención, acerca de cualquier situación que, a su juicio, entrañe, por motivos razonables, un riesgo para la seguridad y la salud de los trabajadores (artículo 21 de la LPRL).
— Contribuir al cumplimiento de las obligaciones establecidas por la autoridad competente con el fin de proteger la seguridad y la salud de los trabajadores en el trabajo.
— Cooperar con el empresario para que este pueda garantizar unas condiciones de trabajo que sean seguras y no entrañen riesgos para la seguridad y la salud de los trabajadores.

El incumplimiento por los trabajadores de las obligaciones en materia de prevención de riesgos a que se refieren los apartados anteriores tendrá la consideración de incumplimiento laboral a los efectos previstos en el artículo 58.1 del Estatuto de los Trabajadores o de falta, en su caso, conforme a lo establecido en la correspondiente normativa sobre régimen disciplinario de los funcionarios públicos o del personal estatutario al servicio de las Administraciones públicas. La concreción de los tipos de infracciones, su calificación y la sanción correspondiente suelen estar explicitados en los convenios colectivos.

Estas obligaciones concretas son igualmente aplicables a los socios de las cooperativas cuya actividad consista en la prestación de su trabajo, con las precisiones que se establezcan en sus Reglamentos de Régimen Interno. Hemos dicho que el artículo 58 de la LET establece que los trabajadores podrán ser sancionados por la dirección de las empresas en virtud de incumplimientos laborales, de acuerdo con la graduación de faltas y sanciones que se establezcan en las disposiciones legales o en el convenio colectivo que sea aplicable. Ahora bien, la valoración de las faltas y las correspondientes sanciones impuestas por la dirección de la empresa son siempre revisables ante la jurisdicción competente. La sanción de las faltas graves y muy graves requerirá comunicación escrita al trabajador, haciendo constar la fecha y los hechos que la motivan. No se podrán imponer sanciones que consistan en la reducción de la duración de las vacaciones u otra minoración de los derechos al descanso del trabajador o multa de haber. En todo caso, los trabajadores no podrán ser objeto de responsabilidad administrativa, previéndose únicamente dicha responsabilidad para los empresarios.

Sí que podrán ser objeto de una responsabilidad civil contractual (art. 1101 del CC) o extracontractual (artículo 1902 del CC), frente a otros trabajadores o terceros cuando, a resultas de sus incumplimientos, se hubiesen ocasionado daños a los mismos.

También podrán responder personalmente ante una eventual responsabilidad penal, en los supuestos contemplados en el Código Penal.

Por tanto, sin perjuicio de las responsabilidades en las que pueden incurrir los técnicos de prevención integrantes de los servicios de prevención, los trabajadores designados, los recursos preventivos, etc., a las que se ha ido haciendo referencia, a los trabajadores, el artículo 29 de la LPRL les exige una serie de obligaciones en relación con la prevención de riesgos laborales que, en caso de incumplimiento, supondrá incurrir en responsabilidad laboral, pudiendo ser sancionado o incluso despedido disciplinariamente. La habilitación legal, ya lo hemos visto, está en el artículo 58.1 de la LET.

8. Responsabilidad de los prevencionistas

Aunque el incumplimiento de sus obligaciones no exonera al empresario de responsabilidad (art.14.4 de la LPRL), los trabajadores prevencionistas, bien designados por el empresario para hacerse cargo de las actividades preventivas, bien contratados *ad hoc* para formar partes de los servicios de prevención propios de la empresa, bien designados como recursos preventivos, serán sujetos de responsabilidad disciplinaria por tales incumplimientos, si son trabajadores por cuenta ajena. Si media una prestación de servicios, habrá de estarse al contrato civil o mercantil suscrito, y a la indemnización que en su caso fijen los tribunales por responsabilidad civil.

Recordemos que la actividad preventiva será su trabajo, o al menos parte de su trabajo, si son trabajadores del régimen general.

El empresario, incluso, podría plantearse una reclamación por la vía civil, con la petición de una indemnización por daños y perjuicios, si se acreditara una actividad negligente que hubiese ocasionado daños a la empresa y como consecuencia, esta hubiere tenido que abonar una reclamación pecuniaria por demanda de terceros o una sanción administrativa por una deficiencia en las medidas preventivas. Ahora bien, la empresa deberá previamente acreditar la diligencia en sus obligaciones empresariales, la facilitación de medios de seguridad a los trabajadores y de los medios materiales y técnicos necesarios a los responsables de prevención, la impartición de una formación adecuada y suficiente y la implantación de una evaluación de riesgos, y de la correspondiente planificación de la acción preventiva idónea en el centro de trabajo. Es decir, el empresario tendrá que demostrar que la responsabilidad ha sido de los técnicos prevencionistas, habiendo puesto los medios humanos, técnicos y materiales de organización de la prevención necesarios, facilitando el tiempo, y la formación requeridos, y designando a las personas con cualificación para tales cometidos.

Pero estos trabajadores no serán objeto de responsabilidad administrativa ni del recargo de prestaciones por falta de medidas de seguridad, que se imputará exclusivamente a los empresarios.

Por lo visto, y con las cautelas expuestas, los técnicos de prevención trabajadores de la empresa pueden ser eventualmente sujetos de una responsabilidad penal y civil, derivada de la penal, o civil de forma autónoma de tipo extracontractual (artículo 1902 del CC), frente a otros trabajadores o terceros, si se incurre en alguno de los tipos del Código Penal, o se hubiesen generado daños consecuencia de sus acciones u omisiones dolosas o culposas.

No parece que los técnicos de prevención, los encargados o los recursos preventivos estén «legalmente obligados» a garantizar la seguridad laboral de los trabajadores de su empresa, por faltarles el elemento de autoridad y poder de decisión necesarios, por lo que no serían sujetos activos del artículo 316 del Código Penal. Sí que podrían ser responsables, sin embargo, de delitos de resultados por muerte o lesiones culposas (artículo 142, 152 y concordantes del Código Penal).

CUESTIONARIO DE AUTOEVALUACIÓN Y APRENDIZAJE

1. Enumera las responsabilidades que pueden exigirse al empresario, de acuerdo con el artículo 42 de la LPRL.

2. Define la responsabilidad administrativa en prevención de riesgos laborales a tenor del artículo 5.2 de la LISOS. ¿Qué tres consideraciones destacaría de ese concepto?

3. Describe algún supuesto en el que el trabajador pueda solicitar la extinción del contrato de trabajo por vía del artículo 50 del ET, por incumplimiento del empresario en materia de prevención de riesgos laborales.

4. ¿En qué se sustancia la sanción administrativa?
   Establezca cómo se califican las infracciones.
   Relaciona al menos cuatro criterios de graduación de las sanciones en prevención de riesgos laborales.

5. Respecto del recargo de prestaciones: defínelo sintéticamente y pronúnciate sobre quién puede ser sujeto infractor. Di si es posible la solidaridad en su imposición y con base en qué.

6. Responde brevemente a las siguientes cuestiones sobre el recargo de prestaciones:
   o ¿Qué teorías se barajan sobre su naturaleza jurídica?
   o ¿Podría recaer el recargo sobre un técnico de prevención?
   o ¿Es asegurable?
   o ¿Es compatible con otras penas o sanciones?

7. A un trabajador la empresa le da una instrucción de trabajo para que enfosque una terraza del tercer piso de una obra de construcción, careciéndose absolutamente de medidas de protección. Como se niega, es despedido. Asesora al trabajador sobre los mecanismos de defensa ante un Juzgado de lo Social.

8. Un trabajador sufre un accidente de trabajo. Pretende reclamar una indemnización por daños y perjuicios al empresario, pero también al técnico de prevención, a su encargado y al Servicio de Prevención Ajeno. Determina que vía jurisdiccional debe seguir y por qué.

9. ¿Qué tipos de daños se tienen en cuenta a la hora de determinar la indemnización por daños y perjuicios?

10. ¿Cuáles son los tipos penales que afectan a la prevención de riesgos laborales?

MARCO JURÍDICO DE LA SEGURIDAD Y SALUD EN EL TRABAJO

PRÁCTICAS

Práctica número 1

Imprudencia temeraria, concurrencia de culpas y falta de medidas de seguridad

El Señor Inocencio llevaba trabajando para la empresa FRANCISCA NEGRILLO GARRIDO unos dieciocho o veinte años en la categoría profesional de oficial 2.a para realizar labores de albañilería. El 6 de abril de 2011, sobre las 13:20 horas, el trabajador tuvo un accidente de trabajo cuando prestaba sus servicios para su empleadora. El trabajador se encontraba en la cubierta del centro de trabajo realizando la reparación de placas de fibrocemento dañadas. Para ello, debía retirar el yeso de entre la pared y las placas y aislar con caucho las grietas de las mismas. Junto a él estaba el trabajador y testigo D. Ángel, cuyo trabajo era atornillar las placas que estaban sueltas, y a quien el Sr. Inocencio indicaba la manera de proceder en la cubierta, dándole instrucciones de cómo sujetar el arnés a la línea de vida. La cubierta estaba dotada de línea vida fija (instalada por la empresa titular del centro de trabajo), ambos trabajadores disponían de arnés de seguridad facilitado por esta y hacían uso del mismo. Cuando el trabajador se dirigía a una de las placas que se encontraba suelta para retirar el yeso y colocarla correctamente, se le enganchó la cuerda del arnés en uno de los tornillos que sujetaban las placas a las vigas. Entonces, para desengancharla, el trabajador se soltó de la línea de vida y dio un tirón brusco de la cuerda, produciéndose en ese momento el deslizamiento de la placa y la caída del trabajador al interior de la fábrica. Todavía en la cubierta, y antes de precipitarse al suelo, el trabajador se golpeó en la cabeza provocándose una herida en la misma y, después, cayó sobre el horno de la línea 6 del interior de la fábrica (que se encuentra a unos 3, 75 metros) y, de ahí, se tiró al suelo, (cuya altura del horno al suelo dista 1,70 metros), partiéndose las dos muñecas. El trabajador disponía de formación en prevención de riesgos laborales adecuada a su puesto de trabajo.

Cuestiones:

1. Valora la actitud del Sr. Inocencio: ¿consideras que se trata de una imprudencia profesional, imprudencia temeraria? ¿Existe culpa exclusiva de la empresa o del trabajador o bien existe concurrencia de culpas?

2. ¿Calificarías de accidente de trabajo el acaecido al Sr. Inocencio? Razona la respuesta

3. ¿Podría haberse evitado el accidente sufrido?, ¿Y cuál debió ser la actuación de la empresa y la del trabajador?

4. ¿Qué prestaciones y, en su caso, qué responsabilidades se derivarían de los hechos acontecidos?

Normativa aplicable:

Artículos 4.2.d y 19.1 del Estatuto de los Trabajadores
Artículos 14. 2, 15.4, 17.1 y 29 de la Ley de Prevención de Riesgos Laborales
Artículos 156 y 164 de la Ley General de Seguridad Social

Sentencias de referencia:

Tribunal Supremo (Sala de lo Social, Sección 1.ª) Sentencia núm. 639/2018 de 14 junio (RJ\2018\3268); Tribunal Superior de Justicia de Andalucía, Granada (Sala de lo Social, Sección 1.ª) Sentencia núm. 2267/2016 del 13 octubre (JUR\2017\48170); Tribunal Superior de Justicia de País Vasco, (Sala de lo Social, Sección 1.ª) Sentencia del 9 febrero 2010; Tribunal Superior de Justicia de Cataluña (Sala de lo Social, Sección 1.ª) Sentencia núm. 838/2011 del 3 febrero (AS\2011\1026); Tribunal Superior de Justicia de Andalucía, Sevilla (Sala de lo Social, Sección 1.ª) Sentencia núm. 3945/2009 del 12 noviembre (AS\2010\167); Tribunal Supremo (Sala de lo Social, Sección 1.ª) sentencia del 18 septiembre 2007 (RJ\2007\8446).

Práctica número 2

Tolerancia empresarial con el incumplimiento de medidas de seguridad. Despido de una trabajadora que se encontraba disfrutando de una reducción de jornada por cuidado de hijo

La trabajadora Amelia ha venido prestando sus servicios para la empresa LOGIFRUIT, S.L., dedicada a la actividad de manipulación de envases y embalajes desde el año 2004 en la categoría profesional de carretillera, con contrato indefinido y jornada completa. Con fecha del 5-04-2018 recibe por escrito una carta en la que se le comunica que es despedida disciplinariamente, por no respetar las medidas de seguridad establecidas para el uso de la carretilla, y ello por actuar iniciando la maniobra de carga sin exigir que las personas ajenas se alejasen de la zona de la operación de la máquina, teniendo a su lado al transportista. Este tipo de actuación es calificada como falta muy grave por convenio colectivo por generar un gravísimo riesgo de accidente. No obstante, mientras la trabajadora realizaba la maniobra, el responsable de la empresa lo presencia y, en lugar de evitarlo, se dedica a sacar fotografías. La trabajadora estuvo dos años de excedencia por cuidado de hijo, y en el momento del despido se hallaba disfrutando de un permiso de reducción de jornada por cuidado de hijo.

Cuestiones:

1. ¿Consideras que la empresa ha cumplido con sus obligaciones en materia de prevención de riesgos? ¿Y la trabajadora? Razona la respuesta.

2. ¿Calificarías el despido de la trabajadora como procedente, improcedente o nulo? Razona la respuesta

3. ¿Cuál debió ser la actuación de la empresa?

4. ¿De existir tolerancia empresarial con el incumplimiento de medidas de seguridad? ¿qué consecuencias tendría?

Normativa aplicable:

Artículos 4, 5, 19, 45, 54, 55, 56 y 58 del Estatuto de los Trabajadores
Artículos 14, 15, 16, 17 y 29 de la Ley de Prevención de Riesgos Laborales

Sentencias de referencia:

Tribunal Superior de Justicia de Castilla y León, Valladolid (Sala de lo Social, Sección 1.ª) Sentencia del 26 julio 2019 (JUR\2019\263286); Tribunal Superior de Justicia de Madrid (Sala de lo Social, Sección 6.ª) Sentencia núm. 651/2019 del 1 julio (JUR\2019\249386); Tribunal Superior de Justicia de Murcia (Sala de lo Social, Sección 1.ª) Sentencia núm. 837/2017 del 27 septiembre (JUR\2017\254220).

Práctica número 3

Recargo de prestaciones en caso de imprudencia del jefe de equipo

El trabajador Fausto venía prestando servicios para la empresa Sociedad Española de Montajes Industriales SA, ostentando la categoría profesional de instalador y reparador de equipos electrónicos y con una antigüedad de fecha del 25-8-2000. El trabajador estaba suficientemente informado para su labor, así como informado de los riesgos de la misma. No obstante, desarrollando el trabajo de sustituir una torre metálica a la que amarró los cables procedentes del entroque existentes, junto con otros compañeros, sufrió un accidente en fecha del 26-10-2014 por el que recibió una tensión de retorno a través de la fase proveniente de aquella, lo que ocurrió porque el jefe de equipo, oficial de primera designado como jefe de descargo y encargado de desconectar las fuentes de tensión de la línea, olvidó realizar esa labor infringiendo los deberes objetivos que tenía y las órdenes expresas recibidas. Por resolución de la Dirección Provincial del INSS de fecha del 26-5-2015, en expediente de recargo de prestaciones por falta de medidas de seguridad, se le impuso a la empresa el recargo del 30 por 100 de las prestaciones. El accidente de trabajo sufrido por el trabajador ha dado lugar a la prestación de incapacidad temporal del mismo y al despido declarado procedente del jefe de equipo.

Cuestiones:

1. ¿Ha actuado la empresa con la diligencia que le es exigibles de conformidad con la LPRL? Y, concretamente, ¿ha cumplido con su deber *in vigilando*?

2. ¿En qué medida la empresa es responsable de la negligencia grave del jefe de equipo? ¿Se le puede imputar alguna responsabilidad a la empresa por dicha negligencia?

3. Explica los elementos necesarios para la imposición del recargo de prestaciones.

4. ¿Considera procedente la imposición a la empresa del 30 por 100 del recargo de prestaciones por omisión de medidas de seguridad?

Normativa aplicable:

Artículos 14, 15, 16, 17 y 42 de la Ley de Prevención de Riesgos Laborales
Artículos 164 y 156 de la Ley General de Seguridad Social
Artículos 1101, 1103, 1105, 1902 y 1903 del Código Civil
Artículo 5 de la Ley de Infracciones y Sanciones en el Orden Social
Artículo 96 de la Ley Reguladora de la Jurisdicción Social

Sentencias de referencia:

Tribunal Supremo (Sala de lo Social, Sección 1.ª) Sentencia núm. 149/2019 del 28 febrero (RJ\2019\1532); Tribunal Superior de Justicia de Cataluña (Sala de lo Social, Sección 1.ª) Sentencia núm. 6088/2016 del 21 octubre (JUR\2017\44825); Tribunal Supremo (Sala de lo Social, Sección 1.ª) Sentencia del 30 junio 2010 (RJ 2010\6775); Tribunal Supremo (Sala de lo Social, Sección 1.ª) Sentencia del 4 mayo 2015 (RJ 2015\2601); TSJ Islas Canarias, Santa Cruz de Tenerife, sentencia núm. 461/2014, del 16 junio 2014 (JUR\2015\13085); TSJ Cataluña, sentencia núm. 475/2012, del 23 enero 2012 (JUR\2012\99943).

Práctica número 4

Despido por ineptitud sobrevenida, vigilancia de la salud y reconocimiento de incapacidades

Don Arcadio, que prestó sus servicios por cuenta y bajo la dependencia de la empresa HIPERCOR SA en la categoría profesional de reponedor equivalente a mozo de almacén, inició un proceso de incapacidad temporal el 16 de agosto de 2013, del que fue dado de alta médica con denegación de proceso de incapacidad permanente el 15 de junio de 2015. El trabajador comunicó a la empresa que no se encontraba en condiciones de incorporarse a su puesto de trabajo y solicitó unos días de vacaciones del 22 de junio de 2015 al 2 de julio de 2015. El mismo día 2 el servicio médico del servicio de evaluación realizó exploración médica que dio como resultado declaración de no apto. La empresa le comunicó el día 3 su despido por ineptitud sobrevenida, teniendo en cuenta la actividad de reposición que desempeñaba, junto con las tareas inherentes al puesto de trabajo según recoge su evaluación de riesgos laborales y conocida por los facultativos que le han tratado (movimiento y manipulación de cargas y tareas de forma repetitiva, desplazamientos y bipedestación prolongada, mantenimiento de posturas estáticas durante períodos prolongados), así como la patología que presentaba desde su reincorporación al puesto de trabajo, y la imposibilidad de asignarle tareas que pueda ejecutar. Consta que el trabajador se encontraba en lista de espera para una nueva intervención quirúrgica.

Cuestiones:

1. En estos casos, ¿puede despedir el empresario o procede la adaptación del puesto de trabajo con base en el artículo 25 de la LPRL?

2. ¿Cuáles son las características que tienen que darse para que sea admitido el despido por ineptitud sobrevenida?

3. ¿Cómo calificarías el despido no justificado por ineptitud sobrevenida relacionado con el estado de salud de trabajador? ¿Cómo improcedente o cómo nulo?

4. La denegación de la incapacidad permanente total ¿garantiza la permanencia en el puesto de trabajo o puede despedirse procedentemente por imposibilidad de adaptar el puesto de trabajo en la empresa?

5. La calificación de «no apto» del trabajador ¿debe garantizar, en todo caso, el reconocimiento de la incapacidad permanente total?

Normativa aplicable:

Artículos 14, 15, 16, 17, 22 y 25 de la Ley de Prevención de Riesgos Laborales
Artículos 193 y ss., de la Ley General de Seguridad Social
Artículo 52.1.a) del Estatuto de los Trabajadores

Sentencias de referencia:

Tribunal Supremo (Sala de lo Social, Sección 1.ª) Auto del 9 febrero 2017 (JUR\2017\43206); Tribunal Superior de Justicia de Asturias, (Sala de lo Social, Sección 1.ª) Sentencia núm. 492/2016 del 15 marzo (JUR\2016\69020); Tribunal Superior de Justicia de Castilla y León, Burgos (Sala de lo Social, Sección 1.ª) Sentencia núm. 610/2018 del 3 octubre (JUR\2018\298881); Tribunal Superior de Justicia de Asturias (Sala de lo Social, Sección 1.ª) Sentencia núm. 2482/2018 del 30 octubre (JUR\2018\312673); Tribunal Superior de Justicia de Cataluña (Sala de lo Social, Sección 1.ª) Sentencia núm. 277/2019 del 22 enero (JUR\2019\62197); Tribunal Superior de Justicia de País Vasco (Sala de lo Social, Sección 1.ª) Sentencia núm. 1238/2017 del 30 mayo (JUR\2017\200109); Tribunal Superior de Justicia de Murcia (Sala de lo Social, Sección 1.ª) Sentencia núm. 610/2017 del 7 junio (JUR\2017\177833); Tribunal Constitucional (Sala Primera) Sentencia núm. 62/2008 del 26 mayo (RTC\2008\62).

Práctica número 5

Reconocimiento médico obligatorio. Vigilantes de seguridad y escoltas

La empresa Casva Seguridad S.L. (CASVA) se dedica a la vigilancia y protección de toda clase de bienes, establecimientos, espectáculos, a la protección de personas determinadas, previa autorización correspondiente, el suministro, instalación y mantenimiento de aparatos, dispositivos y sistemas de seguridad, a la realización de controles de identidad, de objetos personales, paquetería, mercancías o vehículos, a evitar la comisión de actos delictivos o infracciones administrativas en relación con el objeto de su protección, entre otras. Con el fin de implantar en la empresa la obligatoriedad de reconocimientos médicos sobre parte de su plantilla, CAVSA solicitó el 21-1-2016 a la Representación legal de los Trabajadores de Castellón y en 1-2-2016 a la Representación legal de los Trabajadores de Valencia, información en materia de la obligatoriedad del reconocimiento. Ambas RLT presentaron sus informes oponiéndose. Mediante escrito del 13-7-2016 la empresa procedió a comunicar al Comité de Empresa de Casva Seguridad que a partir del 1-10-2016 sería obligatorio el reconocimiento médico de los trabajadores con categorías de Escolta, Personal CRA, Personal de Instalaciones Alarmas y Vigilantes. Además, comunicó que, en caso de negativa por parte de los trabajadores a la realización de dichos reconocimientos médicos, procedería, de la forma establecida, a sancionar dicha conducta según lo dispuesto en el Convenio Colectivo Nacional de empresas de Seguridad Privada que le es de aplicación (*BOE* del 12-01-2015). Cada diez años, con la renovación de la tarjeta, los trabajadores pasan unas pruebas de reconocimiento físico, psicotécnico y revisión médica, que en esencia consisten básicamente en pruebas generales sobre capacidad aeróbica, pulmonar, agudeza visual y audiometrías y, si los trabajadores habilitan otra especialidad, la revisión médica la pasan cuando se produce la habilitación.

Cuestiones:

1. ¿Es este un supuesto en el que el reconocimiento médico puede resultar obligatorio para el personal clasificado como vigilante de seguridad y escolta? ¿Qué requisitos deben concurrir para que el reconocimiento médico pueda ser obligatorio?

2. ¿Estamos ante una infracción del derecho a la intimidad si a los trabajadores se les impone someterse a la vigilancia de la salud? ¿Bastaría con los

reconocimientos médicos psicofísicos que se realizan para la obtención de las licencias y renovación de las tarjetas para ejercer la profesión?

3.   ¿Qué consecuencias tiene el hecho de que haya un informe desfavorable de los representantes legales de los trabajadores a los reconocimientos médicos obligatorios?, y, ¿si la empresa no hubiera solicitado informe a la representación legal de los trabajadores?

4.   Si los trabajadores fueran operarios de gestión de residuos ¿podría ser obligatoria la vigilancia de la salud?

Normativa aplicable:

Artículos 14, 16, 22, 25 y 42 de la Ley de Prevención de Riesgos Laborales
Artículos 4.2 y 19.2 del Estatuto de los Trabajadores
Artículo 18 de la CE
Artículos 243 de la Ley General de Seguridad Social
Artículo 12 de la LISOS

Sentencias de referencia:

Tribunal Supremo (Sala de lo Social, Sección 1.ª) Sentencia núm. 33/2019 del 21 enero (RJ\2019\653); Tribunal Supremo (Sala de lo Social, Sección 1ª) Sentencia núm. 259/2018 del 7 marzo (RJ\2018\2541); Tribunal Supremo (Sala de lo Social, Sección 1.ª) Sentencia del 10 junio 2015 (RJ\2015\3397); Tribunal Superior de Justicia de Madrid (Sala de lo Social, Sección 6.ª) Sentencia núm. 583/2016 del 12 septiembre (JUR\2016\234171); Tribunal Superior de Justicia de Andalucía, Granada (Sala de lo Social, Sección 1.ª) Sentencia núm. 1816/2018 del 19 julio (AS\2019\217); Tribunal Superior de Justicia de C. Valenciana (Sala de lo Social, Sección 1.ª) Sentencia núm. 417/2014 del 18 febrero (AS\2015\1744).

Práctica número 6

Despido disciplinario. Embriaguez habitual. Obligaciones en materia de prevención de riesgos

El Sr. Germán presta servicios en la categoría profesional de oficial 2.ª electricista a jornada completa para la mercantil Iron Global SL dedicada al sector de la construcción desde el 23 de noviembre de 2016. El 20 de abril de 2017 la empresa entregó al Sr. Germán comunicación escrita en la que se le comunica la decisión de la empresa de sancionarlo con el despido disciplinario con efectos del mismo día, por incumplimiento contractual tipificado como falta muy grave en el art. 54. f. del ET. Según la comunicación de la empresa los hechos que dieron lugar al despido fueron acudir a su puesto de trabajo (durante esos días estaba prestando servicios en un centro hospitalario) los días 18, 19 y 20 de abril en estado de embriaguez, lo cual tuvo una repercusión negativa ante el desempeño de sus funciones, comportó un perjuicio para la imagen de la empresa y, además, incrementó el riesgo a sufrir cualquier tipo de accidente en el desempeño de su trabajo como consecuencia de su estado. El día 18 los trabajadores avisaron al responsable, el día 19 el responsable Óscar a la vista del estado en que se encontraba el Sr. Germán lo envió a casa y, después de varias amonestaciones verbales por su comportamiento y advertencias de que se trataba de una falta tipificada como muy grave y que en el caso de volver a repetirse la sanción sería el despido disciplinario, el día 20 de abril se vuelve a presentar en estado de embriaguez. El responsable de obra le comunica que deje el centro y vaya a las oficinas. Ese mismo día fue despedido.

Cuestiones:

1. ¿Ha cumplido el trabajador con sus obligaciones en materia de prevención de riesgos laborales? ¿Supone la conducta del trabajador un incumplimiento laboral? Razona la respuesta.

2. ¿Ha cumplido la empresa con su deber de protección eficaz impuesto por los artículos 14 y 15 de la LPRL? ¿Debió la empresa desplegar alguna medida concreta de carácter preventivo?

3. ¿Consideras conforme a derecho el despido del trabajador por embriaguez habitual? ¿Y si el despido fuera de un administrativo? Razona la respuesta

4. En el supuesto de haberse producido un accidente de trabajo, ¿qué responsabilidades podrían haberse derivado para la empresa?

Normativa aplicable:

Artículos, 14, 15, 25 y 29 de la Ley de Prevención de Riesgos Laborales Artículos 5, 54, 55 y 58 del Estatuto de los Trabajadores

Sentencias de referencia:

Tribunal Superior de Justicia de Cataluña (Sala de lo Social, Sección 1.ª) Sentencia núm. 5843/2018 del 7 noviembre (JUR\2019\13006); Tribunal Supremo (Sala de lo Social) Sentencia del 31 marzo 1999(RJ\1999\3780); Tribunal Superior de Justicia de Andalucía, Sevilla (Sala de lo Social, Sección 1.ª) Sentencia núm. 3945/2009 del 12 noviembre (AS\2010\167); Tribunal Superior de Justicia de Cataluña (Sala de lo Social, Sección 1.ª) Sentencia núm. 838/2011 del 3 febrero (AS\2011\1026); Tribunal Supremo (Sala de lo Social, Sección 1.ª) Sentencia núm. 639/2018 del 14 junio (RJ\2018\3268).

Práctica número 7

Estrés laboral y prevención de riesgos

D. Basilio viene prestando servicios para el Servicio Gallego de Salud en la categoría de pediatra de Atención Primaria en el Centro de Salud del SERGAS. El 2/6/2011 el Sr. Basilio presentó escrito a la dirección del centro de salud manifestando la sobrecarga laboral pues debía atender a más 1300 niños al año, y solicita que se tomen las medidas para corregir dicha situación. Sin embargo, en los dos años siguientes el cupo asistencial de niños asciende, lo que lleva a sufrir dos episodios de estrés laboral y ansiedad secundaria. Tras estos diagnósticos la UPRL declara al trabajador apto con limitaciones para su trabajo habitual. Un año más tarde, sufre una coroidopatía serosa central, enfermedad asociada al estrés, que lo mantiene en situación de IT durante casi siete meses. Tras el accidente, el servicio de prevención de riesgos laborales realiza una evaluación de riesgos, pero no analiza los riesgos psicosociales.

Cuestiones:

1. ¿Cómo calificarías la dolencia que sufre el Sr. Basilio? ¿Cómo contingencia profesional o como contingencia común? Razona la respuesta. ¿Tendría derecho a una prestación y, en ese caso, de qué tipo?

2. ¿Tiene derecho el Sr. Basilio a demandar a la empresa para obtener alguna indemnización por el daño sufrido o con otra finalidad? ¿Qué le aconsejarías?

3. ¿Consideras que la empresa debió desplegar alguna medida específica de carácter preventivo para evitar la dolencia que padece el Sr. Basilio?

Normativa aplicable:

Artículos 14, 15. 16, 17 y 25 de la Ley de Prevención de Riesgos Laborales
Artículos 4 y 19 del Estatuto de los Trabajadores
Artículo 96.2 de la Ley Reguladora de la Jurisdicción Social
Artículo 1104 del Código Civil

Sentencias de referencia:

Tribunal Superior de Justicia de Galicia (Sala de lo Social, Sección 1.ª) Sentencia del 29 abril 2019 (\2019\151222); Tribunal Superior de Justicia de Cataluña (Sala de lo Social, Sección 1.ª) Sentencia núm. 7055/2017 del 20 noviembre (JUR\2017\303949); Tribunal Superior de Justicia de País Vasco (Sala de lo Social, Sección 1.ª) Sentencia núm. 1799/2016 del 20 septiembre (JUR\2016\239626); Tribunal Supremo (Sala de lo Social) Sentencia del 8 octubre 2001 (RJ\2002\1424); Tribunal Supremo (Sala de lo Social, Sección 1.ª) Sentencia del 26 mayo 2009 (RJ\2009\3256).

Práctica número 8

Reconocimiento del riesgo durante la lactancia natural

A doña Ramona, trabajadora desde el mes de marzo de 2015 como vigilante de seguridad en un centro comercial, le fue denegada el reconocimiento de la situación de riesgo para la lactancia natural de su hijo menor de un año. Desempeña tal ocupación en régimen de trabajo a turnos variables por regla general de ocho horas, algunos de los cuales se realizan dentro del horario nocturno es decir, entre las 22 y las 6 horas, según el art. 36 del ET. Además, en algunos de los turnos, doña Ramona realizaba su trabajo en solitario, en concreto en los turnos, en horario nocturno. Su trabajo de vigilante de seguridad conllevaba hacer rondas, atender las alarmas por posibles urgencias (delitos, incendios, etc.) y, en general, estar vigilante ante cualquier incidencia en el centro comercial donde prestaba servicios. Además, la por lo menos indiciaria situación de riesgo para la lactancia no consta que pudiera verse razonablemente neutralizada por una compatibilidad con la extracción de la leche, dado el carácter variable de los turnos, la duración de los mismos que con carácter general se fija en ocho horas y, en especial, no constando acreditado que exista un lugar apropiado para proceder a tal cometido en el centro de trabajo, ni tampoco una disponibilidad para llevar a cabo tal extracción, dado que algunos de los turnos la trabajadora los realiza en solitario y con la obligación de atender a urgencias e imprevistos. Tanto la empresa como la mutua declararon que las condiciones de trabajo no influyen en la lactancia.

Cuestiones:

1. ¿Cuál es el procedimiento, descrito en el RD 295/2009, del 6 de marzo, que debe seguir la trabajadora para solicitar la prestación económica por riesgo durante la lactancia natural y cuándo procede esta?

2. Ante la negativa de la MUTUA de reconocer la situación de riesgo por lactancia natural, ¿qué pasos debe seguir la trabajadora para defender sus pretensiones?

3. Ante un supuesto de riesgo durante la lactancia, ¿tiene la trabajadora obligación de acumular en jornadas completas la reducción de las horas durante la lactancia?

4. ¿Estaríamos ante un caso de discriminación por razón de sexo? ¿A quién correspondería la carga de la prueba?

Normativa aplicable:

Artículos 14,16 y 26 de la Ley de Prevención de Riesgos Laborales
Artículos 45 y 48 del Estatuto de los Trabajadores
Artículos 188 y 189 de la Ley General de Seguridad Social
Real Decreto núm. 295/2009, del 6 de marzo, por el que se regula las prestaciones económicas del sistema de la Seguridad Social por maternidad, paternidad, riesgo durante el embarazo y riesgo durante la lactancia natural

Sentencias de referencia:

Tribunal Superior de Justicia de Galicia (Sala de lo Social, Sección 1.ª) Sentencia del 30 octubre 2018 (JUR\2018\327146); Tribunal Supremo (Sala de lo Social, Sección 1lª) Sentencia núm. 353/2018 del 3 abril (RJ\2018\1970); Tribunal Supremo (Sala de lo Social, Sección 1.ª) Sentencia del 21 marzo 2013 (RJ\2013\3825); Tribunal Supremo (Sala de lo Social, Sección 1.ª) Sentencia del 22 noviembre 2011 (RJ\2012\1467); Tribunal Supremo (Sala de lo Social, Sección 1.ª) Sentencia del 24 abril 2012 (RJ\2012\5116); Tribunal de Justicia de la Unión Europea (Sala Quinta). Caso Elda Otero Ramos contra servicio Galego de Saúde e Instituto Nacional de la Seguridad Social. Sentencia del 19 octubre 2017 (TJCE\2017\194); Tribunal Superior de Justicia de Madrid (Sala de lo Social, Sección 1.ª) Sentencia núm. 215/2019 del 22 febrero (AS\2020\94).

Práctica número 9

Reconocimiento como accidente laboral del suicidio del trabajador

Con fecha del 27.06.2013 D. Francisco se precipita al vacío desde la azotea del edificio donde se encuentra la sucursal de CAJAMAR, donde el perecido prestaba sus servicios en el centro de trabajo sito en la calle Llano, Almería. El día del siniestro, mientras prestaba sus servicios, el fallecido tiene un conflicto con un cliente de nacionalidad marroquí relativo al ingreso de un dinero por parte de este. El cliente abandona la sucursal, y con posterioridad vuelve otra vez el mismo día y se encara con el finado. Durante el desarrollo de este conflicto entre D. Francisco y el cliente, el primero recibe insultos del segundo, y le comunica el finado al cliente que su problema está solucionado y, si vuelve a insultarlo, llamará a la Policía. Una vez que el cliente abandona la sucursal, la directora, D. ª Elena, mete a D. Francisco en su despacho porque este estaba muy alterado, muy nervioso, sudando, dando golpes en la mesa por el estado de nervios que tenía. Después, el fallecido sale del despacho de la directora, y la interventora de la sucursal D. ª Susana habla con el finado, estando ellos dos solos, y le dice que vaya a calmarse al archivo, y a los dos minutos de esta conversación D. Francisco le pidió permiso para salir a la calle, a lo que la interventora dijo que sí. A continuación, el fallecido accede a la azotea y se precipita al vacío. El fallecido estaba casado y tenía dos hijos.

Cuestiones:

1. ¿Qué requisitos exige el artículo 156 de la LGSS, para considerar la existencia de accidente de trabajo?

2. ¿Qué requisitos se exigen para que el suicidio pueda ser considerado accidente de trabajo?

3. ¿Debe prevenir la empresa las situaciones de estrés derivadas del trabajo? ¿qué tipo de riesgos constituyen las situaciones de estrés y depresión vinculadas con la realización del trabajo?

Normativa aplicable:

Artículos 4, 14 y 15 de la Ley de Prevención de Riesgos Laborales
Artículo 156 de la Ley General de Seguridad Social

Sentencias de referencia:

Tribunal Superior de Justicia de Andalucía, Granada (Sala de lo Social, Sección 1.ª) Sentencia núm. 65/2019 del 10 enero (AS\2019\1974); TSJ Castilla-La Mancha, sentencia núm. 123/2016, del 2 febrero 2016. (JUR\2016\53942); Tribunal Supremo (Sala de lo Social, Sección 1.ª) Sentencia del 25 septiembre 2007 (RJ\2007\8316); Tribunal Superior de Justicia de Andalucía, Sevilla (Sala de lo Social, Sección 1.ª) Sentencia núm. 1412/2010 del 13 mayo (JUR\2010\252398); Tribunal Superior de Justicia de Islas Canarias, Las Palmas (Sala de lo Social, Sección 1.ª) Sentencia núm. 1317/2008 del 8 octubre (AS\2009\64); Tribunal Superior de Justicia de Aragón (Sala de lo Social, Sección 1.ª) Sentencia núm. 120/2015 del 4 marzo (JUR\2015\84229).

Práctica número 10

Medidas de Prevención. Infarto en el lugar de trabajo

D. Justino venía prestando servicios por orden y bajo la dependencia de la empresa, AM SEGURIDAD S.L., con la categoría profesional de vigilante de seguridad, desde el día 1.04.2009, en virtud de un contrato de trabajo eventual por circunstancias de la producción a tiempo completo, que se haya prorrogado, con una jornada completa de 40 horas semanales, siendo su horario de trabajo, de noche de las 0:00 horas a las 8:00 horas, aunque ocasionalmente podía variar según las necesidades de la empresa. La empresa tenía concertada a la fecha del fallecimiento de D. Justino, agosto de 2009, la cobertura de los accidentes de trabajos y enfermedades profesionales, con la entidad Activia Mutua 2008. El trabajador tenía una base de cotización mensual de 1225, 23 euros, y un salario mensual de 1200, 49 euros, en el mes anterior a que acaeció el fallecimiento, esto es, en julio de 2009. En fecha del 13.08.2009, jueves, estando en su centro de trabajo, sobre las 3:00 horas aproximadamente, D. Justino, cuando se encontraba de servicio, haciendo una ronda de inspección en el coche, sintió un dolor fuerte en el pecho y en el brazo izquierdo, lo que lo obligó a parar el vehículo. D. Justino esperó a que se le pasara el dolor y continuó prestando servicios, haciendo su ronda. Posteriormente se marchó a su casa. De vuelta a la oficina sobre las 10:30 horas, comentó lo que le había sucedido a la empresa, y se le aconsejó que fuera al hospital; pero D. Justino, por motivos de las tareas que tenía pendiente de hacer en el trabajo, lo pospuso, y sobre las 17:30 horas fue cuando tuvo que ir al hospital, ingresando de Urgencias, con dolor opresivo, en aumento, refiriendo sudoración y palidez. Tras serle realizadas las exploraciones consistentes en TAC sin contraste y con contraste de tórax, se concluye con el siguiente diagnóstico: disección aórtica de tipo A de Stanford con rotura de pared aórtica y hemopericardio y tras tratamiento, falleció a las 21:30 horas. D. Justino no tenía antecedentes de enfermedad y tenía buen estado de salud, contrastada periódicamente con las diversas revisiones médicas que estaba obligado a realizar.

Cuestiones:

1. ¿Consideras que la empresa ha cumplido sus obligaciones preventivas en este caso, o entiendes que falló la prevención? ¿Se podía haber evitado el accidente?

2.   ¿Consideras que el fallecimiento por disección aórtica sufrido por D. Justino puede calificarse como accidente de trabajo?

3.   ¿Puede D. Justino causar prestaciones por muerte y supervivencia? En caso afirmativo, ¿cuáles?

Normativa aplicable:

Artículos 4, 14 y 15 de la Ley de Prevención de Riesgos Laborales
Artículo 156 de la Ley General de Seguridad Social

Sentencias de referencia:

Tribunal Supremo (Sala de lo Social, Sección 1.ª) Sentencia núm. 442/2018 del 25 abril (RJ\2018\3201); Tribunal Superior de Justicia de Andalucía, Sevilla (Sala de lo Social, Sección 1.ª) Sentencia núm. 1399/2015 del 21 mayo (JUR\2015\187575); Tribunal Supremo (Sala de lo Social, Sección 1.ª) Sentencia del 22 diciembre 2010 (RJ\2011\60); Tribunal Superior de Justicia de Extremadura (Sala de lo Social, Sección 1.ª) Sentencia núm. 711/2005 del 24 noviembre (AS\2006\40); Tribunal Superior de Justicia de Cataluña (Sala de lo Social, Sección 1.ª) Sentencia núm. 7845/2013 del 2 diciembre (JUR\2014\23480); Tribunal Superior de Justicia de Castilla-La Mancha (Sala de lo Social, Sección 2.ª) Sentencia núm. 1242/2013 del 24 octubre (JUR\2013\340381).

Práctica número 11

Derecho a la intimidad y salud laboral

Un trabajador de RENFE con categoría profesional de maquinista de tren recibe una comunicación escrita del jefe de sección médica de dicha empresa en la que se pone en su conocimiento que, en el plazo de 15 días, ha de realizar unos análisis clínicos de sangre y orina, conforme a lo que dispone la Instrucción número 10 de la dirección de la empresa, que es de aplicación a quienes tengan la referida categoría y que, en su día, fue informada positivamente por los sindicatos mayoritarios de la empresa. Dicha Instrucción señala que «no serán aptos para el desempeño del trabajo de maquinistas quienes, según las pruebas realizadas por los servicios médicos de la empresa, padezcan enfermedades alcohólicas o presenten indicios de consumo de drogas».

Dicho trabajador se niega a realizar tales exámenes médicos por considerar que pueden atentar contra su intimidad, máxime cuando no va a poder controlar el uso que la dirección de la empresa puede hacer con los mismos. Ante su negativa, el jefe de recursos humanos de RENFE se dirige a él con el fin de advertirle formalmente de que tal actitud puede ser constitutiva de una infracción laboral, habida cuenta de que, según la mencionada Instrucción, es obligatorio efectuar los análisis clínicos de carácter anual. Además, le recuerda la motivación de tal prescripción cual es la necesidad de que la empresa vele por el buen estado físico de los maquinistas, dada la trascendencia social del trabajo desempeñado por ellos. El citado trabajador accede, finalmente, a realizar tales análisis, cuyos resultados revelan la existencia de una sustancia indicativa del consumo de cocaína, sin que se aprecie estigmas de alcohol-drogas. La dirección de la empresa despide al trabajador por considerar que tal dato es incompatible con su trabajo por los riesgos que él mismo entraña. El trabajador reclama al entender que tal sustancia puede tener su origen en un medicamento que habitualmente toma para combatir una bronquitis que ha padecido en épocas recientes y que la empresa se ha precipitado a la hora de tomar medidas contra él, debiendo antes haber efectuado otras pruebas médicas suplementarias.

Cuestiones:

1. ¿Puede la dirección de la empresa obligar al trabajador a realizar tales análisis?

2. ¿Es lícito el contenido de la referida instrucción? ¿Se produce o no un atentado contra la intimidad del trabajador por la obligación de realizar tales análisis?

3. ¿Está legitimada la empresa para despedir al trabajador por tal motivo?

4. ¿Y si el despido fuera de un revisor de tren?

Normativa aplicable:

Artículos 15, 22 y 25 de la Ley de Prevención de Riesgos Laborales
Artículo 18 de la Constitución Española
Artículo 243 de la Ley General de Seguridad Social

Sentencias de referencia:

Tribunal Superior de Justicia de Castilla y León, Valladolid (Sala de lo Social, Sección 1.ª) Sentencia núm. 372/2005 del 21 marzo (AS\2005\442); Tribunal Superior de Justicia de Asturias (Sala de lo Social, Sección 1.ª) Sentencia núm. 2760/2010 del 15 noviembre (AS\2011\129); Tribunal Constitucional (Sala Primera) Sentencia núm. 196/2004 del 15 noviembre (RTC\2004\196); Tribunal Constitucional Sentencia núm. 159/2009 del 29 junio (RTC\2009\159); Tribunal Constitucional (Sala Primera) Sentencia núm. 70/2009 del 23 marzo (RTC\2009\70).
Consúltese, asimismo, el Convenio Colectivo de Renfe.

Práctica número 12

Protección de trabajadores especialmente sensibles y despido improcedente

D. Donato ha venido prestando sus servicios como personal interino en el albergue juvenil Las Dehesas, ocupando el puesto de cocinero, en turno de tarde. D. Donato ha permanecido en situación de incapacidad temporal desde el 22 de febrero de 2007 hasta el 27 de octubre de 2008, hasta que se le da el alta por no proceder la incapacidad permanente. No obstante, en el informe médico del alta se indica que «el paciente está capacitado para realizar sus funciones, pero en unas condiciones distintas a las previstas, pues su salud psíquica empeoraría con la reincorporación al mismo entorno laboral». El cambio de puesto de trabajo se ha venido recomendando desde el 12 de enero de 2006, tras una escrito presentado por el trabajador, por el Servicio de Prevención que estimó que las condiciones del trabajo, «producen en el trabajador un problema de carga mental», por lo que se propuso que la conserjería de Juventud debía adoptar las medidas organizativas y de gestión oportunas para mejorar las condiciones de trabajo, toda vez que se propone facilitar formación e información necesaria y suficiente para los trabajadores que tengan relación con la cocina. En julio de 2006, D. Donato acudió a urgencias en el que se le diagnostica síndrome ansioso depresivo, estando de baja hasta el 27 de octubre de 2008. Recibida notificación por el trabajador de su alta médica, este lo notifica a la consejería de Juventud el 6 de noviembre de 2008 y solicita que lo cambien de lugar de trabajo. También indica en este escrito que previamente a su reincorporación ejercerá su derecho al disfrute de vacaciones que le corresponden, a partir del 10 de noviembre inclusive al 7 de enero de 2009. El 14 de noviembre la directora del centro comunica al actor que su reincorporación debe ser el 2 de enero de 2009, al entender que hay un error en el cómputo total de las vacaciones. El 30 de diciembre de 2008 D. Donato remite escrito a la consejería advirtiendo de que no puede reincorporarse a su puesto anterior y que está a la espera de que la Subdirección de Personal le asigne un puesto equivalente. D. Donato no se reincorporó el día 2 de enero ni los siguientes días. El 13 de enero se incoa expediente disciplinario a D. Donato por falta de asistencia al trabajo sin justificación y posterior rescisión del contrato.

Cuestiones:

1. ¿Cómo calificarías el despido del trabajador que no acude al trabajo por problemas relacionados con su salud?

2.   ¿Sería este un supuesto de *ius reistentiae* permitido jurisprudencialmente? ¿En qué supuestos relacionados con la prevención de riesgos laborales procede el *ius reistentiae*?

3.   En los supuestos en los que el trabajador no se encuentra en estados o situaciones en las que no respondan a las exigencias psicofísicas de los respectivos puestos de trabajo, ¿qué obligaciones tiene el empresario desde el punto de vista de la prevención de riesgos laborales?

Normativa aplicable:

Artículos 14, 15, 16, 21, 22 y 25 de la Ley de Prevención de Riesgos Laborales
Artículos 54, 55 y 56 del Estatuto de los Trabajadores

Sentencias de referencia:

Tribunal de Justicia de la Unión Europea (Sala Primera) Caso DW contra Otros. Sentencia del 11 septiembre 2019 (TJCE\2019\184); Tribunal Superior de Justicia de Madrid (Sala de lo Social, Sección 1.ª) Sentencia núm. 528/2010 del 11 junio (JUR\2010\321824); Tribunal Supremo (Sala de lo Social, Sección 1.ª) Sentencia núm. 366/2016 del 3 mayo (RJ\2016\2152).

Práctica número 13

Protección del embarazo

D.ª María es trabajadora temporal de la empresa TRAGSA dedicada a la limpieza con una antigüedad del 16-07-2007. Dicha empresa tiene adjudicado el servicio de limpieza de la parcela, edificios e instalaciones del Hospital Virgen de la Arrixaca desde el 1 de septiembre de 2015. La empresa tenía la práctica de contratar preferentemente a los mismos trabajadores temporales para suplir vacaciones. Tras realizarle un examen de salud previo a D.ª María, y según las restricciones indicadas por el SP Ajeno (relacionadas con el embarazo, aunque no se explicitara), «A la vista de los resultados, así como de las exploraciones complementarias realizadas se objetivan datos patológicos en relación con su puesto de trabajo en el momento actual, siendo considerado APTO CON LIMITACIONES, restringido a trabajar a nivel del suelo, no puede estar en contacto con ciertas sustancias, zonas de pacientes con enfermedades transmisibles, no puede estar expuesto a radiaciones ionizantes», la empresa decide no contratarla por ser muy elevado el riesgo de enfermedades transmisibles y no ser posible eliminar el riesgo totalmente.

Cuestiones:

1. ¿Consideras que se ha lesionado algún derecho fundamental? ¿Qué puede hacer la trabajadora ante tal situación?

2. ¿Puede negarse la trabajadora a comunicar su estado al empresario?

3. ¿Qué podría haber hecho el empresario ante una situación de riesgo para la trabajadora embarazada?

4. ¿Qué responsabilidades podrían derivarse para la empresa por su decisión de no contratar temporalmente a la trabajadora en este supuesto concreto?

5. ¿Podría declararse como nula la no renovación del contrato temporal, si el motivo es el embarazo de la mujer trabajadora?

Normativa aplicable:

Artículos 14, 15, 16 y 26 de la Ley de Prevención de Riesgos Laborales
Artículo 4 del Reglamento de Servicios de Prevención
Artículo 53 del Estatuto de los Trabajadores
Artículos 14 y 18 de la Constitución Española
Artículo 8 de la Ley Orgánica 3/2007, del 22 de marzo
Artículos 177 a184 de la Ley Reguladora de la Jurisdicción Social
Artículos 8, 39 y 40 de la Ley de Infracciones y Sanciones del Orden Social

Sentencias de referencia:

Tribunal Superior de Justicia de Murcia (Sala de lo Social, Sección 1.ª) Sentencia núm. 789/2018 del 19 septiembre (JUR\2018\297805); Tribunal Constitucional Sentencia núm. 124/2009 del 18 mayo (RTC\2009\124); Tribunal Constitucional (Sala Primera) Sentencia núm. 92/2008 del 21 julio (RTC\2008\92); Tribunal Supremo (Sala de lo Social, Sección 1.ª) Sentencia del 16 enero 2009 (RJ\2009\1615); Tribunal Supremo (Sala de lo Social, Sección 1.ª) Sentencia núm. 768/2017 del 5 octubre (RJ\2017\4918).

Práctica número 14

Declaración de NO APTO. Despido improcedente

D. Ignacio ha venido prestando servicios en la empresa MAPFRE ESPAÑA COMPAÑÍA DE SEGUROS Y REASEGUROS a tiempo completo desde el 10 de octubre de 1985, con categoría profesional de perito. Con fecha del 17 de octubre de 2014 sufrió accidente laboral por el que cursó baja hasta el 21 de marzo de 2016. Con fecha del 7 de marzo de 2016 por el INSS, de conformidad con el art.170.2 de la LGSS resolvió emitir alta médica del proceso de IT una vez agotada la duración máxima de 365 días del mismo. Con fecha del 12 de abril de 2016 por PREMAP, servicio de prevención ajeno a MAPFRE, se valoró la capacidad laboral para el puesto de trabajo de perito-tasador de automóviles y, aplicando protocolos de posturas forzadas, PVD, alturas y conductores, consideró al Sr. Ignacio APTO CON LIMITACIONES. Informó que estas consistían en lo siguiente: 1) Su trabajo no requerirá frecuentes o prolongados encorvamientos; sí puede agacharse con las piernas flexionadas de manera suficiente. 2) Restringido a trabajar a nivel de suelo sin subir a alturas. Y como observaciones: en los desplazamientos largos como conductor se recomienda realizar las paradas que estime oportunas el trabajador. El SPM, modelo de organización preventiva de MAPFRE llevó a cabo entre 2013 y 2014 un estudio específico en prevención de riesgos laborales del puesto de perito de automóviles que señala que los peritos deben procurar flexionar las piernas ligeramente en lugar de flexionar la espalda en la realización de sus tareas de peritaje. Consta renovado permiso para la conducción de vehículos a motor el 8 de mayo de 2015. Con fecha del 7 de julio de 2016, por el Servicio de Prevención Mancomunado de MAPFRE, se emitió informe a propuesta de MAPFRE ESPAÑA, COMPAÑÍA DE SEGUROS Y REASEGUROS para valorar capacidad laboral para el puesto de trabajo de perito del Sr. Ignacio, y a la vista de los resultados de la aplicación de protocolos (general, PVD, conducción, alturas, posturas forzadas…), concluyó que se objetivan datos patológicos en relación con su puesto de trabajo siendo considerado NO APTO. Con fecha del 14 de julio de 2016 la empresa comunicó por carta al trabajador el despido con efectos de la misma fecha al amparo de lo previsto en el artículo 52 a) del Estatuto de los Trabajadores.

Cuestiones:

1. ¿Consideras conforme a derecho el despido del trabajador? ¿Cuáles son las causas que lo motivan y las consecuencias del mismo?

2. ¿Cuáles son las características que tiene que darse para que sea admitido el derecho al despido por ineptitud sobrevenida?

3. ¿Qué consecuencias tiene la declaración de NO APTO por el servicio de prevención de la empresa? ¿Consideras vinculante el informe emitido por el SP?

4. ¿Qué obligaciones tiene el empresario desde el punto de vista de la Prevención de Riesgos Laborales?

Normativa aplicable:

Artículos 14, 22 y 25 de la Ley de Prevención de Riesgos Laborales
Artículo 52 del Estatuto de los Trabajadores

Sentencias de referencia:

Tribunal Superior de Justicia de Aragón (Sala de lo Social, Sección 1.ª) Sentencia núm. 103/2018 del 28 febrero (JUR\2018\110734); Tribunal Superior de Justicia de Madrid (Sala de lo Social, Sección 5ª) Sentencia núm. 6/2013 del 14 enero (AS\2013\694); Tribunal Superior de Justicia de Madrid, (Sala de lo Social, Sección 5.ª) Sentencia núm. 497/2016 del 11 julio (AS\2016\2100); Tribunal Superior de Justicia de Madrid (Sala de lo Social, Sección 1.ª) Sentencia núm. 403/2018 del 27 abril (JUR\2018\195698).

Práctica número 15

Consecuencias del incumplimiento por el trabajador de su obligación de utilizar el EPI

Don Diego ha venido prestando sus servicios como trabajador por cuenta de la empleadora ALUMINIOS ALUDAR SL, con una antigüedad del 9 de junio de 2003 en la categoría profesional de oficial, con un salario de 1455,95 euros brutos mensuales, incluyendo prorrateadas las pagas extraordinarias, y modalidad y duración del contrato indefinido para la contratación de trabajadores minusválidos al amparo del Real Decreto 1451/1983, del 11 de mayo, a tiempo completo. Por Resolución del 6 de junio de 2014 de la Consejería de Asuntos Sociales de la Comunidad de Madrid, se declaró al demandante un grado de discapacidad del 51 %, indicando el Dictamen Propuesta del Equipo de Valoración y Orientación como dolencia, hipoacusia profunda por trastorno del oído medio y mastoides de etiología infecciosa y discapacidad expresiva por trastorno oído medio y mastoides de etiología infecciosa. En Informe Médico Laboral del 19 de abril de 2016 del Servicio MC Prevención, se calificó a D. Diego como «apto con limitaciones" indicando: «trabajador especialmente sensible». El 17 de febrero de 2017 se le impartió, por MC Prevención, el curso Formación General en Prevención de Riesgos Laborales. ALUMINIOS ALUDAR SL ha hecho entrega al trabajador de los equipos de protección individual (EPI), concretamente el 17 de marzo de 2017 hizo entrega, entre otros equipos, de auriculares para protección auditiva, protección auditiva y gafas de seguridad contra impactos. Después de incumplimientos reiterados en la utilización del equipo de seguridad de protección obligatorio, en concreto, los cascos de protección auditivos, a pesar de ser advertido verbalmente por el encargado y de haber sido sancionado en varias ocasiones, la empresa decide rescindir el contrato por incumplimiento grave y culpable de sus obligaciones laborales. El taller en el que presta servicios D. Diego cuenta con cámaras de grabación señalizadas por el correspondiente cartel. Asimismo, consta un cartel en el local indicando «uso obligatorio de protector auditivo».

Cuestiones:

1. ¿Ha cumplido la empresa con sus obligaciones en materia de formación e información en materia de prevención de riesgos laborales?

2. ¿Consideras adecuado el uso de cámaras de grabación o constituye una vulneración del derecho a la intimidad? Razona la respuesta

3. ¿Ha cumplido el trabajador sus obligaciones en materia de prevención de riesgos laborales? Razona la respuesta

4. ¿Puede el trabajador en este caso ser sancionado por la Administración laboral por incumplimiento de la normativa en prevención de riesgos laborales?, y, ¿por la empresa?

5. ¿Consideras adecuado a derecho el despido del trabajador? Valora si ha sido correcta la actuación de la empresa desde el punto de vista de la prevención.

Normativa aplicable:

Artículos 14, 15, 16, 17, 25 y 29 de la Ley de Prevención de Riesgos Laborales
Artículos 4, 5. 20 bis, 45, 54 y 58 del Estatuto de los Trabajadores
Artículos 87, 88, 89 y 90 de le Ley Orgánica 3/2018, del 5 de diciembre, de Protección de Datos Personales y garantía de los derechos digitales (LOPDGDD)

Sentencias de referencia:

Tribunal Superior de Justicia de Madrid (Sala de lo Social, Sección 6.ª) Sentencia núm. 651/2019 del 1 julio (JUR\2019\249386); Tribunal Superior de Justicia de Murcia (Sala de lo Social, Sección 1.ª) Sentencia núm. 837/2017 del 27 septiembre (JUR\2017\254220); Tribunal Constitucional (Pleno) Sentencia núm. 39/2016 del 3 marzo (RTC\2016\39); Tribunal Supremo (Sala de lo Social) Sentencia núm. 86/2017 del 1 febrero (RJ\2017\1105); Tribunal Supremo (Sala de lo Social, Sección 1.ª) Sentencia del 4 mayo 2015 (RJ\2015\2601).

Práctica número 16

Despido por causas objetivas. Edadismo: discriminación por razón de edad. Protección de trabajadores especialmente sensibles

Don Alejo venía prestando servicios para HUAWEI TECHNOLOGIES ESPAÑA SL, desde el 17/1/2011, con la categoría profesional de ingeniero/licenciado, puesto de ingeniero de calidad. En fecha del 7/9/2020 la empresa notificó al trabajador carta de despido objetivo, con efectos a partir del día 21/9/2020, debido a una reestructuración organizativa derivada de un descenso de ventas en el departamento de Spain Network Assurance O&M en el que aquel prestaba servicios. Al día siguiente la empresa remitió al actor correo con propuesta de indemnización por despido improcedente en cuantía de 54 949,26 €. En el desarrollo de la prestación de servicios don Alejo mantenía una buena evaluación desde al menos el año 2014 que revalidó en el año 2020 (el de su despido). En el año 2020, el responsable directo del trabajador propuso una calificación B, pero RRHH decidió fijar en la evaluación PBC una calificación C una vez que ya se había decidido el despido. Don Alejo prestaba servicios en el Proyecto Fénix, integrado por siete personas, de las que cinco tenían entre treinta y dos y cuarenta y uno años, superando la sexta la edad de cincuenta años y solo don alejo superaba la edad de cincuenta y cinco. Ese año el actor cumplía cincuenta y ocho años. De dicho Comité de Dirección solo fue despedido el actor, no habiendo sido amortizado su puesto, sino que el mismo se ha cubierto por otro empleado más joven y que no pertenecía a ese proyecto. No constan las evaluaciones de este trabajador ni la formación ni los proyectos en los que ha prestado servicios.

Cuestiones:

1. ¿Cómo calificarías el despido de don Alejo? ¿Cómo procedente, improcedente o nulo? ¿Qué consecuencias jurídicas se derivarían? Razona la respuesta.

2. En el caso de que se tratase de un despido objetivo por ineptitud sobrevenida del artículo 52.1.a) de la ET ¿cuáles son las características que tienen que darse para que sea admitido el despido por este motivo?

3. ¿Se puede considerar a don Alejo de cincuenta y ocho años como un trabajador especialmente sensible?

4. En estos casos, ¿qué obligaciones tiene la empresa consecuencia del principio de adaptación del trabajo a la persona (art. 15 de la LPRL)?

Normativa aplicable:

Artículos 14, 15, 16, 17, 22 y 25 de la Ley de Prevención de
Riesgos Laborales
Artículos 4, 17, 52.1.a), 54, 55 y 56 del Estatuto de los Trabajadores
Ley 3/2023, del 28 de febrero, de empleo
Ley 15/2022, del 12 de julio, integral para la igualdad de trato y la no
discriminación

Sentencias de referencia:

Tribunal Supremo (Sala de lo Social, Sección 1.ª) Auto del 13 septiembre 2023
(JUR\2023\358302); Tribunal Superior de Justicia de Madrid (Sala de lo Social,
Sección 4.ª) Sentencia núm. 606/2022 del 20 octubre (JUR\2022\361938); Tribunal
Supremo (Sala de lo Social, Sección 1.ª) Auto del 9 febrero 2017
(JUR\2017\43206); Tribunal Superior de Justicia de Asturias (Sala de lo Social,
Sección 1.ª) Sentencia núm. 492/2016 del 15 marzo (JUR\2016\69020); Tribunal
Superior de Justicia de Castilla y León, Burgos (Sala de lo Social, Sección 1.ª)
Sentencia núm. 610/2018 del 3 octubre (JUR\2018\298881).

Práctica número 17

Enfermedad profesional. Trabajadora limpiadora de profesión. Actividad no contemplada en el RD 1299/2006, del 10 de noviembre por el que se aprueba el cuadro de enfermedades profesionales

D.ª Marta, afiliada a la Seguridad Social-Régimen General, ha venido prestando sus servicios, con la categoría profesional de limpiadora, por cuenta y bajo la dependencia de la empresa LIMPIEZA Y MANTENIMIENTO INTEGRAL LA ESTRELLA, SL, la cual tiene concertadas las contingencias profesionales y las prestaciones de incapacidad temporal derivada de contingencias comunes con la Mutua FREMAP. El 19 de diciembre de 2017 inició la trabajadora un proceso de incapacidad temporal derivada de enfermedad común, con el diagnóstico de «DOLOR HOMBRO IZQ.», situación en la que permanece a la presente fecha. Iniciado a instancia de la trabajadora expediente de valoración de contingencia, a fin de que la patología sea considerada derivada de accidente de trabajo o enfermedad profesional, por parte de la Dirección Provincial del INSTITUTO NACIONAL DE LA SEGURIDAD SOCIAL se resolvió con fecha del 27 de abril de 2018, previo Dictamen del EVI del 26 de abril de 2018, en el sentido de que la dolencia era derivada de enfermedad común, declarando de cargo de la mutua la correspondiente prestación, con base en el siguiente cuadro clínico: «rotura de manguito rotador de hombro izquierdo». Cabe señalar que la trabajadora presentaba antecedentes de descompresión subacromial y sutura del supraespinoso del hombro izquierdo en noviembre de 2015 y de cirugía en el hombro derecho en el año 2006, sin antecedes de traumatismos conocidos.

Cuestiones:

1. ¿Cómo calificarías la dolencia que sufre D.ª Marta? ¿Cómo contingencia profesional o como contingencia común? Razona la respuesta.

2. ¿Se puede considerar la dolencia «rotura de manguito rotador de hombro izquierdo» que ha desencadenado la IT que sufre la trabajadora, limpiadora de profesión, como enfermedad profesional, aunque dicha actividad no figure en el RD 1299/2006 del 10 de noviembre? Razona la respuesta.

3. La no inclusión de la actividad desarrollada por las limpiadoras en el listado de enfermedades profesionales, ¿supondría una discriminación? ¿De qué tipo?

4.   ¿Consideras que la empresa ha cumplido con sus obligaciones en materia de prevención de riesgos?

Normativa aplicable:

Artículos 14, 15, 16, 17, 22 y 25 de la Ley de Prevención de Riesgos Laborales
Artículos 156, 157 y 158 de la LGSS
Artículo 4, 6 y 15 de la LOIMH 3/2007, del 22 de marzo, para la igualdad efectiva de mujeres y hombres
RD 1299/2006, del 10 de noviembre, por el que se aprueba el cuadro de enfermedades profesionales
Artículo 2 de la Ley 15/2022, del 12 de julio, integral para la igualdad de trato y la no discriminación

Sentencias de referencia:

Tribunal Superior de Justicia de Asturias, sentencia n.º 1293/2019, del 18 de junio 2019 (rec. n.º 874/2019); Tribunal Supremo, sentencia del 20 de septiembre de 2022 (rec. n.º 3353/2019); STS, sala 4.ª, 05.11.2014 (rec. n.º 1515/2013); 18.05.2015 (rec. n.º 1643/2014); 13.11.2019 (rec. n.º 3482/2017); 10.03.2020 (rec. n.º 3749/2017); 06.07.2022 (rec. n.º 3579/2019) (rec. n.º 2531/2021) (rec. n.º 3850/2019); 07.07.2022 (rec. n.º 3442/2019).

Práctica número 18

Despido por enfermedad. Improcedencia o nulidad. Falta de evaluación de riesgos psicosociales con perspectiva de género

D.ª Filomena prestó servicios para MODAS AMISTAD GIJÓN, S. L. en virtud un contrato de trabajo indefinido a jornada completa desde el 8 de marzo de 2022, con la categoría profesional de dependienta encargada de la presentación de los escaparates, captando fotografías de los mismos que enviaba por la aplicación WhatsApp a sus superiores para que dieran su visto bueno. El 27 de junio de 2022 la trabajadora, a través de un mensaje de WhatsApp informó que se encontraba pasando una situación de mucho estrés, habiendo sido atendida en salud mental (situación que venía produciéndose desde hacía tiempo y que había puesto en conocimiento de la empresa), que había recibido los resultados de una resonancia magnética y que se le había indicado una intervención quirúrgica, por lo que el día 29 de junio tendría que hacer el preoperatorio y el 30 tenía cita con el anestesista. El 8 de julio de 2022 D.ª Filomena causó baja por incapacidad temporal derivada de enfermedad común con el diagnóstico de «síndrome cervicobraquial», con una duración estimada de «largo» (90 días). El mismo día recibe una carta de la administradora comunicándole el despido disciplinario al no cumplir las expectativas para las que fue contratada. La empresa reconoce la improcedencia de la decisión extintiva adoptada ante la dificultad de probar los hechos alegados.

Cuestiones:

1. ¿Cómo calificarías el despido de la trabajadora por razón de enfermedad? ¿Procedente/improcedente/nulo? ¿Constituye la discriminación por enfermedad un motivo de nulidad? Razona la respuesta.

2. ¿A quién corresponde la carga de la prueba? Razona la respuesta.

3. ¿Ha cumplido la empresa sus obligaciones en materia de prevención de riesgos laborales?

4. ¿Debería haber hecho la empresa una evaluación de riesgos específica con perspectiva de género?

5. ¿Qué responsabilidades podrían derivarse para la empresa?

Normativa aplicable:

Artículos 4, 5, 14, 15, 16, 22 y 25 de la Ley de Prevención de Riesgos Laborales
Artículo 55 del Estatuto de los Trabajadores
Artículos 15 y 27 de la Ley Orgánica 3/2007, del 22 de marzo, para la igualdad efectiva de mujeres y hombres
Artículos 2, 26 y 27 de la Ley 15/2022, del 12 de julio, integral para la igualdad de trato y la no discriminación
Artículos 96.1, 181.2, 182 y 183 LRJS. Ley 36/2011, del 10 de octubre, reguladora de la jurisdicción social

Sentencias de referencia:

Juzgado de lo Social JS de Gijón (Principado de Asturias) Sentencia núm. 419/2022 del 15 noviembre (AS\2022\1164); Juzgado de lo Social de Guadalajara (Comunidad Autónoma de Castilla-La Mancha) Sentencia del 17 septiembre 2022. (JUR\2022\344557); Juzgado de lo Social n.º 1 de Granada (Comunidad Autónoma de Andalucía) Sentencia del 15 febrero 2023 (AS\2023\631); Juzgado de lo Social n.º 3 de Pamplona (Comunidad Foral de Navarra) Sentencia núm. 132/2023 del 4 abril (AS\2023\636); Juzgado de lo Social n.º 1 de Vigo (Comunidad Autónoma de Galicia) Sentencia núm. 473/2022 del 13 diciembre (JUR\2023\164933).

Práctica número 19

Accidente de trabajo en el teletrabajo. Derecho a la desconexión digital. Evaluación de riesgos laborales

D.ª Patricia presta servicios con categoría de auxiliar administrativa, y el día 14/05/2020, mientras se encontraba teletrabajando desde su domicilio, sufrió un ictus isquémico, causando baja por incapacidad temporal el mismo día, y emitiéndose comunicado médico de baja por parte de los servicios públicos de salud con diagnóstico de oclusión de la arteria cerebral inespecífica, con infarto cerebral. Consta que en el día anterior al suceso había gestionado hasta 45 correos electrónicos y atendido hasta 45 llamadas telefónicas, cifras que son de las mayores que se hacen constar en los registros. Por otro lado, queda acreditado la inexistencia de jornada laboral establecida y la realización por las personas que teletrabajan de jornadas laborales superiores a las permitidas legalmente, además de no haber realizado la empresa ninguna evaluación de riesgos laborales del lugar donde se prestan lo servicios por tratarse del domicilio de la persona trabajadora.

Cuestiones:

1. ¿Consideras accidente de trabajo el ictus isquémico ocurrido en el domicilio de la persona trabajadora mientras teletrabajaba? Razona la respuesta.

2. ¿Es responsable la empresa de garantizar el cumplimiento y respeto de los límites de jornada y descanso? ¿Tiene derecho la persona teletrabajadora al derecho a la desconexión digital? Razona la respuesta.

3. ¿Ha cumplido la empresa sus obligaciones en materia de prevención de riesgos laborales? ¿Tiene que llevar a cabo la correspondiente evaluación de riesgos del domicilio de la persona teletrabajadora que es el lugar de prestación de los servicios? ¿Cuáles son los principales riesgos que podría evaluar? ¿Podría visitar, en caso de necesidad, el domicilio para llevar a cabo la evaluación de riesgos? ¿Podría negarse la persona teletrabajadora? Razona la respuesta.

Normativa aplicable:

Artículo 156.1 de la LGSS
Artículos 2, 7, 18, 15,16 y18 de la Ley de trabajo a distancia (Ley 10/2021, del 9 julio)

Artículo 88 de la Ley Orgánica de Protección de Datos Personales y garantía de los derechos digitales
Artículos 14, 16 y 29 de la Ley de Prevención de Riesgos Laborales Artículo 20.bis) del ET

Sentencias de referencia:

Juzgado de lo Social de Girona (Comunidad Autónoma de Cataluña) Sentencia núm. 199/2021, del 12 noviembre (AS\2021\691); TSJ de Aragón (Sala de lo Social, Sección 1.ª) Sentencia núm. 20/2022, del 18 enero (JUR\2022\116044); Tribunal Superior de Justicia de País Vasco (Sala de lo Social, Sección 1.ª), Sentencia núm. 1075/2020, del 15 septiembre (JUR\2021\70705); Tribunal Supremo (Sala de lo Social), Sentencia del 18 enero 2005 (RJ\2005\1157); Tribunal Supremo (Sala de lo Social, Sección 1.ª) Sentencia núm. 442/2018, del 25 abril (RJ\2018\3201); Sentencia del 8 marzo de 2016 (RJ\2016\965); Sentencia núm. 363/2016, del 26 abril (RJ\2016\2131); Tribunal Superior de Justicia de Castilla y León, Valladolid (Sala de lo Social, Sección 1.ª) Sentencia del 3 febrero 2016. (AS\2016\99).

Práctica número 20

Recargo de prestaciones por falta de medidas de seguridad. Subcontratación, trabajos de amianto, propia actividad y solidaridad del recargo

Don Serapio venía prestando servicios por cuenta y bajo la dependencia de la empresa Construcciones Rafael, SL, dedicada a la actividad de construcción, con categoría profesional de oficial de segunda. El referido trabajador sufrió accidente de trabajo consistente en caída a distinto nivel al ceder la cubierta del tejado de una nave donde se estaban ejecutando trabajos de fijación de sobrecubierta, nave propiedad de la empresa Rellenos de Bombones, SL, dedicada a la actividad de alimentación (fabricación de chocolate), la cual había contratado las obras de reparación de la cubierta, mediante la colocación de planchas (chapa greca lacada) sobre la cubierta preexistente, con la mercantil Impermeabilizaciones de Servicios, SL, habiendo esta a su vez subcontratado la ejecución de los referidos trabajados con la empleadora del accidentado, Construcciones Rafael, SL.

La dinámica del accidente fue la que sigue: el trabajador se encontraba trabajando sobre el tejado de la nave donde se estaban llevando a cabo las tareas de reparación de cubierta, a la cual había accedido mediante una escalera de mano apoyada sobre una pared lateral, no fijada en la parte superior ni superando la altura de la propia pared, encontrándose, solo, y transitando por la cubierta de fibrocemento, momento en que, bien por caída del trabajador sobre la placa de fibrocemento, que provocó su rotura, bien por ceder la cubierta por propio desgaste o defecto, la placa cedió, precipitándose el trabajador desde la placa de fibrocemento hasta el falso techo, y desde este al vacío desde una altura de siete metros.

Los trabajos a realizar para la ejecución de la reparación consistían en la colocación de planchas de chapa (chapa greca lacada) sobre tejado ya existente de fibrocemento, en tres fases: una primera de colocación de tubos de hierro de 40x40 mm en toda la cubierta; seguidamente colocación de lana de roca y, por último, colocación de la chapa.

Para la ejecución de las tareas no existía medida preventiva alguna ni individual (el trabajador no portaba arnés en el momento del accidente) ni colectiva ni existía en la empresa contratista ni subcontratista plan de seguridad, ni evaluación de los riesgos de la actividad concreta que se estaba llevando a cabo ni en el momento del accidente había recurso preventivo ni se llevaba a cabo vigilancia ni instrucciones sobre la forma de ejecución de los trabajos por el trabajador accidentado.

Como consecuencia del accidente, a don Serapio se le concede una gran invalidez debido a las gravísimas secuelas producidas.

Cuestiones:

1. ¿Cuáles son las causas directas del accidente? ¿Cuáles los incumplimientos preventivos más notables?

2. Explique qué es el recargo de prestaciones por falta de medidas de seguridad y establezca si, a su juicio, hay elementos suficientes para declarar su imposición en el presente caso.

3. En caso de respuesta positiva, ¿quién se considera «empresario infractor»? ¿Cabría la solidaridad de dicho recargo? ¿A qué empresas afectaría? Razona su respuesta.

4. Determina cómo afecta la condición de la propia actividad al deber de vigilancia, y si sería decisivo para la exclusión de responsabilidad de la empresa titular, cuyo objeto social es la fabricación de chocolate.

5. ¿Cambiaría algo el que el accidente se haya producido en la esfera de responsabilidad del empresario principal, aun cuando sean actividades distintas de las del contratista o subcontratista? ¿Podría considerarse que la empresa de fabricación de chocolate ha contribuido a la producción del accidente?

6. ¿A qué apartado del art. 24 de la LPRL se le aplica el deber de vigilancia en caso de propia actividad? ¿Según qué apartados del mismo artículo la infracción puede ser imputada al empresario principal y bajo la esfera de su control?

7. ¿Qué peculiaridades presenta, desde un punto de vista preventivo, el que se esté trabajando con placas de fibrocemento? ¿Hay alguna normativa específica?

Normativa aplicable:

Real Decreto 1627/1997, del 24 de octubre, regulador de las disposiciones mínimas de seguridad y salud en las obras de construcción
Real Decreto 773/1997 sobre disposiciones mínimas de seguridad y salud relativas a la utilización por los trabajadores de equipos de protección individual
Artículo 24. 3 de la Ley de Prevención de Riesgos Laborales
Artículo 42. 3 de la Ley de Infracciones y Sanciones de Orden Social
Artículo 164 de la Ley General de la Seguridad Social

Sentencias de referencia:

STS 18 septiembre 2018 (Rec. 144/2017); STS 18 enero 2010 (Rec. 3237/2007); STSJ Madrid de 18 de febrero de 2013 (Rec. 3575/2012); Sentencia del Juzgado de lo Social n.º 1 de Zamora del 31/2015, en el procedimiento 424/2015, de fecha del 11 de febrero de 2016; STS 11 mayo de 2005; STSJ Castilla y León (Valladolid) del 26 julio de 2013; STSJ Castilla y León (Valladolid) del 13 octubre de 2016 (Rec. 1521/2016); SSTS del 14 febrero de 2008 (Rec. 4016/2016) y del 18 enero de 2010 (Rec.3237/2007); SSTS del 5 mayo de 1999, del 7 octubre de 2008 (rec.2426/2007) y del 20 marzo de 2012 (Rec. 1470/2011); STS del 5 mayo de 1999 (Rec. 3656/1997; *Babcock & Wilcox Española S.S.)*; STS del 14 febrero de 2008 (Rec. 4016/2016; *Molteplas S.A.*); STS del 7 octubre de 2008 (Rec. 2426/2007; *Centro Regional de Menores de Zambrana*); STS del 18 enero de 2010 (Rec.3237/2007; *Saint Gobain Cristalería*); STS del 20 marzo de 2012 (Rec. 1470/2011; *COPISA, Constructora Pirenaica S.A.*).

Práctica número 21

Administraciones públicas. Riesgos psicosociales y coordinación de actividades empresariales

D.ª Rosario presta sus servicios para el Departamento de Justicia de la Generalitat de Cataluña como funcionaria interina del cuerpo de tramitación procesal y administrativa; en concreto, en un Juzgado de Primera Instancia de Barcelona. Con ocasión de un enfrentamiento entre el juez y la letrada de la Administración de Justicia (LAJ) de ese Juzgado, se desata una situación de conflictividad y falta de organización en la oficina judicial que se traslada de una manera u otra a todos sus componentes, según declara el representante sindical, pero que afecta especialmente a doña Rosario.

El Servicio de Inspección del Consejo General del Poder Judicial debe intervenir en dicho conflicto entre el magistrado y la LAJ. Su actuación finaliza con unas conclusiones en las que se propone, entre otras cosas, la imposición de sanciones por la posible comisión de una falta grave de desatención en el ejercicio de sus competencias judiciales por parte del magistrado y la posible comisión de una falta disciplinaria de desconsideración por acoso y hostilidad hacia los funcionarios y otra de incumplimiento de los deberes judiciales y dejación de funciones por parte de la LAJ.

Por otra parte, de forma tardía, en el ámbito de ese juzgado, se acometieron diversas actuaciones en materia de PRL, relacionadas con este conflicto. Se sostiene la tesis de que las actuaciones de la LAJ no se focalizaban únicamente en la persona que solicitaba la intervención, sino que afectaban a más personas del juzgado, pudiendo constituir una situación de trato incorrecto hacia el colectivo del personal del juzgado. La Unidad Básica de Salud del servicio en seis años realiza un total de 50 visitas de asistencia o entrevistas relacionadas con conflictividad existente con la LAJ de dicho juzgado en relación con 18 personas que trabajaban o habían trabajado en el mismo.

La funcionaria interina inicia entonces asistencia psicológica y proceso de incapacidad temporal inicialmente calificado de enfermedad común, con el diagnóstico de trastornos mixtos de ansiedad y depresión por estresor laboral grave. Estas bajas se repiten en el tiempo y el último parte de alta del INSS fue recurrido por doña Rosario, al no estar de acuerdo con la valoración. También recurre el carácter común de la contingencia, solicitando su origen profesional, admitiéndose así en los Tribunales.

Los sindicatos piden que se haga una comunicación genérica al Ministerio de Justicia para que conozca la presunta situación de acoso laboral que se vivía en ese juzgado y pudiera actuar su servicio de prevención de riesgos laborales, ya que se trataba de una situación insostenible. El Departamento de Trabajo de la Generalitat responde que no se había activado ningún protocolo, pero que se había entrevistado a todos los trabajadores que lo hubieran querido. También responde que valoraría una comunicación al Ministerio de Trabajo, pero que había canales establecidos para estas situaciones y que había que esperar a la reacción de los nuevos interlocutores de la Secretaría de Gobierno, a raíz de los nuevos nombramientos.

A través de la Sala de Gobierno del TSJC, se recibe respuesta del Ministerio de Justicia comunicando que había valorado la situación y había archivado el caso, dado que no disponía de competencias en materia de prevención cuando la persona acosada es personal de la Generalitat. El Departamento de Justicia de la Generalitat, por su parte, afirma que tampoco puede actuar, al carecer de competencias sobre la LAJ, pero sí puede alejar del riesgo a las personas acosadas, garantizando que la persona acosada no volviera al Juzgado de Primera Instancia en el que radica el conflicto.

Se insta a una coordinación empresarial efectiva por parte de la Inspección de Trabajo.

Doña Rosario padece un trastorno depresivo-ansioso relacionado con problemas laborales y un trastorno de la personalidad cluster C. Ha solicitado resolución de incapacidad permanente e incoación de recargo de prestaciones.

El Departamento de Justicia de la Generalitat de Catalunya dispone de un Plan de Prevención de Riesgos Laborales que incluye al personal que presta servicios en la Administración de Justicia. También dispone de una Evaluación de riesgos psicosociales relativa al personal de los juzgados y otros órganos de la Administración de Justicia en Catalunya, y una evaluación de riesgos laborales del puesto de trabajo de doña Rosario. El Departamento de Justicia cuenta con un protocolo para la prevención, detección y la actuación y la resolución de acoso.

La Administración de Justicia se caracteriza por una configuración dual. La actividad estrictamente jurisdiccional corresponde a la Administración del Estado (jueces y secretarios), pero la gestión y organización de los recursos materiales y de los otros recursos personales (funcionarios de la oficina judicial) a la Generalitat de Catalunya. De ese modo, el titular del centro de trabajo, esto es, del edificio de la Ciudad de justicia es la Generalitat de Catalunya.

Cuestiones:

1. ¿Es correcta la tesis de que la falta de coordinación entre el Ministerio de Justicia y el Departamento de la Generalidad es la causante de las bajas y patologías de naturaleza psicosocial de doña Rosario?

2. ¿Es aplicable a las Administraciones públicas el deber preventivo de coordinación de actividades empresariales?

3. ¿La responsabilidad civil por daños y perjuicios de la Administración debe seguir la vía contenciosa de la responsabilidad patrimonial de la Ley 40/2015, de Régimen Jurídico del Sector Público, o la vía de la Ley reguladora de la Jurisdicción Social, como empleadores que presuntamente han incurrido en negligencias en el orden preventivo?

4. ¿Nos encontramos ante un acoso laboral acreditado o ante una conflictividad general, con un caos organizativo debido a la falta de colaboración activa entre Administraciones?

5. ¿Estaríamos ante un accidente de trabajo encuadrable en el artículo 156, apartado 2 e) de la LGSS, es decir, ante una enfermedad no profesional causada por el trabajo, ante una enfermedad profesional o ante una sobreexposición laboral con etiología común, basada en la personalidad de doña Rosario?

6. Aunque la Generalitat parece tener cumplidas las obligaciones sustantivas en PRL (Plan de Prevención, Evaluación de Riesgos, Protocolo de Acoso), ¿puede atribuírsele alguna negligencia o culpa? ¿La adaptación del puesto de trabajo y la recomendación de cambio de destino es una medida organizativa adecuada para la víctima si no cuenta con su consenso? ¿Dónde fallan las medidas de coordinación?

7. Considera si tiene la funcionaria el derecho a una indemnización por daños y perjuicios y, de ser afirmativa la respuesta, qué apartados o componentes podrían considerarse.

Normativa aplicable:

Artículo 24 de la Ley de Prevención de Riesgos Laborales
Artículo 2 e) de la Ley Reguladora de la Jurisdicción Social
Real Decreto 171/2004, del 30 de enero, de Coordinación de Actividades Empresariales.

Sentencias de referencia:

Sentencia del Juzgado de lo Social núm. 8 de Barcelona, del 18 de mayo de 2023, Rec. 502/2021.

Bibliografía

AGRA VIFORCOS, B.: *Derecho de la Seguridad y Salud en el Trabajo*, ediciones EOLAS, 2011.

GARCÍA NINET, J. I. (dir.) y MORENO CÁLIZ, S. (coord.): *Manual de Prevención de Riesgos Laborales*, Atelier, 2012.

IGARTÚA MIRÓ, M. T.: «La nueva lista de enfermedades profesionales y la inamovilidad respecto a las dolencias derivadas de riesgos psicosociales», *Actualidad Laboral*, núm. 22, diciembre de 2007.

LAFUENTE PASTOR, V., TORRES GUILLAUMET, M., y ANDRÉS LACASTA, A.: *La subcontratación en la construcción. Aspectos jurídicos prácticos*, Editorial Tornapunta, 2010.

LAFUENTE PASTOR, V. P.: «El cambio de paradigma tecnoeconómico y los nuevos escenarios profesionales. Crisis de los derechos laborales y nuevos riesgos emergentes», *Acciones e Investigaciones Sociales*. Facultad de Ciencias Sociales y del Trabajo. Universidad de Zaragoza, 2018.

— «Dualidad legal y convencional de la formación preventiva en el sector de la construcción», *Libro de Actas del II Congreso Prevencionar*, 2020.

— «Problemática laboral y preventiva del trabajador autónomo en las obras de construcción», *Trabajo autónomo: regulación jurídica y perspectivas, régimen profesional, modalidades y Seguridad Social*, Tirant lo Blanch, 2020.

— «Los recursos preventivos en la construcción. Una reforma necesaria», *Libro de Actas IV Congreso Internacional Prevencionar*, 2023.

LÓPEZ GANDÍA, J. y BLASCO LAHOZ, J. F.: *Curso de prevención de riesgos laborales,* Tirant lo Blanch, última edición.

SALA FRANCO, T.: *Derecho de la prevención de riesgos laborales,* Tirant lo Blanch, última edición.

SEMPERE NAVARRO, A. V., GARCÍA BLASCO, J., GONZÁLEZ LABRADA, M. y CARDENAL CARRO, M.: *Derecho de la seguridad y salud en el trabajo*, Cívitas, última edición.

SEMPERE NAVARRO, A. V., GARCÍA BLASCO, J., GONZÁLEZ LABRADA, M., ÁLVAREZ ALCOLEA, M., DE VAL TENA, A. y LAFUENTE PASTOR, V.: *La subcontratación en el sector de la construcción*, Thomson-Aranzadi.

VALLEJO DACOSTA, R.: *Riesgos psico-sociales: prevención, reparación y tutela sancionadora,* Thomson-Aranzadi, 2005.

— «El acoso sexual y el acoso por razón de sexo; riesgos de especial incidencia en la mujer trabajadora», *Relaciones Laborales*, núm. 5, 2007.

— «Gestión y pago de las prestaciones por riesgo durante el embarazo y riesgo durante la lactancia natural por las Mutuas de Accidentes de Trabajo y Enfermedades Profesionales», Editorial Laborum, 2010.

— *Salud laboral, igualdad y mujer. Aspectos jurídicos*. Bomarzo, 2019.

VALLEJO DACOSTA, R., LAFUENTE PASTOR, V. P., OLMOS LLORENTE, M.: *Gestión de la Prevención de Riesgos Laborales,* Prensas de la Universidad de Zaragoza, 2020.

Índice

TEMA I: TRABAJO Y SALUD. EL RIESGO LABORAL................................. 7

1. El riesgo laboral... 9

    1.1 Concepto de riesgo laboral 9
    1.2 Clasificación de los riesgos laborales 15
    1.3 Efectos derivados del riesgo.. 17

2. La neutralización de los riesgos laborales.. 31

    2.1 Ciencia y riesgo en el trabajo: la salud laboral 32
    2.2 Composición y práctica de la seguridad y salud laboral 35

TEMA II: EL DERECHO DE LA PREVENCIÓN DE RIESGOS
LABORALES 41

1. Los bienes jurídicos afectados 43

2. La formación histórica del derecho de la SS en el trabajo 44

3. Lo público y lo privado en la seguridad y salud en el trabajo 47

    3.1 La perspectiva pública y privada. Su contenido 47
    3.2 Las manifestaciones de lo público y de lo privado en la SSL 49
    3.3. Conclusiones sobre el binomio público-privado 50

4. Definición, composición y características del derecho de la SSL 51

    4.1 Definición del derecho de la seguridad y salud laboral 51
    4.2 Composición del derecho de la seguridad y salud laboral 52
    4.3 La intervención de la negociación colectiva 55

5. La Ley 31/1995, del 8 de noviembre, de prevención de riesgos laborales
   y sus desarrollos 57

    5.1 Los motivos de promulgación de la LPRL....................................57
    5.2 Las modificaciones y desarrollos de la LPRL 58
    5.3 La competencia estatal de la legislación de SSL 67
    5.4 Características de la LPRL... 67
    5.5 Ámbito de aplicación de la LPRL... 68
    5.6 Definiciones de prevención 72

TEMA III: LA POLÍTICA DE SSL Y LA ACTIVIDAD NORMATIVA......... 75

1. La política en materia de seguridad y salud laboral 77

2. La política comunitaria en seguridad y salud y la actividad normativa 79

    2.1 Objetivos de la política comunitaria en materia de prevención de riesgos laborales 79
    2.2 El entramado administrativo europeo 82
    2.3 La actividad normativa 85

3. La política interna en seguridad y salud laboral 86

    3.1 Composición.. 86
    3.2 Principios inspiradores... 89
    3.3 Elementos permanentes de la política de seguridad y salud........... 95
    3.4 Entramado administrativo 102
    3.5 La actividad normativa estatal: las normas reglamentarias.......... 115

TEMA IV: OBLIGACIONES DEL EMPRESARIO EN PREVENCIÓN DE RIESGOS LABORALES 121

1. El deber de protección del empresario 123

    1.1 Extensión y contenido.. 123
    1.2 Principios moduladores del deber general de seguridad 126

2. Concreciones del deber de seguridad 129

    2.1 Plan de Prevención de Riesgos Laborales................................ 129
    2.2 La evaluación de riesgos 131
    2.3 La planificación de la acción preventiva.................................... 136
    2.4 Medidas de protección 136
    2.5 Obligaciones de información, formación y obligaciones de establecimiento de medidas de emergencia............................ 139
    2.6 Actuaciones en situación de riesgo grave e inminente................. 143
    2.7 Obligaciones de documentación 147
    2.8 La vigilancia de la salud.. 148
    2.9 Supuestos especiales de protección: trabajadores especialmente sensibles a determinados riesgos 152

TEMA V: OBLIGACIONES DE TERCEROS: FABRICANTES,
SUMINISTRADORES E IMPORTADORES 175

1. Cuestiones generales 177

2. Responsabilidades 178

3. Los supuestos del artículo 41 de la LPRL 180

    3.1 La obligación de asegurar que los equipos de trabajo y productos
no sean fuente de peligro 180
    3.2 Envasado y etiquetado 182
    3.3 El deber de la información 182
    3.4 El deber de información adicional del empresario 184

4. Normas conexas con el artículo 41 de la LPRL 185

    4.1 La LPRL y la Ley de Industria 185
    4.2 El RD de máquinas y el RD de equipos de trabajo 186

TEMA VI: RESPONSABILIDADES EN MATERIA DE PREVENCIÓN
DE RIESGOS LABORALES 189

1. La responsabilidad empresarial 191

    1.1 El empresario como sujeto responsable 191
    1.2 Otros sujetos responsables 191

2. La responsabilidad administrativa 192

    2.1 Característica de la responsabilidad administrativa 192
    2.2 La sustanciación de la responsabilidad administrativa 193
    2.3 Infracciones en materia de prevención de riesgos laborales 194
    2.4 Las sanciones y su criterio de graduación 195
    2.5 Las cuantías 196
    2.6 La reincidencia 197
    2.7 Responsabilidades solidarias 197
    2.8 Sanciones atípicas 198
    2.9 Las sanciones accesorias: publicación de sanciones 198
    2.10 Actuaciones de advertencia y recomendación 199
    2.11 Compatibilidades de la responsabilidad administrativa 200
    2.12 Concurrencia del orden administrativo con el penal 200
    2.13 Prescripción 201
    2.14 El incumplimiento empresarial de las normas jurídico-técnicas 202
    2.15 Otro tipo de responsabilidades administrativas 202

3. La responsabilidad en materia de seguridad social: el recargo de
   prestaciones 203

     3.1 Naturaleza jurídica 204
     3.2 Requisitos de aplicación 205
     3.3 La solidaridad del recargo 207

4. Responsabilidad laboral del empresario: solicitud de extinción del
   contrato de trabajo 208

5. La responsabilidad civil o patrimonial 210

     5.1 Características 210
     5.2 Tipos de responsabilidad civil 212
     5.3 Indemnización por daños y perjuicios. Su determinación 218

6. La responsabilidad penal 222

     6.1 Características 222
     6.2 Tipos penales que afectan la prevención de riesgos laborales 223
     6.3 Sujetos responsables 231

7. La responsabilidad de los trabajadores 232

     7.1 Obligaciones genéricas 233
     7.2 Obligaciones específicas 233

8. La responsabilidad de los prevencionistas 235

PRÁCTICAS.. 239

BIBLIOGRAFÍA 285